Topos plus **Taschenbücher**
Band 629

Dagmar Müller

Begleiterinnen auf dem Weg nach innen

Acht Wege mit mittelalterlichen Mystikerinnen

Topos plus Taschenbücher

Topos plus **Verlagsgemeinschaft**
Die Mitglieder der Verlagsgruppe Engagement:
Butzon & Bercker -Kevelaer | Don Bosco -München
Echter -Würzburg | Verlag Katholisches Bibelwerk -Stuttgart
Lahn-Verlag -Limburg Kevelaer
Matthias-Grünewald-Verlag -Ostfildern
Paulusverlag -Freiburg Schweiz | Friedrich Pustet -Regensburg
Tyrolia -Innsbruck Wien

verlags gruppe engagement

Bibliografische Information der Deutschen Nationalbibliothek
Die Deutsche Nationalbibliothek verzeichnet diese Publikation in der Deutschen Nationalbibliografie; detaillierte bibliografische Daten sind im Internet über http://dnb.d-nb.de abrufbar.

Neuausgabe von Dagmar Müller,
Begleiterinnen auf dem Weg nach innen

Einband- und Reihengestaltung:
Akut Werbung GmbH, Dortmund
Herstellung: Pustet, Regensburg
Printed in Germany

Topos plus – ISBN: 978-3-7867-8629-0
www.toposplus.de

Inhalt

Wüstenwege

„Eine fremde, ferne Welt, in der mich immer wieder irrwitzige Fragen beschleichen: Was mache ich eigentlich hier? ... Wieso bin ich in diese Mondlandschaft gereist, deren unwirtliche Skurrilität mehr dem Hades als dem Paradies gleicht? Was für eine wunderliche Idee hat mich nur hierher verschlagen? Ich muss nicht Herr meiner Sinne gewesen sein, als ich zu diesem Abenteuer aufbrach."[1]

Das Selbstgespräch eines passionierten Wüstenwanderers mitten in der Sahara. Ich las es, als ich auf meiner Reise durch die mittelalterliche Frauenmystik war – und es sprach mir aus dem Herzen. Manchmal schien es mir, als lebten diese Frauen, denen ich zu begegnen suchte, auf einem anderen Planeten. Ich wollte nicht einfach alles Fremde und Fragwürdige beiseite lassen und nur das unmittelbar Verständliche und Eingängige heraussuchen, und so wanderte ich durch Seelenlandschaften voller Höllenfurcht und Leidenssehnsucht und einem großen Potential an Selbstzerstörung. Ich hörte die Schläge der Selbstgeißlerinnen und die Wahnsinnsschreie der Verzückten. Dann erschien es mir manchmal, als wäre ich von sonnenbeschienenen Blumenwiesen fort in eine düstere kahle Mondlandschaft geraten, die mir in keiner Weise freundlich entgegenkam. Was als anregende Begegnung mit spirituellen Frauen einer vergangenen Epoche begonnen hatte, war unversehens zu einer „Wüstenwanderung" geworden. Die körperliche Anstrengung meiner Reise beschränkte sich auf brennende Augen und einen bisweilen schmerzenden Nacken. Aber ich wurde unausweichlich auf steinige Pfade der Selbstkonfrontation gezwungen, und so manches Mal konnte ich mit Achill Moser, jenem bereits zitierten Wüstenwanderer, sagen: „Die Seele schürft auf Stein, im Kopf ein wirres Gefühlskarussell: Angst, Wut und Zorn. Mal himmelhochjauchzend, mal zu Tode betrübt. Gelernt, die Wüste zu fürchten. Gelernt, die Wüste zu hassen. Gelernt, die Wüste zu lieben.“[2]

Jeder mystische Weg ist wohl so ein Ringen mit uns selbst, durch all die widerstrebenden Gedanken und Gefühle hindurch zu Klarheit, Liebe und Hingabe. Wir finden jedoch gewöhnlich hunderterlei Ausflüchte und Ablenkungen, um uns einem solchen letzten Infragegestelltwerden zu entziehen. Die mittelalterlichen Frauen, denen ich begegnete, gingen, einmal aufgebrochen, unerschrocken und unerbittlich ihres Weges. Sie scheuten nicht zurück vor den körperlichen Leiden der Kreuzesnachfolge, den Durststrecken der Gottferne oder der sengenden Sonne der Inquisition. Und wenn sie schließlich zur letzten Einigung mit Gott fanden, so war das zwar eine Frucht, die ihnen in einer paradiesischen Oase in den Schoß fiel, den Weg dorthin hatten sie jedoch hart errungen.

Umgekehrt lässt sich auch sagen, dass mancher Weg, der als Wanderung in ganz irdischen Gefilden beabsichtigt war, unversehens zu mystischen Erlebnissen führte. Stellvertretend für viele ähnliche Berichte, will ich hier Carmen Rohrbach zitieren: „Ich gehe weiter, und nun vernehme ich auch beim Gehen diese überirdische Musik. Ein eigenartiges Empfinden ergreift mich. Es ist, als wäre ich nicht mehr allein. Ich weiß genau: Niemand ist da, ich bin allein in der Wüste, aber ich fühle mich dennoch nicht allein. Mir scheint, als hätten sich Weite und Einsamkeit in Wesen verwandelt, die ich zwar nicht sehen, aber fühlen kann. …

Ich glaube, noch nie so glücklich gewesen zu sein. Es ist ein Glück ohne Grund, einfach weil ich da bin und teilhabe an den Geheimnissen, auch wenn ich sie nicht verstehe. Die Wüste erscheint mir nun nicht mehr öde und leblos. Ihre Kargheit ist Reichtum. Ihre Weite ist Freiheit. Ihre Einsamkeit ist Geborgenheit."[3]

Die wissenschaftliche Literatur über Mystikerinnen, die ich dankbar zu Rate gezogen habe, ähnelt in gewisser Hinsicht geografischen, geologischen und ähnlichen Beschreibungen der Wüste. Aber erst das Selbst-Hindurchgehen oder jedenfalls der intensive Nachvollzug verschafft das eigentliche Erlebnis, indem wir dabei verändert werden, sich Sinne öffnen, von denen wir sonst gar nicht wissen, dass wir sie haben. Das aber kann nur geschehen, indem wir uns auf eine Welt einlassen, in der uns fehlt, was uns sonst Sicherheit und Orientierung gibt. Was dann mit uns geschieht, entzieht sich jeder Dogmatisierung und Theologisierung.

Warum aber das Gewohnte, Gesicherte verlassen, um sich auf ein solches Wagnis einzulassen? Viele mittelalterliche Mystikerinnen mussten sich erst durch große Widerstände ihrer Umwelt hindurcharbeiten, um frei zu werden für ihren Weg, auch darin manch modernen Wüstenwanderern und -wanderinnen ähnlich. Hier wie da aber dieselbe Unbedingtheit, allen Problemen und auch den eigenen Ängsten zum Trotz den Weg zu gehen. Hier wie da mögen die Motive manchmal fragwürdig sein: Abenteuerlust, Größenwahn, Sucht, Masochismus ... Es sind Menschen, die sich auf den Weg machen, nicht Heilige. Zu hinterfragen wären aber auch die Motive derer, die sie zurückhalten wollen: Eigennutz, Angst, die Kontrolle zu verlieren, egoistische Wünsche ... Gern werfen sie den Wanderinnen vor, sich dem ‚wirklichen' Leben und seinen Verantwortlichkeiten einfach entziehen zu wollen. Doch: „Die Wüste ist der Ort der Wahrheit – kein Ort der Weltflucht"[4], sagte einer, der es wissen muss, der Pater und Mystiker Charles de Foucauld, der elf Jahre lang in einer Einsiedelei in der Sahara lebte. Denn – ob ich mich nun in die Stille der Meditation zurückziehe oder in die unermessliche Weite und Stille einer einsamen Weltgegend – in keinem Fall werde ich der Begegnung mit der ‚Wüste in mir' entgehen und ihrer Herausforderung ausweichen können.

Was die Umwelt sagt, hat jedoch ohnehin nicht allzu viel Gewicht, denn solche Wege werden aus innerer Notwendigkeit gegangen. Es mag sinnlos erscheinen, sich in einem Kloster asketischen Übungen hinzugeben oder zu Fuß ein verbotenes Land zu durchqueren oder alles Hab und Gut hinzugeben, um frei zu werden zur Christusnachfolge. Aber wohl nur, weil wir Sinn und Effektivität so gern verwechseln, weil das alles „nichts bringt". Doch Sinn hat ein Leben nur in sich selbst. Wir erleben Sinnhaftigkeit, wenn wir dem folgen, was sich tief in uns als unser ganz Eigenes geltend macht. Auch Jesu Leben war deutlich nicht auf Effektivität ausgerichtet, sondern hatte seinen Sinn darin, dass er konsequent dem folgte, wozu er in die Welt gekommen war, dem Weg vollkommener, bedingungsloser Liebe und Hingabe an Gottes Willen in aller Konsequenz zu gehen. Und so können wir auch den Weg der Mystikerinnen, die ihm bewusst und konsequent nachfolgen, als ein Ringen um wahre Liebe sehen und unsere oft sentimentalen, romantischen und eingeschränkten Begriffe von Liebe aufsprengen lassen.

Wüstenwege sind gefährlich. Die Wege, die die mittelalterlichen Mystikerinnen gingen, waren es auch. Sie riskierten oft nicht nur ihr Leben (für den Fall, dass die Inquisition Anstoß nahm an dem, was sie lebten und lehrten), sondern die ewige Seligkeit, falls sie sich täuschten und ihre Visionen und

Eingebungen sich als nicht von Gott, sondern von Satan inspiriert erweisen sollten. Häufig machten die Klosterregel oder eine sinnenfeindliche Theologie ihre Wege karg. Manchmal drohte das Interdikt und damit das Abgeschnittenwerden vom Sakrament, das ihnen lebenspendend war wie dem Wüstenwanderer das Wasser. Dazu die Gefahr, sich in den eigenen inneren Irrgärten zu verlieren. Man muss klare Ziele anvisieren, um die Richtung nicht zu verlieren. Mystische Wege sind so vielfältig wie die Menschen, die sie gehen. Von jedem beliebigen Ort her, aus jeder Lebenssituation heraus kann der Weg angetreten werden. Es gibt keine Lehre, keine Regel, kein Rezept. Die Wege zu betrachten, die andere gegangen sind, kann hier und da Zeichen setzen, Orientierungsmarken geben für den eigenen Weg, mehr nicht. Die Legitimität der unterschiedlichen Wege ergibt sich aus dem „Dein Wille geschehe". Denn wer wollte Gottes Willen festschreiben? Wo das doch geschah, stürzte es manche Mystikerin in tiefe Zweifel, wenn sie feststellen musste, dass das, was Gott von ihr wollte, sehr viel anders war als das, was Kirche und Theologie ihr als Gottes Willen vermittelten.

So wie man in der Wüste alte Felsmalereien suchen mag, die Aufschluss geben über das kultische Leben einst dort lebender Menschen, ging ich auf Entdeckungsreise, um die von mittelalterlichen Frauen oft hart errungenen Schätze spirituellen Lebens zu finden – so wie sie sich meinem Blick darbieten, der sicher anders ist als der wissenschaftlicher Theologinnen, Linguisten, Historikerinnen oder Religionspsychologen, aber auch anders als der frommer Verklärung. In der Begegnung mit der Unbedingtheit dieser Frauen geriet ich in meine eigene innere Wüste, jene ungeheure Leere, die sich auftut, wenn ich einmal ganz ehrlich auf meine Wirklichkeit und die der Welt, in der ich lebe, blicke. Welche Unmöglichkeit, das Gottvertrauen, das sich in meinem Leben bewährt hat, zusammenzuschauen, zu denken, zu fühlen mit dem Holocaust etwa (der hier nur stellvertretend stehen soll für all das unsägliche Leid, das Menschen einander überall und alltäglich antun). Oder doch nicht? Etty Hillesum begegnete mir, eine holländische Jüdin, die sehenden Auges den Weg in die Vernichtung gehen und dabei so sehr in der Gottesliebe wachsen konnte, dass sie noch anderen Menschen Trost und Beistand zu geben vermochte, die durch eine der schlimmsten Wüsten unserer Zeit ging und dabei zu jener höheren, wahren Liebe fand, um die auch die mittelalterlichen Mystikerinnen rangen, Gott zu lieben, auch ohne Gaben zu empfangen. Einfach zu lieben.

Die Metapher des Wüstenweges verbindet für mich unsere Wege im 21. Jahrhundert, lange nach der Aufklärung, mit denen jener Gottsucherinnen des 12. bis 16. Jahrhunderts. So viel ist anders. So anders die Herausforderungen unserer technisierten und medienbeherrschten säkularisierten Welt mit ihren komplizierten und komplexen Vernetzungen. Soviel ließe sich aus heutiger Sicht kritisch sagen, insbesondere zu einer patriarchalen Theologie und kirchlichen Lehre, die als solche undurchschaut und unhinterfragt mancher mittelalterlichen Frau so schwer auf der Seele lag. Aber nicht das beschäftigt mich hier in der Begegnung mit ihnen, sondern das Gemeinsame des Unterwegsseins auf steinigen und oft einsamen Wegen. Bernhard von Clairvaux war der Ansicht, der hl. Benedikt habe seine Ordensregeln so gestaltet, dass das Leben im Kloster den Mönchen stets Anlässe zur Selbstkonfrontation gaben, durch die sie sich ihrer Gottferne bewusst werden konnten, um sie zur Umkehr zu bewegen. Viele Menschen, die heute spirituelle Wege gehen, erfahren ihr Alltagsleben ähnlich: Es gibt eine nicht abreißende Folge von Situationen, in denen sich erweisen kann, wie sicher das eigene Leben im göttlichen Grund verwurzelt ist, Anlässe, die unsere dunklen, Ego-verhafteten Seiten zum Vorschein und damit ihrer Auflösung näherbringen. Da ist etwa der unsympathische Gesprächspartner, der mich zu einer Wut provoziert, von der ich bei der ruhigen Meditation zuhause dachte, ich hätte sie längst überwunden. Da ist die Bedrohung des Arbeitsplatzes, die mich in Ängste stürzt, von denen ich nie ahnte und mich nach einem Gottvertrauen suchen lassen, das größer ist als meine Angst. Es ist die plötzlich hereinbrechende Krise nach einer Trennung oder angesichts einer lebensbedrohenden Erkrankung, die alles bisher für sicher Gehaltene in Frage stellt und neue Antworten fordert. Da ist die Hilflosigkeit und Ratlosigkeit angesichts der Krisen und Katastrophen, die Menschen irgendwo in der Welt oder in meinem eigenen Umfeld heimsuchen.

Aber, wenn ich mich dem stelle, wenn ich mich einlasse und aussetze, kann ich lernen, die Wüste zu lieben, die Wüste, die sich herrlich und schrecklich zeigt – wie Gott selbst. Denn mit dem Bild des lieben Gottes, der stets nur hilft und alle unsere Wünsche erfüllt, lässt es sich allenfalls in der Oase leben. Jedoch ist Gott – und davon zeugen die älteren Schriften der Bibel – einer, der mitgeht durch die Wüste (auch mitgeht durch die Leere in uns selbst). Und einer, der sich finden lässt, im brennenden Dornbusch vielleicht.

Zu diesem Buch

Acht Mystikerinnen wählte ich aus, denen ich insbesondere begegnen wollte. Ursprünglich beabsichtigte ich, den Dialog, den ich mit ihnen führte, unmittelbar wiederzugeben. Doch ist das unmöglich, denn der Weg mit ihnen erwies sich als ein manchmal überwältigender und zermürbender und keineswegs geordneter und geradliniger Prozess, in dem immer und immer wieder durch neue Entdeckungen, durch ein neues Verstehen, eben erlangte Einsichten und Überzeugungen, insbesondere aber auch unbewusste Vor-Urteile erschüttert wurden.

Manches Mal während der Arbeit an diesem Buch war ich auch drauf und dran, die Sache aufzugeben, nämlich immer dann, wenn mich das ganze Ausmaß mittelalterlicher Leidensbereitschaft zu überwältigen drohte. Nein, als Vorbilder, die es nur nachzuahmen gälte, eignen sich diese Frauen nicht, zumal vieles, was uns heute bewegt, noch gar nicht in ihrem Blickfeld lag, wir aber wiederum unsere spirituellen Wege nicht an unserem heutigen Bewusstsein vorbei gehen können. Ich kann etwa das Gottesbild, das ich in meiner Seele trage, daraufhin hinterfragen, wie es mir durch meine religiöse Sozialisation eingeprägt oder inwieweit es durch Erfahrungen mit Eltern und Lehrerinnen geformt wurde. Oder ich kann das Pathologische mancher Erscheinungen erkennen (wobei es Ansätze dazu allerdings auch schon im Mittelalter gab). Der Weg zur wahren, der göttlichen Wirklichkeit führt mich auch in die Abgründe der eigenen Seele. Andererseits treibt mich nicht die Furcht vor ewiger Verdammnis dazu, lieber hier Schmerz und Leid und überschwere Lasten zu tragen, um dafür der ewigen Seligkeit teilhaftig werden zu können. Heil erlangen heißt für mich eher: heil werden an Körper, Geist und Seele. Und doch ist es wiederum auch so, dass im Leid jener mittelalterlichen Frauen auch meine manchmal verzweifelten Wege Sinn erlangen und mir aus der Frucht, die es ihnen eintrug, die Seligkeit der Gottesvereinigung, Hoffnung wächst, durch all das Unverständliche hindurch zu herrlichen Zielen geführt zu werden, die weit jenseits meines alltäglichen Horizonts liegen.

Wenn ich auf den mir gemäßen Weg ausgerichtet bleibe, können mir die mittelalterlichen Frauen Wegbegleiterinnen werden, mir ungeahnte Perspektiven eröffnen und mich die Relativität auch unseres heutigen aufgeklärten Bewusstseins erkennen lassen. Ihre Begriffe sind oft so anders als die unsrigen, dass es erst der Erklärung bedarf, was sie etwa unter ‚Vernunft' verstehen oder unter ‚Liebe'. Aber gerade daran wird mir auch die Vorläufigkeit unserer Begriffe bewusst oder etwa die Zeitbedingtheit der uns so geläufigen psychologisierenden Betrachtungsweise. Und eben das könnte dazu anregen, neu Fragen an unsere Gegenwart zu stellen. Oder ich entdecke auf einmal, dass im gleichen Maße, wie die Menschen des Mittelalters von Höllenfurcht geplagt wurden, uns in unserer Welt Lebensängste und Schuldgefühle heimsuchen, Furcht vor der Höllenpein, zu der irdisches Leben werden kann. Und wenn mich das dazu bringt, die Grenzen meiner Kräfte und Möglichkeiten zu erkennen und mein Leben Gott anzuvertrauen – bin ich dann noch so weit entfernt von jenen Frauen, die sich so ganz Gott hingaben? Ohne die Absicht nachzuahmen oder unmittelbare Lebenshilfe zu finden, kann ich ihnen auch mit ihren manchmal befremdlichen Seiten begegnen und im Spiegel ihres Inneren Lebens die Konturen des meinen klarer erkennen.

Gott ist Liebe. Wir alle, die wir christlich-spirituelle Wege gehen, sehen darin das Heil für eine unheile Welt, aber was wird nicht alles als Liebe bezeichnet bis hin zu rein sexueller Anziehung oder offenkundiger Sucht nach anderen Menschen oder der Forderung, sich in ihrem Namen entwürdigenden Lebensbedingungen auszusetzen. Was aber ist jene wahre Liebe, die Gott ist? Und wie kann ich mich ihr verbinden? Diese brennenden Fragen waren es vor allem, die mich in den Begegnungen mit den mittelalterlichen Mystikerinnen leiteten. Jede von ihnen spricht mit ihren Worten und ihrem Leben auf eigene Art von einer Wirklichkeit, die unausschöpflich ist. Von jeder lerne ich neue Aspekte sehen. Sie ermutigen mich auch, zu meinen Wahrnehmungen und Erfahrungen zu stehen, sie mir nicht ausreden zu lassen und sie nicht wegzurationalisieren, wenn sie gängigen Verständnismustern widersprechen. Teresa von Avila etwa musste erleben, dass über zwanzig leidvolle Jahre hinweg ihre Beichtväter ihre inneren Erlebnisse für „Teufelswerk" hielten, bis sie endlich Anerkennung fand. Dabei stärkte es sie, dass Gott selbst sich ihr als Urheber ihrer Erlebnisse zu erkennen gab, und das allein, gewissenhaft daraufhin geprüft, ob es sich nicht etwa um eine Täuschung handele, zählte für sie.

Mit Teresa, der uns zeitlich nächsten und schon gar nicht mehr so ganz zum Mittelalter gehörigen unter den von mir ausgewählten Mystikerinnen, möchte ich auch beginnen und von da aus den Weg tiefer hinein in die Vergangenheit gehen.

Anmerkungen

1 Moser, Achill: Sahara – Paradies und Hölle. 14000 Kilometer durch Stein und Sand. Stuttgart 1992. S. 9.
2 Moser (1992), S. 7.
3 Rohrbach, Carmen: Botschaften im Sand. Reise zu den rätselhaften Nasza-Linien. München 1992. S. 57.
4 Charles de Foucauld zitiert nach: Moser (1992), S. 16.

Teresa von Avila

Teresa wurde 1515 im kastilischen Avila geboren. Ihre Familie, die Sánchez de Cepada y Ahumada, gehörte zum niederen spanischen Adel. Väterlicherseits waren ihre Vorfahren conversos: Ihre jüdischen Urgroßeltern hatten sich unter dem Druck der Verfolgung taufen lassen. Mit drei Schwestern und neun Brüdern wuchs Teresa heran, wobei sie sich vor allem ihrem vier Jahre älteren Bruder Rodrigo zugesellte, mit dem sie sich als Siebenjährige für Märtyrer- und abenteuerliche Rittergeschichten so sehr begeisterte, dass die Kinder eines Tages von Zuhause fortliefen, um sich im Land der Mauren das Haupt abschlagen zu lassen.

Mit dem Eintritt in das Erwachsenenalter jedoch wurde von einer Tochter erwartet, dass sie heiratete und sich der Herrschaft eines Mannes unterstellte. Teresa verabscheute solche Untertänigkeit, aber auch das Klosterleben erschien der lebenslustigen jungen Frau nicht attraktiv. Dass sie dann doch, sechzehnjährig, als Schülerin in ein Augustinerinnenkloster eintrat, könnte damit zusammenhängen, dass sie nach dem frühen Tod der Mutter und der Verehelichung ihrer älteren Schwester nicht mehr zu Hause bleiben konnte. Zudem hatte es einen Vorfall gegeben, der nicht mehr so recht aufzuklären ist, infolgedessen sie sich jedenfalls der Todsünde beschuldigte, vielleicht eine Liebschaft. Es mag ihrer Abneigung gegen das klösterliche Leben zuzuschreiben sein, dass sie schwer erkrankte. In einem „Todeskampf" entschließt sie sich für den Ordensstand, aus, wie sie später sagt, „knechtischer Furcht“, nicht aus Liebe, das heißt offenbar bestimmt von der Menschen ihrer Zeit naheliegenden Angst vor der ewigen Verdammnis. Da der Vater die Einwilligung verweigerte, floh sie aus dem Elternhaus, in das sie der Krankheit wegen zurückgegangen war, und wurde im Alter von zwanzig Jahren eine eifrige, pflichtbewusste Nonne im Karmeliterinnenkloster. Bei einem erneuten krankheitsbedingten Aufenthalt außerhalb des Klosters begegnete sie einem Buch des Mystikers Francisco de Osuna und fand darüber zu ihrem Lebensthema, dem „inneren Gebet“.

Doch zunächst verflüchtigte sich der Eifer wieder. Das Leben in den Klöstern jener Zeit bot reichlich Gelegenheit für Zerstreuungen und Annehmlichkeiten, und Teresa machte Gebrauch davon, was sie über viele Jahre hinweg in einen Zwiespalt zwischen ihrem religiösen Erleben und „weltlichen“ Gelüsten brachte. Erst nach einem tief reichenden Umkehrerlebnis im Alter von 39 Jahren begann eine ganz neue Phase ihres Lebens und ihre eigentliche Wirksamkeit. Sie selbst sagt davon, das bisherige sei ihr eigenes Leben gewesen, jetzt aber habe das Leben Gottes in ihr begonnen.

Weitere sechs Jahre später glaubte Teresa aufgrund einer Vision, die Hölle warte auf sie, und daraus entstand ein heftiges Verlangen, das lockere Klosterleben aufzugeben und Seelen zu retten. Von diesem Drang beseelt entdeckte sie den ursprünglichen Geist des Karmel, seine Unbedingtheit in der totalen Selbst-Entblößung, und sie arbeitete fortan daran, ihm seine alte strenge Regel zurückzugeben. Die asketische Abkehr von der Welt war ihr dabei sicher nicht Selbstzweck, sondern schuf den Rahmen, in dem die Nonnen im inneren Gebet, das auch fürbittendes Gebet war, reifen konnten. Frauen, die die göttliche Wirklichkeit im eigenen

Inneren suchten – das schien jedoch den kirchlichen Autoritäten wie auch der Ordensleitung nur zur Häresie führen zu können. Überhaupt hielt man eine Ordensreform für Männersache. Teresa wendete sich an Gott um Hilfe. Gegen ungeheuren Widerstand, auch der Bürgerschaft Avilas und gegen ihre Selbstzweifel gelang es der Siebenundvierzigjährigen zunächst das kleine Kloster San José in Avila zu gründen und in den folgenden beiden Jahrzehnten sechzehn weitere – absichtlich kleine – Frauenklöster der „Unbeschuhten Karmeliterinnen", dazu zwei Männerklöster. Teresa nannte ihre Neugründung auch den „Karmel unserer lieben Frau". Um dem leidenden Christus recht nachfolgen zu können, wollte sie auf feste Einkünfte für die Klöster verzichten, konnte aber auf die Dauer die strenge Armutspraxis nicht durchsetzen. Sie, die das Reisen verabscheute und durch ihre Krankheiten bei den harten Reisebedingungen Unsägliches litt, reiste nun kreuz und quer durch das Land, um Klöster zu gründen und zu visitieren. In nächtlichen Schreibstunden verfasste sie Briefe und verschiedene Schriften, wie den „Weg der Vollkommenheit" und das „Buch der Klosterstiftungen". Der päpstliche Gesandte nannte sie ein „ruheloses und vagabundierendes Weib". Unterstützung fand Teresa durch Schwestern, die nicht nur halfen, sondern durch ihre hervorragende Persönlichkeit das Werk auf ihre Art stützten und ausweiteten, und durch männliche Mitarbeiter, insbesondere Johannes vom Kreuz.

Der Konflikt mit einer reichen Klosterstifterin brachte Teresa eine Anzeige bei der Inquisition ein. Dort hatte sie schon mit ihrer „Vida" und der darin beschriebenen Erfahrung der unbegrenzten Gnade Gottes Anstoß erregt. Obwohl sie vor dem Tribunal beharrlich bei ihrer Einsicht und Erfahrung blieb, wurde sie nicht verurteilt. Möglicherweise war das dem Einfluss befreundeter Theologen zu verdanken. Immerhin blieb sie 14 Jahre lang inquisitionsverdächtig. Mitten in der Zeit schwerer Angriffe erlebte sie 1572 während der Kommunion die unio mystica.

Erst im Alter erlebte Teresa, dass ihr Reformwerk anerkannt wurde, wenn auch manche ihrer Briefe noch Jahrhunderte zurückgehalten wurden. Dass ihre „Vida" nicht mehr zugänglich war, veranlasste ihren Beichtvater Pater Gracian, sie dazu aufzufordern, ihre Erfahrungen noch einmal und jetzt in wesentlich reiferer Form in einem Buch niederzuschreiben. Und so verfasste sie in kürzester Zeit die „Innere Burg". Dabei entfährt ihr dann schon mal ein Stoßseufzer angesichts der Bedingungen, unter denen sie arbeitet: „Mein Gott, auf was habe ich mich da eingelassen! Ich habe bereits vergessen, wovon ich sprach; denn die Geschäfte und mein Gesundheitszustand zwingen mich, damit aufzuhören, wenn ich gerade am besten Zuge bin ... Da ich es nicht noch einmal durchlesen kann, ist vielleicht sogar das Ganze ein wildes Durcheinander."[1] Vielleicht macht gerade diese erzwungene Spontaneität das Buch zu einem literarischen Meisterwerk. Durch sieben „Wohnungen", die eigentlich stellvertretend stehen für eine in Wirklichkeit viel größere Fülle an Gemächern, wie auch an individuellen Wegen, wird die Seele darin auf dem Weg vom Verhaftetsein an die äußere Welt zur Vereinigung mit Gott begleitet. Systematisch stellt sie den Weg dar, doch ihr Leitmotiv erstarrt ihr nicht zum beengenden Schema, sondern wird „zum Quellmund immer neuer, sprudelnder Bilder, zum dämmenden, oftmals überfluteten Ufer eines drängenden geistigen Geschehens".[2]

Teresa war ein Mensch, der sich in kein Schema pressen ließ. Einerseits war sie voll menschlicher Wärme und Güte, beseelt von dem Wunsch, andere zu erfreuen, und konnte ihren geistlichen Töchtern eine lebendige, fröhliche Mutter sein, die ihnen, wenn sie in Laune war, das Tamburin schlug und mit ihnen tanzte, die griesgrämige Heilige verabscheute, Askese lehrte, aber schöne Dinge und gute Speisen liebte – alles zu seiner Zeit und ohne sich daran zu verhaften. Andererseits hatten Menschen, mit denen sie in Konflikt stand, es schwer mit ihr. Ungehalten und grob beschimpfte sie BriefpartnerInnen, an deren Verhalten sie Anstoß genommen hatte, und obwohl an ihrer Ehrfurcht kein Zweifel bestehen kann – bezeichnet sie Gott doch als ‚Majestät' – scheut sie sich nicht, auch ihm Vorhaltungen zu machen. Sie war eine stolze Frau und lebte und lehrte Demut. So kritisch sie anderen gegenüber war, war sie es auch sich selbst gegenüber. Sie war unbeirrbar, rasch entschlossen, unbequem, scharfsinnig, ebenso mit praktischem Sinn ausgestattet. Und sie wurde geliebt.

Teresa starb 1582 wie sie zuletzt gelebt hatte – auf Reisen. 1622 erfolgte die Heiligsprechung. Man verlieh ihr den Titel einer doctora mystica, und neben dem Apostel Jakobus wurde sie zur Nationalheiligen Spaniens. Als erster Frau wurde ihr 1970 der Titel ‚Lehrerin der Kirche' verliehen. Die Ordensreform, die sie einleitete, führte zu Gründungen in vielen Ländern und wirkt wie ihr schriftliches Werk bis in unsere Zeit hinein.

Solo Dios basta – Gott allein genügt

„Als Tochter eines trockenen Landes war sie besonders für Wasser sehr empfänglich", schreibt Vita Sackville-West über Teresa. Ihr Geburtsort Avila in Kastilien „erhebt sich in etwa zwölfhundert Metern Höhe auf der platten Fläche eines schroff über Felsklüften aufsteigenden Bergrückens, und bei seiner schutzlos den Winden preisgegebenen Lage … ist sein Klima über alle Maßen streng. Man befindet sich im zentralen Spanien, wahrlich keinem Lande sonnenbeschienener Lichthöfe, Fontänen und Orangenblüten, sondern eher auf dürrem und asketischem Boden … Es fehlen ihm, obwohl es nördlich liegt, die Nebel, die das aschfarbene Antlitz der kahlen Flächen mildern würden; statt dessen fällt das stechend klare Licht des Himmels mitleidlos, ernüchternd auf verträumte Illusionen dergestalt, dass sich die Menschen nur noch auf die harte Wahrheit stützen können, wie sie ihrem Blick erscheint … Es wäre ebenso unmöglich, in einem solchen Lande, wo im Winter der körnige Staub in die Augen sticht und an Sommertagen die Sonne schattenlos die Hände an den Zügeln verbrennt, des Wissens verlustig zu gehen, dass das Leben ein Kampf ist, wie man außerstande wäre, unberührt von jeder Erweiterung des geistigen Gesichtskreises zu bleiben, die sich stets in der Einöde verlassener Gegenden einzustellen pflegt."[3]

Teresa wurde in ein Land hinein geboren, über dem die glühende Sonne der Inquisition lag, die erbarmungslos jeden Quell austrocknete, der außerhalb des großen Stroms der „Wahrheit" floss. Und die Verhältnisse waren nicht dazu angetan, einen lebenskräftigen Strom mystischer Weisheit strömen zu lassen, der von einer Frau her kam. Da war die stets geschürte Angst vor der Höllenqual, die Dämonisierung der Sinne, des Leibes, der verführerischen Frau, die den Mann zur Sünde reize. Von alledem konnte Teresa nicht unberührt bleiben. Aber, von einem eisernen Willen getrieben, begann sie, auf einer langen, stetigen „Wüstenwanderung" das einmal als wahr Erkannte zu leben, gespeist aus dem inneren Quell, der sich ihr erschlossen hatte und willens, auch anderen Menschen den Zugang zu diesem „Wasser des Lebens" zu eröffnen. Gerade die Dürre, in der sie lebte, ließ Teresa so nachhaltig nach „Wasser" Ausschau halten.

Wie wir. Wieviel Dürre verbirgt sich hinter unserem grandiosen Wohlstand. Wie ausgetrocknet sind die Seelen von dem stets heißeren Wind des Konkurrenzkampfs und Leistungsdrucks, der Vereinzelung und der Machtlosigkeit angesichts der täglich neuen Schreckensmeldungen aus aller Welt und dem inneren Wissen um das millionenfache Vorhandensein von nicht gemeldeten Gräueln. Latente oder manifeste Angst schnürt die Verbindung zur inneren Quelle ab. Der Durst ist groß, doch oftmals erscheint es uns eher als Luxus und Zeitverschwendung, den Weg zurück zu suchen zu dem, was uns stärkt, uns zu öffnen, unser Leben, Sein und Tun ganz von der göttlichen Wirklichkeit durchscheinen zu lassen, und die Zeiten spiritueller Erfahrung bleiben flüchtig, unfähig, verändernd, gestaltend und erquickend in unser Leben einzufließen.

In einem zeitbedingt anderen, doch letztlich vergleichbaren Widerstreit, „zugleich Gott und der Welt dienen zu wollen", befand sich Teresa 18 Jahre lang: „Ich kann wohl sagen, dass es das unerfreulichste Leben war, das man sich vorstellen kann. Denn weder Gott noch die Welt machten mich glücklich. Mitten im weltlichen Vergnügen fiel mir ein, was ich Gott schuldete und betrübte mich; war ich innerlich bei Gott, so beunruhigten mich die weltlichen Neigungen. Ich weiß nicht, wie ich einen derart mühsamen Krieg länger als einen Monat, ja sogar viele Jahre aushalten konnte."[4] Die Seele war ihr schon müde geworden, aber ihr oberflächliches Leben ließ sie, wie sie schreibt, nicht zur Ruhe kommen.

Eine Schwelle muss überschritten werden, um loszukommen von dem Verhaftetsein in alten Lebensmustern und auf eine neue Stufe des Bewusstseins und damit auch einer neuen Lebenspraxis zu gelangen. Solche Wege sind nie leicht. Für viele Menschen sind tiefe Lebenskrisen der Anstoß, überhaupt einen ersten Schritt zu tun auf dem Weg über das rein am Äußerlichen orientierte Leben hinaus. Aber auch wer bereits auf dem Weg ist, bedarf weiterer tiefreichender Anstöße und spiritueller Begleitung, um nicht für immer auf der einmal erlangten Stufe zu bleiben, sondern sich erneut aufzumachen ins Ungewisse, Unbekannte, das ja jede neue Erfahrungsebene zunächst darstellt. Und: „Wer nicht wächst, schrumpft ein", wie Teresa lapidar feststellt.[5]

Für Teresa war es ein Bildnis des wundenbedeckten leidenden Christus, dessen Anblick ihre Seele so erschütterte, dass sie sich tränenüberströmt niederwarf und ihn bat, ihr die Kraft zu geben, ihn nie mehr zu verletzen, wie sie es zuvor tat, als sie die Gnaden, die ihr von Gott kamen, immer wieder verschüttete. Die Christusstatue, vor der sie wahrscheinlich ihr Umkehrerlebnis hatte, ist noch erhalten: ein mit Stricken gebundener, aus vielen Wunden blutender Mensch, aus dessen Antlitz mich alle Geschundenen, Verwundeten, Ohnmächtigen dieser Welt anblicken ... Die Menschheit Jesu wurde Teresa zur Pforte zum inneren Gebet. Der heilige Augustinus wurde ihr zum Begleiter über die Schwelle. Zufällig – nämlich so wie uns, haben wir uns einmal geöffnet, bereit gemacht, zufällt, was wir brauchen – gab ihr jemand seine ‚Bekenntnisse' zu lesen. Sie, die sich selbst als Sünderin wusste, fand Trost in dem Gedanken an Heilige, die Gott wie Augustin trotz ihrer Sünden annahm, erwartete sich von ihm Hilfe, um ebenfalls Vergebung von Gott zu erlangen. Auf leidvollen Wegen erlangte sie einen

Durchbruch. Ein neues Leben begann für sie, das Leben Gottes in ihr. Und sie war sich sehr bewusst, dass nicht sie selbst diese Änderung herbeigeführt hatte, sondern dass sie ein göttliches Geschenk war. Sie erlebte plötzliche Entrückungen, Levitationen und Visionen. Im inneren Gebet erfuhr sie die fortwährende Gegenwart Gottes. Rückblickend fragt sie sich: „Ich weiß nicht, warum scheut man sich denn, sich dem innerlichen Gebet hinzugeben, vor was fürchtet man sich? Jahrelang war es bei mir so, dass mich das Verlangen nach dem Ende der Gebetszeit, die ich mir festgesetzt hatte, und das Horchen auf den Schlag der Uhr stärker beschäftigte als die guten Gedanken." Und sie fährt fort: „Wirklich, die Gewalt, mit der mich der böse Feind oder meine schlechte Gewohnheit vom Beten abhalten wollte, und die Trübseligkeit, die mich beim Betreten des Oratoriums befiel, waren kaum zu ertragen."[6]

Erst nachdem sie sich eine Weile zum inneren Gebet, zur Kontemplation gezwungen hatte, erfuhr Teresa, dass Gott ihr zu Hilfe kam, ihr schenkte, was sie allein nicht erreichen konnte. Dann aber erlangte sie eine solche Glückseligkeit, dass es mit nichts zu vergleichen war. Trotzdem gab es immer wieder Rückfälle, so sehr, dass sie ihr Leben als „ein fortgesetztes Fallen und Wiederaufstehen" bezeichnete.

Ein solches Schwanken zwischen Gewissheit und Zweifel, zwischen spiritueller Fülle und seelischer Dürre, feurigem Eifer und Lauwerden gehört vermutlich zu jedem inneren Weg. Dass wir von Teresa erfahren, dass es bei ihr so ausgeprägt auftrat, ist wohl zum Teil ihrem Temperament zuzuschreiben, aber wohl auch ihrer Ehrlichkeit, mit der sie zugab, dass es so war. Mir scheint jedoch, dass hier auch noch etwas anderes eine Rolle spielt: Teresa suchte nicht das Gebet im stillen Kämmerlein, das sich selbst genug ist, denn:

„Ein Mensch, der immer zurückgezogen lebt, mag noch so heilig scheinen, er weiß doch nicht und kann es nicht wissen, ob er Geduld und Demut hat.“[7] Das nämlich kann sich erst erweisen, wenn wir Aufgaben zu bewältigen haben. Das echte kontemplative Gebet äußert sich in großer Liebe. Und: „der Fortschritt der Seele besteht nicht im vielen Denken, sondern im vielen Lieben.“[8] Der/die wahrhaft Liebende liebt überall. Gott erfahren und begegnen wir in unseren Nächsten und ihren Nöten, im Wasser, in der Blume und der Ameise und auch in der Küche zwischen den Töpfen, vorausgesetzt wir sind im Inneren darauf vorbereitet, die göttliche Wirklichkeit in der äußeren wahrzunehmen. Kontemplation und Aktion gehören bei Teresa untrennbar zusammen. Das Übermaß an Liebe wird uns von Gott nicht geschenkt, um darin zu schwelgen und uns darin zu baden, sondern um sie auszuströmen in der Hinwendung zu anderen Menschen und in Werken. Alles andere wäre eher eine Illusion von Gottvertrauen und Heiligkeit, der sich diejenigen hingeben, die nur den Andachtsgenuss wollen und sich in sich selbst verschließen, „die sich emsig bemühen, das Gebet zu erfassen, und mit niedergeschlagenen Augen und fest verschlossenem Gesicht darin verharren (so dass es scheint, als wagten sie nicht, sich zu rühren oder ihre Gedanken in Bewegung geraten zu lassen, damit ihnen ja kein bisschen Wonne und Andacht entgehe).“[9] Ein solcher Weg führt auch nicht zum höchsten Ziel, der Vereinigung mit Gott. Denn Gott, der in Christus Mensch geworden ist, will unser Wirken in der Welt. Unsere Liebe zu Gott wächst mit der Liebe zum Menschen neben uns, „denn Seine Majestät liebt uns so sehr, dass er als Lohn für die Liebe, die wir dem Nächsten entgegenbringen, unsere Liebe zu Seiner Majestät tausendfältig wachsen lässt“.[10]

Teresa lebte an einer Zeitenschwelle. Die festgefügte Ordnung des Mittelalters zerbrach und damit die Sicherheit, die sie gegeben hatte. In neuer Souveränität bestimmten die Menschen ihr Verhältnis zueinander und zur Welt. Die Neuzeit begann, die uns grandiosen wissenschaftlichen und technischen Fortschritt brachte, der uns heute wiederum an eine Grenze, eine Schwelle geführt hat. Die „Majestät" Gottes mag sich manchen von uns eher über die Erkenntnisse der neuen Physik von der unvorstellbaren Vieldimensionalität der Wirklichkeit erschließen, während Teresa dabei noch an eine Analogie zu irdischen Herrschern dachte. „Majestät" lässt in jedem Fall an eine Unnahbarkeit denken, die mich klein, einsam, allein und ungekannt sein lässt. Der scheinbar ferne, strenge Gott gibt sich Teresa jedoch in Christus zu erkennen als jemand, der jederzeit zu sprechen ist, der auch Mensch ist, der sich über unsere Schwäche und elende Verfassung nicht entsetzt, sondern sie von innen her versteht. „Man kann mit ihm umgehen wie mit einem Freunde, wie sehr er auch der Herr bleibt."[11] Man kann mit ihm umgehen wie mit einem Freund, wie sehr Gott auch der tragende Grund der Welt bleibt.

Teresa lässt mich mein Ungenügen, meine Grenzen, meine Verzweiflung, das ganze Auf und Ab, Hin und Zurück meines Weges, mein Schwanken zwischen spirituellen Höhenflügen und kleinlichem Groll in einem neuen, freundlichen Licht sehen. Der Weg ist steinig, und es ist schwer, die Orientierung zu behalten, wenn es so wenige oder so verwirrende Anhaltspunkte gibt. Oft gehört Mut dazu, einfach weiterzugehen und großes Vertrauen in die innere Führung, und es ist verständlich, dass ich dann und wann umkehren oder mich in der nächstbesten Oase verkriechen möchte. Die Verheißung aber ist, am Ende des Weges die Verbindung zu finden mit der Liebe, die Gott ist. Die Verheißung ist, dass auf dem heißen Wüstenweg alles von mir abfällt, das mich von dieser letzten, innigsten Verbindung trennt.

In ihrem Hauptwerk vergleicht Teresa die Seele mit einer Burg – und der Weg, den wir gehen, fängt am äußeren Wehrgang dieser Burg an. Zunächst einmal sind wir im Gegensatz zu ihren Adressatinnen, die sich für ein Klosterleben entschieden hatten, wohl selbst die Weltleute, von denen sie schreibt, dass es ihnen schwer genug fällt, überhaupt in die Burg zu kommen, sich dem eigenen Inneren zuzuwenden. Das heißt: Wir sind auch diejenigen, mit denen allerlei „Gewürm" eindringt, das uns daran hindert, die Schönheit der Burg, unserer Seele, zu sehen und darin zur Ruhe zu kommen. Lassen wir uns aber darauf ein, werden wir zuerst einmal mit uns selbst konfrontiert, entdecken unsere Niedrigkeit im Vergleich zu der Größe Gottes, unser Beschmutztsein im Vergleich zu Gottes Reinheit, unseren Stolz im Vergleich zu Gottes Demut. Demut bedeutet nicht Selbsterniedrigung, Verleugnung des eigenen Verstandes, sondern eher ein Eingeständnis unserer tatsächlichen Beschaffenheit mit all unseren Grenzen, Fehlern und Schwächen. Solche Selbsterkenntnis soll nicht der Geringschätzung unserer Seele entspringen, ist sie doch nach dem Bilde Gottes geschaffen, hat doch Gott selbst Gefallen an ihr. Doch ist sie das Fundament, auf dem Gott Hohes aufbauen kann – und Teresa warnt ihre Schwestern davor, Türme ohne Fundament errichten zu wollen. Mit Demut und Selbstverleugnung jedoch „kann man gegen die Welt und ihre Fallstricke, ja gegen die ganze Hölle zum Kampf antreten".[12] In die erste Wohnung, das erste Gemach der Burg dringt noch fast nichts von dem Licht, das in ihrem Innersten wohnt. Denn wie gebannt blicken wir auf das Gewürm, das wir von draußen mit hereingeschleppt haben. Und wenn unsere Gedanken noch an Tumult und Wirrwarr, Besitz, Ehre, Geschäften, Getändel und Vergnügen hängen, sind wir schnell besiegt von jenen Dämonen, die uns am Weitergehen hindern wollen. Gelingt es uns, uns davon zu lösen, jedenfalls zuweilen dem Gewürm entfliehen zu wollen, wenn auch unsere Entschlusskraft noch nicht dazu ausreicht, ganz darauf zu verzichten, gelangen wir in die zweite Wohnung.

Hierher dringen bereits die Rufe Gottes, wir hören sie in den Worten anderer Menschen, in Gebeten, bei der Lektüre oder in Krankheiten und Nöten. Wir können noch weiter fortfahren, so zu leben wie bisher, aber wir können uns diesem Ruf zu einem besseren Weg nicht mehr verschließen – und das löst Qualen aus. Ausdauer, Beharrlichkeit und guter Wille sind nötig, denn die Schlacht, die uns die Dämonen hier mit tausenderlei Waffen liefern, ist entsetzlich und schmerzlich. Sie lassen uns irdische Befriedigungen wie Ansehen, Freunde, Verwandte, Gesundheit als etwas beinahe Ewiges erscheinen und martern uns mit anderen Anfechtungen. Die Seele, die den Ruf gehört hat, möchte Buße tun, nämlich umkehren vom bisherigen Weg und diesen neuen einschlagen. Aber gerade an diesem Punkt werden die Anfechtungen besonders stark, die Verlockung, einfach zurückzukehren in die erste Wohnung, beim Gewohnten zu bleiben fast übermächtig. Vernunft, Glaube, Gedächtnis und Wille sind Kräfte, die uns bestehen helfen. Die Vernunft deckt der Seele die Täuschung auf. Sie sieht klar, dass alles andere bedeutungslos ist im Vergleich zu dem, wonach sie strebt, dass es außerhalb der Burg weder Sicherheit noch Frieden gibt, und dass sie nie einen besseren Freund, Liebhaber und treuen Begleiter finden wird als Gott. Der Glaube zeigt ihr ihre Pflicht. Das Gedächtnis macht ihr klar, dass alles Irdische endlich ist. Der Wille neigt sich in Liebe dahin, wo er Taten und Zeichen der Liebe gesehen hat, und sucht sie zu vergelten.

Aber die Gewöhnung an die äußeren Dinge und die Erfahrung, dass alle Welt sich mit ihnen abgibt, ist ein großes Gegengewicht. Die Seele hat hier viel zu leiden, „vor allem wenn der Satan merkt, dass sie durch ihre Veranlagung und ihre Sitten die Eignung besitzt, weit voranzukommen. Da wird er die ganze Hölle versammeln, um sie wieder aus der Burg zu vertreiben."[13]

Nur mit Gottes Hilfe können wir bestehen. Doch auch wir selbst müssen fest entschlossen sein, „mannhaft", bereit, lieber Leben und Ruhe zu verlieren als umzukehren. An diesem Punkt des Weges gibt es keine Annehmlichkeiten, man wird Unbehagen und Versuchungen nie los. Eben dadurch wird ein sicheres Fundament für den weiteren Weg gelegt. Es ist der Weg des Kreuzes: Ja zu sagen zu Gottes Willen, auch wenn der Weg durch Leiden und Mühsal führt. Sanft sollen wir vorgehen und dadurch mit größerer Beständigkeit; uns raten lassen von erfahrenen Menschen und darauf vertrauen, dass Gott uns zu unserem Nutzen lenkt, der inneren Führung vertrauen.

Hier muss ich einmal einhalten. Denn als ich gerade vom Schreibtisch aufstand und mir ein Alltagsproblem in den Sinn kam, plagte mich mal wieder mein „Dämon", die Stimme in mir, die meint, ich müsse stets alles im Griff, alles unter Kontrolle haben und mir wieder einmal drohte mit alledem, was passieren wird, wenn ich einfach loslasse, vertraue, den Weg mit Gott an die erste Stelle setze. Mein Liebstes, Bestes, Ersehntestes werde ich verlieren, wenn nicht noch Schlimmeres geschieht. „Wenn der böse Feind auch nur ein wenig Furcht bei uns bemerkt, so ist ihm das schon genug, um in uns die Einbildung zu erzeugen, wir müssten unser Tugendstreben mit Gesundheit und Leben bezahlen", wie Teresa sagt.[14]

Die Stimme plagt mich noch sehr, und es erfordert Mut und Entschlossenheit, ihr zu widerstehen. Zunächst erscheint es fast, als würde ich in meine Selbstvernichtung einwilligen. Es ist äußerst schwierig, ihr die Macht über meine Gedanken und Gefühle zu entziehen. Ich kann das erst so richtig, seit ich mich auf den Weg in die innere Burg meiner Seele begeben habe. Zunächst suchte ich diesen Weg nicht, weil mir das Ziel verlockend erschien, sondern nur, weil ich so, wie ich bis dahin gelebt hatte, nicht mehr weitermachen konnte und wollte. Es höhlte mich aus, beraubte mich meiner Kraft und meiner Freude. In der „ersten Wohnung" erkannte ich, dass das, was mich plagte, nicht etwas Äußeres war, nicht die Schuld anderer oder der Umstände, sondern mein kleines Ich, mein Ego. Das zu erkennen weckte das Verlangen in mir, mich von diesem inneren Tyrannen zu befreien, und das eröffnete den Weg in die „zweite Wohnung". Ich bin inzwischen noch weitere Schritte gegangen, aber immer wieder einmal plagen mich doch wieder die alten Anfechtungen – wie eben gerade. Dann hilft es, wie Teresa sagt, den Verstand einzusetzen, der mir unterscheiden hilft und erkennen, dass die Stimme, die mich bedrängt und plagt, nicht Gottes Stimme ist, nicht wirklich mein Bestes will, so sehr sie das auch vorgibt. Dann helfen mir Begegnungen mit Menschen, die ähnliche Wege gehen, oder die Lektüre von Büchern, die mich darin bestärken, auf dem einmal eingeschlagenen Weg klar ausgerichtet zu bleiben. Dann hilft mir die Erinnerung daran, wie oft mir Gott schon geholfen hat, auch gegen meinen Willen alles zum Besten gefügt hat. Und dass ich nichts übereilen muss, nicht schon weiter sein müsste, als ich es bin. Teresa selbst warnt davor, fliegen zu wollen, bevor Gott unserer Seele Flügel gegeben hat. Ich lasse mich von ihr daran erinnern, das meine Seele kein in einen engen Raum eingeschlossenes Ding ist, sondern eine innere Welt voller Fülle und Weite, wenn ich nicht zulasse, dass äußere Bedrängnis sie einschränkt, ein herrlich klarer Kristall, wenn ich ihn nicht selbst eintrübe.

Wer die ersten Schwierigkeiten überwunden hat ohne umzukehren, gelangt in die dritte Wohnung. Hier wird geistliche Tröstung durch Meditation erlangt. Teresa gebraucht dafür das Bild eines Brunnens, zu dem das Wasser von weither durch viele Röhren und kunstvolle Verrichtungen kommt. So wird durch Gedanken und die Beschauung der erschaffenen Dinge die gewünschte Befriedigung herbeigeführt. Fordernde Ungeduld führt dabei zum Versiegen des Stroms: Dürre tritt ein im Gebetsleben. Allein durch die Liebe, die wir für Gott hegen, wirkliche, nicht eingebildete Liebe, die sich in Taten und der Entschlossenheit unseres Willens erweist, erlangen wir den gewünschten Preis.

Etwas anderes aber ist es, den Brunnen unmittelbar dort zu bauen, wo das Wasser entspringt, weil dann der Zufluss nie versiegt. Friedvoll und mit größter Ruhe und Sanftheit quillt es aus dem tiefsten Inneren unseres Wesens empor. Es strömt durch alle Wohnungen und Seelenkräfte und dann überall in den Körper. Es weitet das Herz und unser ganzes Inneres, aber es entspringt nicht dort, sondern im Innersten der Seele. Hier, in der vierten Wohnung, sind wir dem „König“ schon sehr viel näher. Umso schwerer ist es, das was geschieht, mit dem Verstand zu erfassen und anders als in Bildern auszudrücken. Wie etwa durch das folgende: Jahrelang haben sich die Sinne und Seelenkräfte, die Bewohner der Burg, mit Fremden, ja mit Feinden der Burg herumgetrieben.

Endlich gewahren sie ihre Verlorenheit und kehren zur Burg zurück, allerdings ohne die langgeübte Gewohnheit des Umherstreunens gleich überwinden zu können. So streifen sie rings um den Wall herum. Der König, der ihren guten Willen sieht, will sie in seiner Barmherzigkeit wieder zu sich holen: „Wie ein guter Hirte mit einem sanften Pfeifen lockt, so sanft, dass sie es beinahe selber nicht gewahren, lässt er sie seine Stimme hören, damit sie nicht länger verloren umherirren, sondern zu seiner Wohnung zurückkehren. Und eine solche Macht hat das Pfeifen des Hirten, dass sie die Dinge draußen, welche sie entfremdet hatten, liegen und stehen lassen und sich in die Burg begeben."[15]

In dieser Wohnung geschieht ein Anschwellen und Ausweiten der Seele, als könne das Wasser der Quelle nicht mehr ablaufen und die Brunneneinfassung sich weiten. Gott bewirkt, dass die Seele alles in sich zu fassen vermag. Der Mensch, dem das widerfährt, ist in den Dingen des Gottesdienstes nicht mehr so ängstlich, bewegt sich freier und quält sich nicht aus Angst vor der Hölle. „Ich weiß nicht, warum wir immer Angst haben und erschreckt rufen: ‚Der Teufel, der Teufel', wenn wir doch rufen können: ‚Gott, Gott'. Jene, die den Teufel so sehr fürchten, fürchte ich mehr als den Bösen selbst."[16] In einer tiefen Schicht ihrer Seele hat Teresa Heilung erfahren. Sie muss nicht überall den Teufel am Werk sehen, weil sie die Dämonen in der eigenen Seele erlöst hat.

Die Schätze und Wonnen der fünften Wohnung sind Teresa zufolge kaum zu beschreiben, der Verstand kann sie nicht begreifen, und es gibt keinen passenden Vergleich. In gewisser Weise kann die Seele hier den Himmel auf Erden genießen. Wenn wir uns ganz gegeben, nichts zurückgehalten haben, ist der Weg frei, noch mehr in Gott zu leben. Alle

Lust der Erde, ihre Wonnen und Freuden übersteigt die Vereinigung mit Gott. Die letzte Vereinigung schließlich ist nicht weniger als ein Tod. Die Raupe, die sich einspinnt, ist für die Welt gestorben – als Schmetterling kehrt sie zurück. Flügel sind der Seele gewachsen – wie könnte sie sich jetzt damit zufriedengeben, Schritt für Schritt zu gehen? Alles, was sie für Gott tun kann, erscheint ihr gering. Sie kann nicht mehr zurück in ihr altes Leben.

Wenn sich die Seele in der sechsten Wohnung mit Gott verlobt, will sie auch nicht mehr zurück, im Gegenteil leidet sie an dem, was ursprünglich ihr Leben ausgemacht hat, was sie für gut und schön hielt, hat keinen Wert mehr für sie – sie sehnt sich nach dem verheißenen Land, von dem sie schon weiß, das sie aber noch nicht erreichen kann, und würde am liebsten sterben. Sie ist zwar schon mit Gott vereint, aber doch nur so wie zwei Wachskerzen, die man so dicht zusammenhält, dass sie mit einer Flamme brennen. Noch immer aber ist es möglich, beide wieder zu trennen. Wenn aber in der siebenten Wohnung die Sehnsucht der Seele gestillt wird, wenn sie sich wirklich Gott vermählt, dann ist es wie wenn Regen fällt und das Wasser des Flusses und das Wasser vom Himmel nicht mehr voneinander geschieden werden können. Gott zieht die Seele an sich „zu dem Kuss, den die Braut erbat … Hier wird der verwundeten Hindin Wasser im Überfluss gewährt; hier ergötzt sie sich in der Laubhütte Gottes. Hier findet die Taube, die Noah aussandte, um zu sehen, ob das Unwetter vorüber sei, den Ölbaum: ein Zeichen, dass sie festes Land gefunden hatte inmitten der Fluten und Stürme dieser Welt.“[17]

In ihrer Lebensbeschreibung ist nachzulesen, mit welch feuriger Glut Teresa die Liebesvereinigung erlebt: „Ich sah in seinen (des Engels) Händen einen langen goldenen Speer, und an der Spitze des Eisens schien mir ein wenig Feuer zu sein; es kam mir vor, als durchbohre er damit einige Male mein Herz bis hin zu meinen Eingeweiden. Wenn er ihn wieder herauszog, war es mir, als zöge er sie mit heraus, und er ließ mich zurück ganz entflammt in großer Gottesliebe. Der Schmerz war so groß, dass er mir jene Klageseufzer gab, und die Wonne, die dieser sehr große Schmerz in mich legte, war so überschwänglich, dass ich unmöglich verlangen konnte, von ihm frei zu werden noch mich mit etwas Geringerem begnügen konnte als mit Gott. Es ist kein körperlicher, sondern ein geistiger Schmerz, obwohl auch der Leib und zwar in nicht geringerem Maß an ihm teilnimmt. Es ist ein so herrliches Liebkosen, das zwischen der Seele und Gott stattfindet, dass ich zu seiner Güte flehe, er wolle es denen zu kosten geben, die etwa meinen, dass ich lüge."

Hariette Blankers, die diesen Text aus dem Spanischen übersetzte, schreibt dazu: „Teresa bleibt ‚ganz entflammt in großer Gottesliebe' zurück. In der Berührung mit dem Feuer bis in ihr Innerstes ist in ihr selbst das Feuer erwacht, wurde sie selbst ganz Feuer und Flamme, brennend so wie der Engel und sein Speer brennend waren. Teresa bleibt also genau darin zurück, wodurch sie berührt wurde: im Feuer der Liebe Gottes. Teresas Berührtwerden ist zugleich ihre Umformung hin zu dem, der berührt und umformt. Denn in ein und derselben Bewegung des Liebesfeuers wird sie hier in die Liebe des Anderen, in Gott aufgenommen."[18]

Zwar handelt es sich um geistige Wonnen – Teresa selbst spricht davon, dass es um nichts Körperliches geht. Doch glaube ich, dass Hariette Blankers Recht hat mit ihrer Auffassung, dass das Erleben ‚geistig' nur dem Ursprung nach ist, „aus dem Anderen heraus entstanden, der auf Teresa zugekommen ist"[19], und auch wieder geistig in der Ausrichtung auf den Anderen. Die Wonne selbst aber ist wohl nicht anders als körperlich zu erfahren – und wirkt bis ins Körperliche hinein zutiefst verwandelnd. Und die Wonne ist auf beiden Seiten: „Gott und die Seele geben einander ihre feurige Verliebtheit."[20]

Doch endet Teresas Weg nicht in der ekstatischen Vereinigung. Klarheit stellt sich ein, Erleuchtung. Das „Fenster der Erkenntnis" tut sich auf, wenn die Seele in der siebenten Wohnung in der allerinnersten Mitte, der unbeschreiblichen Tiefe, in Gottes eigener Wohnung, dem Tempel Gottes die geistliche Vermählung erfährt. Ihr werden die Schuppen von den Augen genommen, damit sie sieht – doch anders als in bildhaften Visionen –, dass sie etwas von der Gnade begreift – doch anders als durch den Verstand –, dass sie Worte hört, die man besser fühlt als ausspricht. Wie wohl alle MystikerInnen ringt Teresa um Worte und Bilder, um das Unsagbare zu sagen: Der Geist der Seele ist eins geworden mit Gott, der „kleine Falter" stirbt, „voll überschwänglicher Freude, dass er nun zur Ruhe gefunden hat und Christus in ihm lebt".[21] Die Vereinigung ruft zuweilen zärtliche Worte hervor wie „Oh Leben meines Lebens". Aus den „himmlischen Brüsten, an denen Gott immer die Seele zu nähren scheint, schießen Strahlen von Milch hervor, die alle Bewohner der Burg laben"[22], auch den Leib. Alles geschieht ganz ruhig, lautlos. In tiefster Stille erfreuen sich Gott und Seele aneinander – der Verstand hat dabei nichts zu suchen. Ihr Wille ist eins geworden mit Gottes Willen. Auch jetzt noch gibt es Leiden und Konflikt und Unruhe in den anderen Wohnungen, doch kann das die Seele nicht mehr des tiefen inneren Friedens in ihrem Zentrum berauben. Daraus dürfte sich auch Teresas Gewissheit speisen, dass Gott stets größer ist als alle Macht und Gewalt der Welt. Wo die wahre Liebe ist, gibt es keine Angst mehr.

Teresa hat ihre Lebens- und Liebeslust erfolgreich transformiert auf Gott hin, mit dem sie „ein so herrliches Liebkosen" erlebt. Und daraus gewinnt sie unbändige Lebenskraft, aus der heraus sie trotz all ihrer Leiden so ungemein viel leisten kann. Sie schont sich nicht, denn: Diejenigen, die dem Herrn am nächsten waren, hatten auch stets die größte Mühsal zu erdulden. Der Bräutigam bei dieser Hochzeit ist der leidende Gott, der Gekreuzigte. Mystik ist nicht der Weg, den meine Seele manchmal sucht, wenn sie einfach fliehen möchte vor all dem Dunklen, Schweren, Schmerzhaften, wenn sie ein Zaubermittel sucht, um unverwundbar zu werden, oder eine Insel der Seligkeit. Es ist keine Technik, mit ein paar Übungen vorübergehende Wohlgefühle zu erlangen.

Die Bestimmung der geistlichen Ehe ist es, dass ihr Werke entsprießen. Wer die Ruhe, den wahren Frieden im Inneren gefunden hat, braucht sie weniger im Äußeren, hat Kräfte für den Dienst im Namen Gottes. Dabei lässt Teresa keinen Zweifel daran, dass zu den Werken das Gebet als real wirksame Kraft zählt und auch das, was wir heute „Arbeit an uns selbst" nennen würden. Vielleicht ist das bedenkenswert in einer Zeit, wo wir zum äußeren Handeln oft schnell entschlossen sind, ohne zu bedenken, dass außen nur Wirklichkeit werden kann, was zuvor in uns vorbereitet ist, dass nur dann Gott durch uns wirken und uns sein Licht schenken kann, wenn wir beiseitegeräumt haben, was dem entgegensteht. Und sicher wäre es auch ein Irrtum, zu glauben, in Teresas Geist leben hieße, ähnlich große Werke wie sie vollbringen zu müssen. In dem Wunsch danach, gewaltige Taten zu vollbringen, sieht Teresa selbst den Satan am Werk, der uns damit davon abbringen will, das Nächstliegende zu tun. „So versäumen wir es, Gott mit dem Möglichen zu dienen, und begnügen uns am Ende damit, dass wir das Unmögliche ersehnen."[23]

Teresas Weg führt durch die Dunkelheiten der eigenen Seele wie auch durch die der Welt. Im geschichtlichen Überblick kommt Simone de Beauvoir zu dem Schluss, dass von den von ihr betrachteten Frauen eigentlich „nur die heilige Therese auf eigene Kosten, in einer völligen Verlassenheit die menschlichen Seinsbedingungen durchlebt … Da sie sich jenseits der irdischen Hierarchien stellte, fühlte sie ebensowenig wie der hl. Johannes vom Kreuz ein beruhigendes Dach über ihrem Haupt. Für alle beide war es dieselbe Nacht, dasselbe Aufleuchten des Lichts, dasselbe Nichts des Ansicht, dieselbe Erfüllung in Gott."[24] Teresa als eine Frau, die in gleicher Weise wie ein Mann ihren Stolz in die „schwierige Glorie" ihrer freien Existenz setzt und damit zum Vorbild für uns heute werden könnte…

Nur indem ich bereit bin, in die tiefe Nacht der Seele hinabzusteigen oder mich auf Erfahrungen einzulassen, die meine Seele womöglich ins tiefste Dunkel stürzen, kann ich wie Teresas Schüler Johannes vom Kreuz erfahren, dass die Nacht Licht ist. Das ist die Verheißung. Der steinigen, heißen Wüste, die das Leben insbesondere denjenigen sein kann, die sich nicht einfach ins Gegebene fügen, ins allgemein anerkannte Maß, wich Teresa nicht aus – sie lernte sie lieben – und fand, mitten in der Wüste, Wasser des Lebens.

Originaltexte von Teresa von Avila

„Wie die Bächlein, die einer sehr klaren Quelle entspringen, rein und lauter sind, so ist es auch die Seele, die in der Gnade lebt. Dass ihre Werke den Augen Gottes und der Menschen wohlgefällig sind, hat seine Ursache nur darin, dass sie jener Quelle des Lebens entspringen, in welcher die Seele wurzelt,

eingepflanzt wie ein Baum, der nicht die Frische und Fruchtbarkeit besäße, wenn sie ihm nicht von dorther zuflössen. Dies erhält ihn und macht, dass er nicht verdorrt und gute Frucht bringt. Entfernt sich eine Seele aus eigener Schuld von dieser Quelle und senkt sich in eine andere mit pechschwarzem Wasser von widerlichem Geruche ein, so ist auch alles, was aus ihr hervorgeht, nichts als Schmutz und Unheil."[25]

„Herr meiner Seele! Als Du noch in dieser Welt wandeltest, hast Du den Frauen immer Deine besondere Zuneigung bewiesen. Fandest Du doch in ihnen nicht weniger Liebe und Glauben als bei den Männern. Auch befand sich ja unter ihnen Deine Heilige Mutter, deren Verdienste uns zukommen und deren Habit wir tragen. Die Welt irrt, wenn sie von uns verlangt, dass wir nicht öffentlich für Dich wirken dürfen, noch Wahrheiten aussprechen, um deretwillen wir im Geheimen weinen, und dass Du, Herr, unsere gerechten Bitten nicht erhören würdest. Ich glaube das nicht, Herr, denn ich kenne Deine Güte und Gerechtigkeit, der Du kein Richter bist wie die Richter dieser Welt, die Kinder Adams; kurz, nichts als Männer, die meinen, jede gute Fähigkeit bei einer Frau verdächtigen zu müssen. Aber es wird der Tag kommen, mein König, wo dieses alles bekannt wird."[26]

Gott spricht:

O Seele, suche dich in Mir,
und, Seele, suche Mich in dir.

Die Liebe hat in Meinem Wesen
dich abgebildet treu und klar:

kein Maler lässt so wunderbar,
o Seele, deine Züge lesen.
Hat doch die Liebe dich erkoren
als meines Herzens schönste Zier:
bist du verirrt, bist du verloren,
O Seele, suche dich in Mir.

In meines Herzens Tiefe trage
Ich dein Porträt, so echt gemalt;
sähst du, wie es vor Leben strahlt,
verstummte jede bange Frage.
Und wenn dein Sehnen Mich nicht findet
dann such' nicht dort und such' nicht hier:
gedenk, was dich im Tiefsten bindet,
und, Seele, suche Mich in dir.

Du bist mein Haus und meine Bleibe,
bist meine Heimat für und für:
Ich klopfe stets an deine Tür,
dass dich kein Trachten von Mir treibe.
Und meinst du, Ich sei fern von hier,
dann ruf Mich, und du wirst erfassen,
dass Ich dich keinen Schritt verlassen:
und, Seele, suche Mich in dir.[27]

Anmerkungen

1 Teresa von Avila. Die innere Burg. Herausgegeben und übersetzt von Fritz Vogelgsang. Zürich 1979. S. 66.

2 Vogelgsang, Fritz: Einleitung. In: Teresa von Avila. Die innere Burg. (1979) S. 13.

3 Sackville-West, Vita: Adler und Taube – Eine Studie in Gegensätzen. Die heilige Teresa von Avila – die heilige Therese von Lisieux. Frankfurt/Berlin/Wien 1982. S. 17f, 72.

4 Teresa: „Vida" zitiert nach: Teresa von Avila. „Ich bin ein Weib – und obendrein kein gutes". Ein Porträt der Heiligen in ihren Texten. Ausgewählt, übersetzt und eingeleitet von Erika Lorenz. Freiburg/Basel/Wien ^{4}1985. S. 29, 31.

5 Die innere Burg (1979), S. 211.

6 Teresa: „Vida" zitiert nach: Teresa von Avila. Worte der Freundschaft (WdF). Herausgegeben und eingeleitet von Maria Otto. Freiburg ^{4}1979. S. 51.

7 Teresa: „Buch der Klosterstiftungen" zitiert nach: WdF (1979), S. 103.

8 Teresa zitiert nach: Ich bin ein Weib (1985), S. 94.

9 Die innere Burg (1979), S. 101.

10 Die innere Burg (1979), S. 100.

11 Teresa: „Vida" zitiert nach: Ich bin ein Weib (1985), S. 47.

12 Teresa: „Wege der Vollkommenheit" zitiert nach: Ich bin ein Weib (1985), S. 39.

13 Die innere Burg (1979), S. 40.

14 Teresa: „Vida" zitiert nach: WdF (1979), S. 62.

15 Die innere Burg (1979), S. 72.

16 Zitiert nach: Herbstrith, Waltraud: Teresa von Avila. In: Johannes Thiele (Hg.): Mein Herz schmilzt wie Eis am Feuer. Die religiöse Frauenbewegung des Mittelalters in Porträts. Stuttgart 1988. S. 281.

17 Die innere Burg (1979), S. 205.

18 Blankers, Hariette: „Es ist ein so herrliches Liebkosen". Mystik und Körperlichkeit bei Teresa von Avila. In: Schlangenbrut (45/1994). S. 31.

19 Blankers (1994), S. 33.

20 Blankers (1994), S. 33.

21 Die innere Burg (1979), S. 200.

22 Die innere Burg (1979), S. 197.

23 Die innere Burg (1979), S. 214.

24 Beauvoir, Simone de: Das andere Geschlecht, Sitte und Sexus der Frau. Reinbek ^{8}1975. S. 666.

25 Die innere Burg (1979), S. 27.

26 Teresa: „Wege der Vollkommenheit" zitiert nach: Ich bin ein Weib (1985), S. 34.

27 Teresa zitiert nach: Ich bin ein Weib (1985), S. 41.

Caterina von Siena

Caterina wurde 1347 als 23. Kind der wohlhabenden Färberfamilie Benincasa in Siena geboren. Nachdem sie im Alter von sechs oder sieben Jahren in einer Vision Christus im Papstgewand auf dem Dach der Dominikanerkirche thronen gesehen und gelobt hatte, seine Braut zu sein, kreisten ihre Pläne und Wünsche um den Predigerorden. Sie zog sogar in Betracht, als Junge verkleidet Aufnahme dort zu suchen. Schließlich gelang es der etwa Sechzehnjährigen, gegen heftigen Widerstand Aufnahme im Dritten Orden der Dominikaner zu finden. Der Widerstand kam von der Mutter, die sie lieber verheiraten wollte, aber auch von den Ordensvorsteherinnen, da den „Schwestern von der Reue St. Dominici" sonst nur ältere Witwen angehörten. Erst die Entstellung ihres Gesichts durch die Pocken öffneten Caterina den Zugang.

Als Tertiärin legte sie keine Gelübde ab und blieb bei ihrer Familie wohnen. Drei Jahre lang lebte sie in tiefster Zurückgezogenheit und kämpfte gegen die Dämonen, die sie ins gewöhnliche Leben ziehen wollten. Sie „nährt sich nur von Brot und bitteren Kräutern, trägt einen Nagelgürtel, schläft in einem sargähnlichen Holzbett mit einem Holzklotz als Kopfunterlage und geißelt sich nach Dominikanersitte dreimal am Tage".[1] In inniger Liebesgemeinschaft mit Christus verbunden erlebte sie ihren mystischen Tod, das Sterben ihres Ichs in Gott hinein. Die Vereinigung mit Christus führte dazu, dass sie 1370 in einer Vision einen blutig-feurigen Herzenstausch mit ihm erlebte. Schließlich aber wurde sie von

Christus beauftragt, ihre selbstgewählte Klausur zu verlassen und draußen in der Welt zu wirken.

In dem Jahrhundert vor Caterinas Geburt war die mittelalterliche Einheitswelt zerfallen. Das Papsttum hatte sich zwar gegenüber dem Autonomieanspruch weltlicher Herrscher behaupten können, aber nur um den Preis, in die Abhängigkeit von Frankreich zu geraten. Die Päpste residierten nun in Avignon – in fürstlicher Pracht und mit lockeren Sitten. „Die Kirche wurde weithin ein einziges Geflecht juristischer Abhängigkeiten, die Kurie zu einer riesigen, beinahe profanen Behörde und zum größten Finanzinstitut der Welt, und sie wurde in der Wahl ihrer Mittel noch hemmungsloser als früher."[2] Unruhe und Chaos beherrschten das Leben, die Epoche trug apokalyptische Züge. „Man gab sich einem freizügigen Leben hin; es war ohnehin alles sinnlos geworden. Daneben fällt ein starker Hang zu Buße, Enthaltsamkeit, Selbstkasteiung und Askese auf ..."[3]

In Siena erlebte Caterina den Widerstreit von Guelfen und Ghibellinen, in denen Papstanhänger und -gegner, Bürgertum und Adel sich, wie auch anderswo in Italien gegenüberstanden, wobei es allerdings auch verwirrende Interessenverknüpfungen und -überkreuzungen zwischen den Parteien gab. Die Zeit war geprägt von Kriegen, Konflikten und Gewalt. Caterina schaltete sich energisch ein, sie verfasste Mahnrufe und politische Briefe und wirkte bald weit über ihre Heimatstadt hinaus als Unterhändlerin zwischen verschiedenen Konfliktparteien. Sie schrieb an Herzöge, Päpste, Söldnerführer, Regierungen, Bischöfe, Fürsten, Kardinäle – ca. 380 Briefe sind von ihr überliefert. Mit derselben Selbstverständlichkeit pflegte sie im Pestjahr 1374 unerschrocken die Kranken. Ihr Engagement richtete sich darauf, Liebe und Frieden einkehren zu lassen. Insbesondere setzte

Caterina sich dafür ein, die aufständischen Florentiner mit dem Papst zu versöhnen und die Bildung einer antipäpstlichen Liga aufzuhalten. Sie durchschaute dabei nicht, wie sie für die Machtspiele der Florentiner missbraucht und wie sie von ihnen hintergangen wurde. Dass sie in ihrem Auftrag 1376 zu Papst Gregor XI. nach Avignon reiste, bot ihr jedoch zugleich auch Gelegenheit, ihre anderen Ziele zu verfolgen: den Papst zur Rückkehr nach Rom zu bewegen und ihn für einen Kreuzzug zu gewinnen. Mit unerschütterlicher Ausdauer brachte sie den wankelmütigen Gregor XI. dazu, Avignon zu verlassen. Ganz auf Gottes Hilfe sollte er sich dabei verlassen, unbewaffnet in die angespannte Lage in Italien zurückkehren. Er beachtete jedoch ihren Rat nicht, sondern kam mit Söldnerheeren, die bald mit „tierischer Grausamkeit" wüteten, und der Papst wendete sich an Caterina mit der Bitte um Hilfe. 1378 – der Friedensschluss mit Florenz schien greifbar – starb Gregor XI., und Caterina wurde von ihren politischen Gegnern aufs äußerste bedroht. In dieser Zeit gründete sie ein Frauenkloster und beendete das Diktat ihres vom Heiligen Geist eingegebenen Hauptwerks „Dialog von Gottes Vorsehung", in dem sie die drei Stufen des Weges von der Gottesfurcht zur „Erhabenheit der einigenden Liebe" entwickelt. Sie wirft darin auch die Frage nach der Unterscheidung teuflischer und göttlicher Visionen auf.

Im weiteren Verlauf der Entwicklung kam es zur Wahl zweier Päpste und damit zum Schisma, zur Kirchenspaltung, die Caterina als fürchterlichen Riss im Leib Christi erlebte. Es gab für sie keinerlei Zweifel, dass Urban VI. der rechtmäßige Papst sei und dass diejenigen, die das nicht anerkannten, ihr ewiges Heil verspielten. Für ihn nahm sie auch in den folgenden kriegerischen Auseinandersetzungen Partei. Dass es andere Heilige gab, die hinter dem Gegenpapst standen und ebenfalls glaubten, im Besitz der Wahrheit zu sein, wusste sie offenbar nicht. Die Parteinahme für Urban hinderte sie jedoch nicht, ihn zu mahnen, die plötzlichen Ausbrüche seiner Natur zu mäßigen, was bei seinem maßlosen, heftigen Temperament und seiner Furcht erregenden Strenge durchaus geraten gewesen sein dürfte. Sie sah in ihm einen Besen, der die Kirche auskehren sollte – und dann würde ein anderer kommen, der sie mit Liebe erfüllte. Auf ihre Bitte hin rief Urban sie nach Rom, wo sie sich bis zu ihrem qualvollen Tod 1380, im Alter von 33 Jahren schonungslos für die Einheit der Kirche einsetzte. An Urban schrieb sie, sie werde, solange sie lebe, nie aufhören, ihn „schriftlich und mündlich mit Bitten aufzustacheln", bis sie in ihm und der heiligen Kirche sähe, wonach ihre Sehnsucht strebte. Dafür wollte sie ihr Leben hingeben.

1461 wurde Caterina heiliggesprochen, 1940 zusammen mit Franz von Assisi zur Patronin Italiens erhoben und 1970 von Papst Paul VI. zusammen mit Teresa von Avila zur Kirchenlehrerin.

„Feuer ist mein Wesen"[4]

Sengende Sonne – heißes Feuer, das fast alle Vegetation wegbrennt und Ödland zurücklässt, Steine, Sand, Felsen, Geröll, ein Ort der Monotonie und Trostlosigkeit sollte man meinen, und doch machen gerade hier Menschen überraschende Erfahrungen, ein wie bei den Mystikern und Mystikerinnen oft nicht auflösbares Ineinander von Gottseligkeit und Erlebnissen, die uns Zweifel erwecken. Und ebenso wie bei diesen fällt es schwer, adäquaten Ausdruck dafür zu finden. Oft hilft dann nur das Paradox, wie bei Achill Moser, wenn er von der „alptraumhaft schönen Ödnis“ spricht: „Inmitten sonnenverbrannter Einsamkeit erlebte ich Wüstentage voller Ruhe und Wohlbehagen, hatte irrwitzige Glücksvisionen und fühlte mich gelegentlich wie ein gottestrunkener Mystiker, wobei ich zuweilen so nahe an den Träumen war, dass mich diese alptraumhaft schöne Ödnis fast süchtig machte.“[5]

Und Robyn Davidson kann nach einer einsamen Durchquerung der australischen Wüste von sich sagen: „Ich wurde nicht unruhig, ich überspielte keine Furcht, ich lernte nur, mein Schicksal zu akzeptieren, gleichgültig, wie es aussehen würde.“[6]

Im vierten Jahrhundert zogen sich syrische und ägyptische Eremiten in die Wüste zurück, um der verdorbenen Welt ein einsames, einfaches, am Urchristentum orientiertes Leben entgegenzusetzen. Caterina hegte von Kindheit an Begeisterung für diese ‚Wüstenväter‘, denen eine extreme Askese nachgesagt wurde, was dann seinen Niederschlag in eigenen exzessiven asketischen Übungen in den Jahren ihrer Zurückgezogenheit führte.

Aus der Unbedingtheit der Wüstenwelt betrachtet erscheinen die Wertsetzungen unserer gewöhnlichen Alltagswelt fragwürdig, unser Festhalten und uns sorgen, unsere ganzen verzweifelten Versuche, aus dem kleinen, dem viel zu kleinen Ich zu leben, das sich so verzweifelt bemüht, denkend, planend, kritisierend und sich abgrenzend Macht über eine Wirklichkeit zu erlangen, von deren Größe und Komplexität es nicht einmal eine Ahnung besitzt. Die unerbittlichen Forderungen des Wüstenweges zwingen das kleine Ich, seinen Thron zu räumen. Ebenso unerbittlich wie Caterina von den Menschen, allen Menschen, vom einfachen Volk bis zu den Großen in Staat und Kirche, fordert, sich selbst als Nichts zu erkennen. Denn weggebrannt werden muss, was dem christlichen Heilsgeschehen entgegensteht, ob es sich nun in Herz und Sinn und Lebenspraxis der Christen eingenistet hat oder sich ihnen als Heidentum entgegenstellt. „Je mehr sie sich von Gott angezogen und zu ihm hingezogen fühlte, um so deutlicher sah Caterina den Schaden und den Schatten der Sünde, die wie eine Lähmung auf den Menschen lag. Ihre Aufgabe bestand darin, das Böse zu bekämpfen, die Sünde anzuklagen, den sündigen Menschen jedoch in ihre Liebe aufzunehmen und Gott zuzuwenden. In ihren Augen war die Sünde der Widerwillen des Menschen gegen den Ruf des Heiligen Geistes, und sie spornte dazu an, diesen Widerwillen abzulegen und den Ruf zu hören und ihm zu folgen."[7] Daraufhin verhandelte Caterina nach allen Seiten hin, alle menschlichen, weltlichen Unterschiede wurden demgegenüber zweitrangig, nie stellte sie sich parteiisch auf eine Seite. Zumindest aus ihrer Sicht, der eines noch mittelalterlich geprägten Menschen, vertrat sie einzig und allein Gottes Sache in dieser Welt, die Anliegen ihres Gemahls Christus, den Geist der Liebe. In ihrer Menschlichkeit war die Färberstochter eigentlich ganz ohnmächtig, aber sie versuchte auch nicht, Macht daraus zu schöpfen, sich mit den Mächtigen der Welt zu verbünden. Sie war sich gewiss, alle Macht aus Christus zu haben, der in ihr lebte. Wie ein himmlisches Feuer fuhr sie in die fragwürdigen Verhältnisse ihrer Zeit hinein, getrieben von einem unbeirrbaren Willen, den sie als eine Waffe von ungeheurer Kraft bezeichnet, einen Dolch mit zwei Schneiden, Liebe und Hass (gegen Laster und Sünden), für den es keinen Gegner gibt, den er nicht vernichten könnte: Unsere Feinde können uns keine Wunden schlagen, wenn wir es nicht zulassen. Weder Teufel noch Menschen könnten uns zur geringsten Sünde zwingen, wenn wir nicht wollen. Wenn sie in diesem Sinne an Königin Johanna von Neapel schrieb, ging es nicht nur um die Abwehr innerer Feinde, die dem Tugendleben entgegenstehen, sondern auch darum, sie zur ganz praktischen Willensentscheidung für Urban VI. und zum Kampf gegen seine Gegner zu bewegen – aus Sorge um das Heil ihrer Seele und derer, die ihr anvertraut waren. Caterina sah sich nicht in das Machtgerangel ihrer Zeit verstrickt, sondern auf dem Schlachtfeld des Glaubens stehend. Es drängte sie, im Dienst der Kirche Blut und Leben darzubringen und das Mark ihrer Gebeine zu opfern. Die Kampfeslust ging manchmal mit ihr durch, und dann glaubte sie, durch äußerste Kraft- und Willensanspannung die Menschen dazu bringen zu können, sich zu ändern, oder die Ungläubigen mit Waffengewalt zu ihrem Heil bekehren zu können. Und es hat einen Hauch von Magie, wenn sie glaubte, durch eigene Sündlosigkeit die Welt verändern zu können. Durchdrungen von der Gewissheit, dass ihre Visionen gottgegeben waren, duldete sie keinen Widerspruch, erkannte keine Gegenargumente an, kannte keine Kompromisse. Es gab für sie nur Schwarz und Weiß: Wer Gott liebt, liebt was Gott liebt und hasst, was Gott hasst. Und das Gehasste muss bekämpft und weggebrannt werden.

Und das wäre was? Zunächst einmal in uns selbst die Laster, die Sünden, die Lauheit, aber auch die Liebe zum Körper und die Sinnlichkeit. Auch hier gibt es nur ein Entweder-Oder: dem Fleisch dienstbar sein oder der Vernunft. Sie vergleicht einmal den Körper mit einem mit Schmutz gefüllten Beutel, Speise der Würmer und ein Raub des Todes, dem Ekel anhaftet. Sie trank das Wasser, mit dem sie die eitrigen und blutigen Geschwüre der Kranken ausgewaschen hatte.

Uns, die wir heute andere Wege kennen und praktizieren, nämlich den Leib als Tempel Gottes anzusehen und Geist und Seele so zu stärken, dass sie in ihm keinen Feind mehr sehen müssen, mag hier das Interesse vergehen, uns überhaupt weiter mit dieser mittelalterlichen Heiligen zu beschäftigen. Aber wenn wir auch gewöhnlich keinen Krieg mehr gegen den Leib führen, so doch gegen die Tugenden, die uns für die göttliche Liebe öffnen könnten. Das ist Krieg gegen Gott, sagt Caterina, und Krieg gegen Gott führt zu äußerem Krieg. Und das lässt mich aufhorchen.

Wie steht es mit unseren Tugenden? *Selbsterkenntnis* könnte uns zeigen, wie faul die Wurzeln sind, aus denen heraus wir leben. Wir würden einsehen, dass wir trotz all unserer Anstrengung nicht ewig leben werden, dass auch Ruhm und Erfolg ein Ende haben. Angesichts solcher Erkenntnisse würden wir unsere Selbstgerechtigkeit aufgeben und zur *Demut* finden. Unser Leben bekäme einen völlig neuen Maßstab. Wenn unser menschlicher Wert daran bemessen wird, inwieweit wir uns der Liebe öffnen, wird vieles, woran unser Herz hängt und worauf unsere Mühen gerichtet sind, zu wertlosem Plunder. Wir würden unsere *Willenskraft* darauf richten, innerlich zu wachsen, zu genesen, heil zu werden. Unsere Unterscheidungskraft wäre nicht mehr getrübt durch Angst, Starrsinn und Schutzmechanismen und dem Versuch, die innere Leere zu übertünchen.

„Und stellet euch nicht dieser Welt gleich, sondern verändert euch durch Erneuerung eures Sinnes …“ (Röm 12,2a).

Das eigene Nach-Innen-Gehen hat Caterina wohl darüber belehrt, dass jede wesentliche Veränderung zuerst im Inneren des Menschen stattfinden muss, wenn sie nachhaltig und dauerhaft sein soll, denn den eigenen Sinn zu ändern kann ja nur die Willensentscheidung je einzelner Menschen sein. In Jahren der Zurückgezogenheit in der äußeren Zelle, die sie sich in ihrem Elternhaus eingerichtet hatte, entwickelte sich für Caterina das, was sie ihre innere Zelle nannte, die ‚Zelle des Herzens'. Sie selbst spricht wenig über ihr tiefstes inneres Erleben – sie habe weder Mut noch Lust dazu, mit unzulänglichen Worten zu schildern, worüber sich gar nicht reden lasse, bekennt sie. Dass sie es aussparte, lässt leicht vergessen, dass es hinter all ihren äußeren Aktivitäten stand.

Sobald dieses Tiefste in Worte und Handeln übergeht, fließt auch die menschliche Begrenztheit mit ein, Unzulänglichkeit und Fragwürdigkeit, die Möglichkeit des Irrtums und des Scheiterns. Ist es das, was viele von uns veranlasst, uns lieber in spirituelle Beschaulichkeit zurückzuziehen und das Handeln zu meiden, schon gar auf dem Gebiet der ‚schmutzigen' Politik?

Caterina ließ sich nicht von den Verhältnissen, den Sachzwängen, den scheinbaren Unmöglichkeiten beirren. Das fing bei ihrer Berufung an. Nach der Beschreibung ihres Beichtvaters Raimund von Capua war es Christus selbst, der sie beauftragte, ihre selbstgewählte Zelle zu verlassen und hinauszugehen, um im Sinne des Liebesgebotes nicht nur sich selbst, sondern auch anderen Menschen zu nützen. Das schien zunächst unmöglich, war sie doch, wie sie Christus entgegenhielt, eine Frau, die nicht predigen und mit Männern gleichberechtigten Umgang haben durfte. Christus selbst aber versicherte ihr, dass bei Gott kein Ding unmöglich wäre. Da die Männer ihrer Zeit sich in der Hoffart der Welt verstrickt hätten und von Überheblichkeit trieften, wollte Gott durch unwissende und zerbrechliche Frauen seine Weisheit wirken lassen – seiner Gewohnheit gemäß, das Starke mit dem Schwachen zu besiegen.

Ebensowenig wie sich Caterina von der scheinbaren Unmöglichkeit beirren ließ, erlag sie einem bequemen ‚Da kann man ja doch nichts machen', so gerechtfertigt das auch erscheinen würde angesichts der katastrophalen Verhältnisse ihrer Zeit. Selbstherrlich und nur auf eigenen Machtgewinn bedacht unterdrückten und misshandelten viele Herrschende ihre Untertanen aufs Schrecklichste. Kirchliche Würdenträger kauften sich Ämter und Pfründe, halfen den Nächsten nur, wenn sie sich Vorteile davon erhoffen konnten, und verschleuderten durch Spiel, Pferde und gutes Essen, was, wie Caterina klarstellt, den Armen gehörte. Sie antwortete darauf, indem sie die Flamme ihres Zorns hoch auflodern ließ.

Caterina erlag nicht der Verlockung, die Belohnungen zu ernten, die das Anpassen und Schweigen verspricht. Sie teilte eben nicht die Wertsetzungen der äußeren Welt. Ihre Motivation, ihre Zielsetzung kam aus ihrem Innersten, jener ‚Zelle des Herzens', in der sie Christus selbst begegnete, in der sie einen Frieden erlebte, der nicht von äußeren Umständen abhing. Sie hatte erkannt, dass wir den Himmel in uns tragen. Ihre innere Erfahrung mit dem lebendigen Gott gab ihr einen Maßstab, um zu erkennen, was in Kirche und Welt nicht stimmte, und auch ein Bild, auf das hin die Dinge zu verändern wären.

Mit klaren starken Worten und Taten schaltete Caterina sich in die Verhältnisse ihrer Zeit ein, reiste nach Florenz, Pisa, Avignon, Rom, verhandelte, ermahnte. Eine kleine Gemeinschaft bildete sich um sie, eine geistliche ‚famiglia', der Männer und Frauen, Geistliche und Laien, bedeutende Persönlichkeiten und einfache Leute, Künstler, Politiker, Ordensleute, Dichter angehörten. In diesem Kreis dürfte sich Caterina auch einige Bildung angeeignet haben. Der Mutter eines jungen Mannes, den sie als Sekretär mit auf Reisen nahm, versicherte sie in einem Brief, sie habe gut für ihn gesorgt: „Durch Liebe und Zuneigung bin ich mit ihm zu einer Person zusammengewachsen. Darum habe ich Ihre Sorgen und Interessen genauso beherzigt, als ob es meine eigenen wären." Lioba Berg, die aus diesem Brief zitiert, stellt dazu fest: „Dies also war der Umgangston in der *famiglia*! Herzlich und voller Zuneigung, auch mit Humor."[8] Caterina, deren Tugendpredigten uns heute ‚puritanisch' anmuten mögen, führte ein für ihre Zeit so ungewöhnliches, Anstoß erregendes Leben, dass sie sich deswegen vor dem Generalkapitel des Dominikanerordens verantworten musste. Offenbar drohte ihr der Ketzerprozess. Aber sie konnte sich verteidigen und erlangte Rechtfertigung und sogar Anerkennung.

Caterina, eine Frau ohne Bildung und ohne Protektion, fühlte sich durch Christus nicht nur zu einem ungewöhnlichen Lebensstil, sondern auch zu politischem Handeln ermächtigt. Lioba Berg versucht, ihre Rolle als Vermittlerin, etwa in den politischen Streitigkeiten ihrer Heimatstadt, in heutige Verhältnisse zu übertragen: „Wie wäre es, wenn ich heute als AKW-Gegner zum Beispiel mit der CDU, morgen mit der SPD, dazwischen mit Bürgerinitiativen und übermorgen mit AKW-Betreibern verhandeln müsste?! Caterina konnte es keiner Seite rechtmachen, denn sie selbst war verflochten mit den verschiedenen Interessen der einzelnen Parteien."[9]

Die unter dem Interdikt stehenden Florentiner forderten sie auf, ihre antipäpstliche Haltung aufzugeben, und beim Papst trat sie zugleich dafür ein, das Interdikt aufzuheben, indem sie ihm zu bedenken gab, dass es das „teuflische" Handeln seiner Legaten gewesen sei, das den Aufruhr in Florenz provozierte und der antipästlichen Liga Auftrieb gab. Eine gewisse Einfalt und Unerfahrenheit mag dazu geführt haben, dass Caterina sich regelmäßig zwischen alle Stühle setzte bis dahin, von allen Seiten gleichzeitig als Verräterin angesehen zu werden, vor allem aber ergab es sich daraus, dass sie radikal den Weg der Nachfolge ging. Wie Jesus es seinen Jüngern sagte: „Will mir jemand nachfolgen, der verleugne sich selbst und nehme sein Kreuz auf sich und folge mir. Denn wer sein Leben erhalten will, der wird's verlieren; wer aber sein Leben verliert um meinetwillen, der wird's finden." (Mt 16,24f) Caterina nahm das Kreuz auf sich, das ihr Gott als ihre Lebensaufgabe auferlegt hatte. Sie maß auch die kirchliche Autorität an der Bereitschaft, sich ganz dem Willen Gottes hinzugeben bis hin zu Leid und Tod. Sie forderte Gregor auf, dem Kreuz nicht auszuweichen, das er als Stellvertreter Christi auf sich genommen habe. Aber sie ging nicht den zweifelhaften Weg, den Armen und Unterdrückten zu raten, das Unrecht, das ihnen geschah, einfach als ‚Kreuz' auf sich zu nehmen. Sie wendete sich an die Verursacher. Sie setzte sich ein für die Entrechteten. Sie kämpfte – darin den heutigen lateinamerikanischen Befreiungstheologen verwandt – gegen das Kreuz, das Menschen ihren Mitmenschen auferlegen, etwa da, wo weltliche Herrscher und Klerus auf Kosten der Armen Macht und Reichtum erwarben. Sie setzte sich dafür ein, dass die Macht-Habenden die Machtlosen, die Ohn-mächtigen ihrer menschlichen Würde gemäß behandelten, wobei der Maßstab für Menschenwürde allerdings nicht der unsere war in einer Zeit, „da abgehauene Hände, geblendete Augen zu den üblichen Racheakten gehörten und der Feind den anderen nicht schonte".[10]

Caterina fand deutliche Worte. Einem der Schreckensherrscher schrieb sie, er werde sehen, was er ist, nämlich gar nichts, nur ein Vollbringer von Elend und Ungerechtigkeit.

Einem anderen politischen Machthaber teilte sie mit, er wirke nur ständig Erbärmlichkeiten und Bosheiten. Sie durchschaute die Hohlheit äußerer Machtentfaltung und die Vergänglichkeit irdischer Macht. So schrieb sie dem Tyrannen Barnabo Visconti, den sie „im Solde Satans“ sah: „Viele sind ihrer, welche eine Stadt und eine Burg überwanden: da sie aber nicht siegten über ihr eigenes Selbst und seine Feinde, die da sind die Welt, das Fleisch und der Satan, so sind sie nicht Sieger, sondern Besiegte.“[11] Im übrigen würde sie aber am liebsten eben diesen Visconti zum Anführer eines Kreuzzugs machen, um seine destruktive Energie in – nach ihrer Auffassung – segensreichere Bahnen zu lenken.

Caterina benannte klar die Missstände und ihre Ursachen. Sie wendete sich direkt an die Verursacher. Sie beschönigte nicht. Sie hielt nichts zurück um eigener Interessen willen. Sie sprach mit der durch Gott verliehenen Autorität. Und als Beteiligte, als Mensch, der selbst durch die eigenen Sünden zu den Verhältnissen beigetragen hat. Wenn sie sich auch manchmal in beinahe unerträglicher Weise solcher Mitschuld bezichtigte, blieb sie aber andererseits auch nicht dabei stehen, die politisch Schuldigen ausfindig zu machen und an den Pranger zu stellen. Sie wusste, dass eine nachhaltige Veränderung der Verhältnisse nur möglich ist, wenn sich alle miteinander ändern, ihr Leben auf eine andere Grundlage stellen, sie selbst eingeschlossen. Caterina gab sich ganz, auch da, wo es mühselig oder sogar gefährlich wurde. Sie stellte nicht nur moralische Forderungen an andere, sie lebte, was sie lehrte. Auch in der Kirche.

Es lässt sich wohl kaum eine überzeugtere Anhängerin des Papsttums finden als sie es war. Unzweifelhaft hat Christus selbst, die „süße“ (dolce) Wahrheit, den Heiligen Vater und die Priester zu Verwaltern des göttlichen Blutes eingesetzt und ihnen damit Macht verliehen, die lebenspendenden Sakramente zu erteilen und über die Zugehörigkeit zum mystischen Leib der Kirche zu entscheiden. Und könnte denn etwa ein Ast existieren, wenn er abgeschnitten ist von dem ihn ernährenden Baum? Wer gegen den Papst handelt, handelt gegen Gott, dessen Statthalter er ist. Rebellion gegen die Kirche, selbst wenn sie sich gegen schlechte Hirten richtet, ist eine vom Satan eingegebene Todsünde. Dass sich die Päpste erst seit dem zwölften Jahrhundert als Stellvertreter Christi bezeichneten, dass andere Heilige den Gegenpapst für den einzig legitimen, von Christus erwählten hielten, davon wusste sie offenbar nichts. Überhaupt war sie kein Mensch der Analyse, und so blieb ihrem sonst so scharfen Blick oft verborgen, was als unsichtbare Struktur und Verflechtung das äußere Geschehen nachhaltig lenkte und prägte.

Doch die Liebe zur Kirche ließ sie nicht blind werden für die Missstände dort – im Gegenteil, ist doch die Kirche der mystische Leib Christi, ihres Seelenbräutigams, der nicht länger geschunden werden durfte durch unwürdige Geistliche, die nur auf Macht, Lust und Gewinn aus waren. „Stinkende Blumen“ nennt sie sie und fordert Papst Gregor XI. energisch auf, sie auszureißen und an ihrer Stelle duftende einzupflanzen. Die „Wölfe und fleischgewordenen Teufel unter den Hirten“ sollte er vernichten. Deutlichere Worte für das Anliegen einer gründlichen Kirchenreform können wohl kaum gefunden werden. Ebenso autoritativ forderte Caterina eine grundlegende Reform des Papsttums im Sinne des franziskanischen Armutsideals und des Aufgebens weltlicher Macht, in der sie den Grund für Kriege und Konflikte sah. Sie scheute sich nicht, Papst Gregor selbst mitzuteilen, seine Residenz in Avignon wäre ein Gefäß hässlicher Laster, den Gestank kurialer Sünden habe sie schon bis Siena gerochen, und seine Ratgeber seien Ratgeber des Teufels. (Übrigens hat Gregor ebenso deutliche Worte noch von einer anderen Frau gehört, der Mystikerin Birgitta von Schweden.)

Der Papst sollte die Ursache des Krieges beseitigen, denn Krieg zehre das Fleisch der Armen auf und behindere die Reformation der Kirche. Durch Krieg ist kein Frieden zu schaffen, und Frieden war ihr, die in einem ständig von Hass und Streit erfüllten und von Krieg und Gewalt heimgesuchten Land lebte, ein höchstes Anliegen. Zugleich aber wollte sie ihn für einen neuen Kreuzzug gewinnen: Er solle den Krieg zu den Ungläubigen tragen, „wo er hingehört". Es solle eine „Kompanie Christi gegen die ungläubigen Hunde" ziehen, die das gelobte Land besitzen. Auch das ist eine Seite Caterinas, die nicht verschwiegen werden darf. „Caterina sah die Verbindung zwischen dem Reich Gottes und der Kirche hier auf Erden in einer ununterbrochenen Linie, ließ die historische Realität als komplizierenden Faktor außer acht und duldete keine Kompromisse und keine menschliche Schwäche. Das Leiden, das ein von ihr geforderter Kreuzzug unvermeidlich mit sich brächte, war von untergeordneter Bedeutung im Vergleich zu den Zielen: das Heilige Land für die Kirche wieder zugänglich zu machen und im Papst den von Gott gesandten streitenden Heilsfürsten zu sehen, der die ganze Welt wieder zu einer christlichen Einheit führt."[12]

Wie fügt sich das alles zu einem Bild? Es fügt sich nicht. Caterina ist das Feuer, nicht mit dem Maßstab nüchterner Erdhaftigkeit zu messen, nicht die Gefühlhaftigkeit des wässrigen Elements befriedigend und nicht die geistige Klarheit des luftigen. Caterina bleibt unfassbar. Oder das Bild wird schief in seiner Einseitigkeit. Dann steht da die naivfromme Heilige vor uns, die es zufrieden ist, „auch für die tiefsinnigsten Probleme ... den Boden des Katechismus zu durchmessen“, wie Annette Kolb meint.[13] Das „einfache und weltunerfahrene Mädchen“ und seine „liebenswürdig-muntere Weiblichkeit“, wie Walter Nigg sie sieht[14] (der allerdings bei dieser Charakterisierung allein nicht stehen bleibt). Oder der Umstand, dass sie einen zum Tode verurteilten jungen Edelmann bis zur Hinrichtung begleitete und ihm alle Furcht nahm, lässt sie zur Heldin eines Liebesromans werden, wie bei Fritz von Unruh. Wer Caterina einseitig von ihrem politischen Handeln her sieht, kann in ihr nur eine in fragwürdige kirchliche Dogmen verstrickte gescheiterte Frau sehen. Und als Friedenskämpferin erscheint die Kreuzzugspropagandistin vollends fragwürdig. „Wenn es wahr ist, dass vollendete Menschlichkeit erst im Aushalten von zerreißenden Widersprüchen erfahren wird, dann ist Caterina ein bedeutendes Beispiel“, meint Rolf Beyer.[15]

Erst aus dem Spiel der Gegensätze entstehen die Konturen eines Bildes, das Caterina gerecht werden könnte. Es lässt sich nur aus Bruchstücken zusammenfügen, an deren schroffen Kanten sich festgefügte Vorstellungen brechen, die von einer Heiligen als einer lieblichen und herzerfreuenden Gestalt etwa oder vom mystischen Weg als einer spirituellen Nabelschau im umhegten Seelengärtchen. Aber wenn wir ehrlich sind: Sind es nicht gerade die Ungereimtheiten, die Risse, Sprünge und scharfen Kanten, die unser Interesse wecken? Sollte nicht eben darin die Faszination liegen, die Caterina für ihre Mit- und Nachwelt ausstrahlte?

„Vieles ist furchtbar befremdend im Leben dieser Heiligen“, schrieb Reinhold Schneider, „so auch der Ausdruck der Verehrung des Blutes.“[16] Caterina pflegte Menschen als eine in Christi Blut Gereinigte zu begegnen, sie schrieb Briefe „in Seinem Blut“. Sie forderte andere auf, darin zu baden. Darin hat sie durchaus biblische Unterstützung. In der Apokalypse wird denen, die ihre Kleider im Blut des Lammes gewaschen und heilgemacht haben, zugesagt, vor dem Thron Gottes zu sitzen: „Sie wird nicht mehr hungern noch dürsten; es wird auch nicht auf sie fallen die Sonne oder irgendeine Hitze; denn das Lamm mitten auf dem Thron wird sie weiden und leiten zu den lebendigen Wasserbrunnen, und Gott wird abwischen alle Tränen von ihren Augen." (Offb 7,16f) Dennoch schauderte es auch mich zunächst – bis ich genauer hinsah: Im Blut lebt nach alter Auffassung die Substanz des Menschen, seine Macht, sein Lebensstrom, den wir uns heute eher als unsichtbare, aber wirksame und erfahrbare Energie vorstellen. Bedeutet Caterinas Baden in Christi Blut nicht letztlich das Eintauchen in die göttliche Substanz, Macht, Energie, Lichtfülle? Bei einem Stigmatisierungserlebnis 1375 in Pisa sah Caterina fünf blutrote Strahlen aus den Wundmalen Christi hervorzucken. Sie bat Gott darum, dass ihre Stigmata unsichtbar bleiben sollten – da wandelte sich das Blutrot der Strahlen in gleißendes Licht. Blut hat aber, im Gegensatz zu Begriffen wie etwa „Licht" und „Energie" Bezug zum Leiden und Sterben, zum Schmerz der Wunden. Es ist Sühnemittel und stiftet unlösliche Bünde. In Christi Blut ist auch die Macht der Überwindung des Leidens, der Transformation von Leiden in Seligkeit. Im Blut ist das Feuer der göttlichen Liebe, ist Erlösung, Reingewaschenwerden von der Ichhaftigkeit und ihren Folgen. Das „Baden" in Christi Blut ist auch das Eintauchen ins Rot der Liebe und dürfte Caterina Kraft und Mut gegeben haben, Leiden nicht auszuweichen, sondern durch sie hindurchzugehen, Kraft und Mut, die die Kirche so dringend brauchte und die Caterina bei anderen oft so schmerzlich vermisste. Papst Gregor etwa forderte sie in ihren Briefen ein ums andere Mal auf, sich

„mannhaft" zu zeigen, seine „knechtische Furcht" abzulegen und dem Feuer der Liebe zu Christus zu folgen.

Die Kirche muss gründlich reformiert werden, weil sie Hüterin und Verwalterin des Blutes ist. Jetzt ist sie bleich, weil ihr das Blut ausgesaugt wird, etwa von gewissen Kardinälen, „diesen Schmarotzerpflanzen, altgeworden in ihren Lastern, in Stolz, Unreinheit und Geiz und in ärgster Simonie".[17] Vom Aussatz ist sie befallen. Deshalb dürfen ihre Hirten nicht lau sein, es nicht aus Menschenfurcht versäumen, die Missstände offen anzusprechen und die Verantwortlichen zur Rechenschaft zu ziehen. „Alles friedlich vertuschen zu wollen, ist grausamer als alles andere. Wenn man die Wunde nicht mit Feuer und Eisen schneidet und brennt und nur Salbe darauf streicht, heilt sie nicht, sondern vergiftet alles und bringt oft genug den Tod."[18] Konfliktvermeidung ist ihr kein Zeichen spiritueller Reife oder gar von Heiligkeit, sondern wird als Folge unwürdiger Furcht entlarvt. Mit Feuer ist das Feuer der Selbstsucht zu löschen, mit dem Brand der unermesslichen Liebe. Liebesentflammt wünscht sie sich Gregor, so wie Christus in brennender und verzehrender Liebe sein Leben dahingab. Das Feuer der Liebe soll in den Ungläubigen das Licht des heiligen Glaubens erwecken. Lebendige Glieder sollen wir sein im Feuer der göttlichen Liebe, die als eine Mutter ihren Kindern Milch und Speise reicht, die uns wärmt und Licht schenkt.

Es gibt nur einen Weg, eins zu werden mit diesem Feuer: sich mitten hinein werfen – voll und ganz. Selbst sollen wir Feuer werden, das wärmt und erhellt. Aus dem Feuer der Liebe haben die Sakramente der Kirche ihre Lebenskraft gewonnen.

Caterinas Liebe ist nicht stille Verzückung, sondern Aufdecken, Eingreifen, Handeln. Die Liebe kann in uns nur auferstehen, wenn alles stirbt, was nicht Liebe ist (und deshalb kann auch an einem gefräßigen päpstlichen Hof keine Liebe gedeihen). Bereits als Kind wurde Caterina Braut des Jesus dolce. Süßer Jesus – auch das lässt mich schaudern. Wie lässt sich da eine Brücke bauen? Vielleicht von der angenehmen Erfahrung her, Süßigkeiten zu genießen: dass Jesus Christus ihr seelisch eine entsprechende Süße bereitete. Seit ihrer mystischen Verlobung mit ihm trug Caterina einen für andere unsichtbaren Ring. Sie war eine leidenschaftlich Liebende – Niederschlag findet das in ihrem Buch, dem ‚Dialog' –, aber frei von Sentimentalität. So schrieb sie in einem Brief an einen Augustinermönch die befremdlichen Worte: „O süßes Lamm, geröstet am Feuer der göttlichen Liebe und am Spieße des heiligsten Kreuzes."[19] Sie wusste sich der Wahrheit vermählt „mit dem Ring des heiligen Glaubens". Regelmäßig badete sie im Blut ihres Bräutigams bis hin zum Rausch. Und doch stand dann wieder eine überraschend nüchterne Klarheit hinter ihrer Leidenschaft. Solcherart gereinigt und freigebrannt von eitler Eigenliebe erkannte sie sich als ein Nichts, sofern nicht Christus in ihr lebte und wirkte. Wenn wir solche Demut erlangt haben, werden wir offen für das göttliche Licht, das Licht der Vernunft, indem wir erkennen, dass Gott nur unser Bestes will – eine sehr andere Auffassung von Vernunft als sie uns heute geläufig ist. Wir werden, sagt Caterina, „irdische Engel". In diesem Licht erkennen wir andere Menschen als unsere Nächsten und erweisen ihnen, was wir Gott nicht erweisen können, weil er dessen nicht bedarf. „Gott die Ehre gebend, dem Mitmenschen die Arbeit und Mühe."[20] Für die Fürsten und Politiker etwa bedeutet das, auf das Gemeinwohl zu achten, statt auf den eigenen Nutzen, und ihre Untertanen gerecht zu behandeln, die Augen nicht zuzudrücken, wenn die Armen beraubt werden oder für Taten bestraft, die sie nicht begangen haben, den Rechtlosen Recht zu verschaffen. Nächstenliebe äußert sich auch – und nicht zuletzt – im politischen Handeln.

Wer sich dagegen dem göttlichen Licht, dem Licht der Vernunft, verschließt, sinkt auf die Stufe von Tieren, übernimmt das „Amt des Teufels", wird grausam sich selbst und anderen gegenüber, sieht aber das eigene Leid nicht, sondern lebt in Prunk, Aufgeblasenheit, Hoffart, Habgier, Wollust und verfällt der Unersättlichkeit. Dieser „alte", von der Todsünde beschwerte Mensch ist beunruhigt und verwirrt und hat keine Geduld. Der „neue" Mensch dagegen ruht in Gott, schöpft Kraft aus ihm, richtet das ganze Leben auf Gott aus und ist somit jeder Mühsal und Seelenprüfung gewachsen. Der neue Mensch kennt keine Menschenfurcht und betrachtet die irdischen Güter als zum Gebrauch geliehen, nicht als Eigentum.

Möglich dass es vielen Frauen, denen die gesellschaftlichen Möglichkeiten – die Wahl zwischen einer Ehe, in der sie dem Mann und restriktiven Ehegesetzen untergeordnet waren, oder dem Kloster – kaum Gelegenheit gaben, ihr Ego durch Wissen, Macht, Geld, Ruhm und Ehre aufzublähen, leichter fiel, sich dem göttlichen Licht zu öffnen und die vom männlichen Ego geschaffene Scheinwelt als solche zu durchschauen und wahrzunehmen, wieviel Leid die daraus resultierenden Kriege und Konflikte mit sich brachten. Für Caterina jedenfalls steht fest: Der Teufel hat die Welt in Besitz genommen, weil die Menschen ihm die Macht dazu gaben, statt sich durch ein Tugendleben dem göttlichen Licht der Vernunft zu öffnen. Das Streben nach Tugend aber bringt Freude, Fröhlichkeit des Herzens. Der Seele, die in der Tugend gründet, kann niemand Leid zufügen. Sie atmet auf in den Armen der Barmherzigkeit.

Das Bild in strikten Gegensätzen, das Caterina hier zeichnet, hat etwas Bestechendes in seiner eindeutigen Klarheit. Es entspringt mit Sicherheit ihrer eigenen inneren Erfahrung: „Wir müssen uns selbst ausziehen und die Wahrheit anziehen", wie sie an Raimund von Capua schreibt.[21] Sie selbst ist diesen Weg gegangen, und das hat ihr das Glück völliger Selbstentäußerung in Gott beschert. Als eine, die in hartem inneren Kampf die Erleuchtung erlangte, wurde sie zum Wirken in der Welt berufen. Und der einzige Weg zur Erleuchtung, den sie kannte, war der, den sie selbst gegangen ist, der des leidenschaftlichen Kampfes gegen Leib und Sinnlichkeit, „der süße und heilige Rachekrieg gegen uns selbst" – so nennt sie es im Brief an einen Söldnerführer, dessen Begriffswelt sie sich damit anpasst.[22] Sie weiß allerdings, dass die „Abtötungen unrechter Neigungen", wie sie sie in ihrer Jugend praktiziert hatte, nicht Hauptsache sind, sondern Mittel zum Zweck und empfiehlt später, sie mit maßvoller Besonnenheit anzuwenden, vor allem aber erkennt sie in einer letzten Vision, dass der Teufel nicht durch körperliche Leiden besiegt wird, „sondern durch die Kraft der glühenden, herrlichen, göttlichen Liebe".[23]

Aber Zeit ihres Lebens ist und bleibt Caterina eine leidenschaftliche Kämpferin, die so extrem lebt, „als könnte sie es nicht erwarten, dass ihr Leib zugrunde gehe", wie Annette Kolb feststellt.[24] Ihre Leidensbereitschaft scheint ihr manchmal zu einer Art Rausch zu werden, der ihr den Blick auf die Welt als Gottes gute Schöpfung verstellt. Oftmals verwechselt sie hierbei wohl auch ihren Willen mit dem Gottes. Gängige Vorstellungen und Erlebnisweisen ihrer Zeit bestätigen sie darin, so wie ich sicher sein kann, die Zustimmung vieler meiner ZeitgenossInnen zu bekommen, wenn ich dieser Leidenssehnsucht mit Vorbehalten gegenübertrete. Doch auch unsere Sichtweise ist begrenzt. Wer wollte denn entscheiden, ob nicht gerade das, was sie tat und lebte und lehrte, das war, wozu sie in die Welt gekommen ist? Was sich in mir regt, ist wohl auch die Abwehr gegen einen Weg, der nicht der meine ist, ausgelöst durch Caterinas beschwörende Sprache und ihre felsenfeste Gewissheit, die mich manchmal wie in einem Netz fangen. Doch das gebrochene Bild der Heiligen weist letztlich auch mein Bedürfnis nach Identifizierung, nach einer eindeutigen Leitfigur, zurück. Wieder hinausgeschlüpft und in mein Inneres eingekehrt, in meine Erfahrungen und Erkenntnisse, frage ich mich: Gehe ich meinen Weg mit ebensolcher Konsequenz wie Caterina den ihren?

Caterinas Sorge um das Heil der Seelen speiste sich – auch das ihrer Zeit gemäß – aus der Furcht vor der ewigen Verdammnis. Die Sehnsucht nach der Erlösung aller Geschöpfe trieb sie dazu, Briefe an die Machthabenden der Welt zu schreiben, in denen sie diese furchtlos und kompromisslos mit einem Denken und Erleben konfrontierte, dass deren Werten radikal entgegengesetzt war. Wie Rolf Beyer es ausdrückt: „Caterina tritt mit ihrer ‚Burg der Seele' an gegen die Residenzen der Renaissancefürsten."[25] Caterina schrieb, sprach und handelte von einer anderen Wirklichkeit her, die unseren geläufigen Werten und Maßstäben ebenso entgegensteht wie denen ihrer Zeitgenossen. Mit jeder Faser ihres Herzens strebte sie danach, dass wie das Blut den Organismus göttliche Liebe die Welt durchströme, weil wir ihr endlich keinen Widerstand mehr entgegensetzen. In einem Brief an Raimund von Capua schrieb sie: „Ich sterbe und kann doch nicht sterben! Mein Herz zerteilt sich, meine Gebeine bersten, da noch keine Erfüllung der Sehnsucht naht. Selbst wenn die göttliche Wahrheit jetzt wieder Blüten sprossen lässt, mir wäre doch noch nicht geholfen. Man lebt ja nicht von Blüten, sondern von den Früchten."[26]

Caterina erscheint als eine Gescheiterte. Selbst ihr Erfolg, Gregor zur Rückkehr nach Rom zu bewegen, brachte nicht die positiven Ergebnisse, die sie sich wünschte, man könnte sogar diese Rückkehr als Anlass des nachfolgenden Schismas ansehen, an dem sie so sehr litt. Und in Urban, dessen entschiedener Wille zur Kirchenreform sie offenbar zunächst beeindruckte, musste sie schließlich einen Menschen voll unbändigen Machtbewusstseins erkennen, das solche Ausmaße hatte, dass spätere Biografen annahmen, er müsse psychisch krank gewesen sein. Bei ihrem Tod lag die Reform der Kirche immer noch in weiter Ferne. Und der Kreuzzug, den sie wünschte, fand nie statt.

Was mich empört, merke ich, ist das Unsinnige all ihrer Leiden. Aber, frage ich mich dann doch, erliege ich damit nicht der Zeitgeist-Überzeugung, allein der Erfolg gebe dem Menschen Recht und dem Leben Sinn, und vergesse darüber eben doch wieder, dass es eine andere Ebene der Wirklichkeit gibt, auf der eigene Werte gelten? War der Widerstand gegen die NS-Herrschaft falsch, nur weil er erfolglos blieb? Ist es sinnlos, sich dafür einzusetzen, dem Expansionsdrang der Gentechnologie Grenzen zu setzen, nur weil die praktische Entwicklung ja doch über ethische Einwände hinwegrollt? Ist es denn sinnlos, wie so viele Menschen heute zu fordern, dass das politische Handeln sich an höheren Werten orientiere als denen unmittelbaren Nutzens und Machtgewinns?

Und: Ist Caterina denn wirklich gescheitert? Sind es nicht letztlich nur äußere – und aus dem historischen Abstand betrachtet manchmal fragwürdige – Ziele, die sie nicht erreichte? Von Caterina strömte eine Kraft aus, um derentwillen die Menschen ihr zu Tausenden zuströmten – um sie zu sehen, zu hören, zu sprechen. Man sprach von ihren Ekstasen, ihren Wundern. Hartgesottene Verbrecher sollen sich in ihrer Liebe bekehrt haben. War nicht Caterina vor allem sichtbares Zeichen dafür, dass es außer der in den Kampf um Macht und Besitz verstrickten Welt noch eine andere Wirklichkeit gibt, die einzige, die man sicher ‚besitzen' kann, die Gnade, die göttliche Liebe? Hat sie nicht das Herz unzähliger Menschen wieder für diese göttliche Wirklichkeit entflammt? Gerhard Tersteegen sagte von ihr: „Während ihrem Leben ist sie bei Päpsten und Königen, Hohen und Geringen in großem Ansehen gewesen, ob sie gleich so ein junges und ungelehrtes Mägdlein war; und mögen durch sie allein mehr Seelen bekehrt worden sein, als durch eine ganze Schar Kirchenlehrer ihrer Zeit."[27]

Wenn ich Caterinas Ziele für die Kirche auf die ganze Welt und alle Menschen ausdehne, und als Utopie in die Zukunft stelle, bekommen sie eine prickelnde Dynamik. Ich sehe, wie Menschen aller Kirchen und Religionen und Überzeugungen sich wahrer Liebe öffnen, auf tausend Wegen. Ich sehe auch, wie zermürbend langsam wir dabei sind. Ich erlebe, durch wieviele innere Blockaden ich mich kämpfen muss, um selbst auch nur einen Schritt voran zu kommen. Und doch weckt jeder Fortschritt Hoffnung und jede Begegnung mit Menschen, die ebensolche Wege gehen. Wie die geistlichen Würdenträger, an die Caterina ihre Briefe richtete, sind auch wir oft lau und furchtsam, auf unsere Bequemlichkeit und unseren Vorteil bedacht und darauf, keinen Anstoß zu erregen. Den Verlockungen des „Bösen Feindes" erlegen werden wir schwach und ängstlich. In Caterinas Worten: „Wie ein Kind, das sich vor seinem eigenen und noch mehr vor fremden Schatten fürchtet." Wie die

Adressaten ihrer Briefe müssen wir uns von ihr sagen lassen, dass wir, wären wir weise, Zuflucht nehmen würden „zur Mutter, um in ihrem Schoß über aller Furcht die Sicherheit wiederzufinden“: „Die unermessliche göttliche Güte hat in ihrer Liebe uns ein Heilmittel gegen unsere Schwachheit gegeben. Sie selbst ist jene süße Mutter. Sie schenkt uns die tiefe Demut, die wie eine Amme all die Kinder, die Tugenden nährt. Keine Tugend kann existieren, wenn sie nicht empfangen und geboren wird von dieser Mutter, der Liebe.“[28]

Originaltexte von Caterina von Siena

„Wollen wir also nicht nach dem Hunger trachten, den jene wahren und heiligen Hirten der Vergangenheit besaßen, und in uns das Feuer der Selbstsucht ersticken? Tun wir wie sie, die mit Feuer das Feuer löschten. So groß war der Brand ihrer unermesslichen und brennenden Liebe, die in ihren Herzen brannte, dass sie hungerten nach den Seelen und sie förmlich kosten und verzehren wollten. O süßes und herrliches Feuer voll solcher Kraft, dass es das Feuer jeder ungeordneten Selbstliebe und allen Selbstgefallens löscht. Diese Selbstsucht ist wie ein Wassertropfen im Feuerherd: Wie rasch ist er weg! Wer mich fragen wollte, wie jene zu diesem Feuer und Hunger kamen – ach, aus uns sind wir ja nur unfruchtbare Bäume! –, so muss ich sagen, dass sie sich einpflanzten in den fruchtbringenden Baum des heiligen, süßen Kreuzes. An ihm fanden sie das ohnmächtige Lamm in brennender Liebe nach unserem Heil, die unersättlich scheint … O süßer, guter Jesus! Schmach über die Bischöfe und Hirten und über alle, über unsere Blindheit, unsern Stolz und unsere Vergnügungssucht beim Anblick solch unermesslicher

Güte und unaussprechlicher Liebe unseres Schöpfers. Zu einem Baum ist er für die Menschen geworden, voll von süßen, reifen Früchten, damit wir Wildbäume auf ihm aufgepfropft werden könnten. Auf diese Art also haben es der liebeentflammte Gregor (der Große) und die anderen guten Hirten gemacht: sie erkannten, dass sie aus sich nichts waren angesichts des Ewigen Wortes, unseres Baumes. Und sie pfropften sich ein als Zweig, verbunden und umwunden mit dem Bast der Liebe. Am Schönen und Guten erfreut sich das sehende Auge. So wurden sie sehend, weil sie alles nur noch in Gott sahen und kosteten. Weder Sturm noch Hagel, weder Teufel noch Menschen vermochten zu verhindern, dass sie die besten Früchte hervorbrachten. Denn sie waren eingesenkt in das Mark unseres Baumes Christus. In diesem Lebenssaft der süßen Liebe, mit der sie vereint waren, brachten sie Frucht. Einen andern Weg gibt es nicht."[29] (Anmerkung D.M.)

„Im Namen des gekreuzigten Jesus Christus und U.L.Frau!

Teuerster und hochwürdigster Vater in Christus Jesus!

Ich, Katharina, Dienerin und Magd der Diener Jesu Christi, schreibe Ihnen in Seinem kostbaren Blut.

Ich wünsche in Ihnen eine feste Säule zu sehen, durch nichts verrückbar, außer durch Gott. Weichen Sie Ihrer Arbeit am mystischen Leib der heiligen Kirche, der holden Braut Christi, nicht aus. Verweigern Sie dieselbe nicht! Weder wegen Undank und Unwissenheit derer, die sich in ihrem Garten mästen, noch wegen des Ekels, der uns überkommt beim Anblick der Unordnung in der Kirche. Denn nicht selten überkommt den Menschen Ekel und Traurigkeit, wenn trotz seiner aufreibenden Mühe die Dinge nicht den erwünschten Weg nehmen. Dann kommen einem Bedenken und man sagt sich: Es ist doch besser, du lässt die Hände davon. So lange hast du daran gearbeitet, und noch ist kein Ende abzusehen. Suche lieber den Frieden und die Ruhe deiner Seele! Da muss sich die Seele kraftvoll entgegenstemmen mit ihrem Hunger nach der Ehre Gottes und dem Heil der Seelen auf das eigene Glück verzichten und sich sagen: Ich will der Mühe nicht aus dem Weg gehen, da ich der eigenen Ruhe noch gar nicht würdig bin. Nein, ich will ausharren in meiner Berufung und in Mühsal Gott die Ehre geben und dem Nächsten meine Mühen! Hie und da versucht es indessen der Böse Feind, uns Ekel an unserm Wirken einzuflößen, indem er von unserer Sehnsucht nach seelischer Stille ausgeht und uns dann sagen lässt: Ich sündige ja eher dabei, als dass ich Gutes tue! Aus diesem Grunde, um nicht zu sündigen, nicht aus Feigheit vor den Mühen, möchte ich mich so gerne zurückziehen! O lieber Vater, geben Sie solchen Gedanken, die Ihnen der Böse Feind ins Herz gibt, keinen Raum! Geben Sie sich in Fröhlichkeit, in einer heiligen und unbändigen Sehnsucht den Mühen hin, ohne jede knechtische Furcht.

Fürchten Sie nicht, hierin Gott zu beleidigen. Denn die Sünde besteht ja im ungeordneten bösen Willen. Wenn er nicht auf Gott hingeordnet wäre, ja dann! Wenn auch die Seele das heilige Offizium und die Psalmen nicht beten kann und dieses Trostes entbehrt, oder sie nicht in der gewünschten Ruhe beten kann, so ist ja die Zeit nicht verloren, sie ist ja auch für Gott verwendet."[30]

„Aus Deinem Licht empfing ich Licht. In Deiner Weisheit erkannte ich die Wahrheit, in Deiner Milde fand ich die Liebe zu Dir und zum Nächsten. Diese selbe Liebe veranlasste Dich, das Auge meines Geistes mit dem Licht des Glaubens

zu erleuchten, damit ich Deine mir kundgetane Wahrheit begriffe. Gib, dass mein Gedächtnis fähig sei, sich Deiner Wohltaten zu erinnern, und mein Wille im Feuer Deiner Liebe lodere. Lass das Blut meines Leibes in diesem Feuer fruchten und sich verströmen, auf dass ich mit diesem Blut, aus Liebe zum Blut vergossen, und mit dem Schlüssel des Gehorsams die Himmelspforte entriegle. Dasselbe bitte ich Dich von Herzen für jedes Geistwesen, im allgemeinen und im besonderen, und für den mystischen Leib der heiligen Kirche. Ich bekenne und leugne nicht, dass Du mich geliebt hast, ehe ich war, und dass Du mich unsäglich liebst, wie ein Tor verliebt in Deine Kreatur.

O ewige Dreifaltigkeit! O Gottheit; diese Deine Gottheit, Deine göttliche Natur ist es, die dem Blut Deines Sohnes seinen Preis verleiht! Dreifaltigkeit, abgründiges Meer, je tiefer ich mich in Dich verabgründe, desto inniger finde ich Dich, und je inniger ich Dich finde, desto tiefer suche ich Dich. Du bist unersättlich, und die Seele, die sich an Deinem Abgrund ersättigt, ist nie gestillt, sondern hungert immerfort nach Dir und erdürstet Dich, Ewige Dreifaltigkeit, sie sehnt sich mit dem Lichte, Dich in Deinem Licht zu schauen. Wie der Hirsch nach der Wasserquelle, so verlangt meine Seele danach, das dunkle Gefängnis des Leibes zu verlassen und Dich in Wahrheit zu schauen. Wie lange noch wird sich Dein Antlitz vor meinen Augen verbergen?

O Abgrund, o ewige Gottheit, o tiefes Meer! Was konntest Du mir Größeres schenken als Dich selbst? Du bist das Feuer, das stets fort brennt und sich nie verzehrt; Du bist das Feuer, das in seiner Glut jede Eigensucht der Seele versengt und jede Kälte hinwegnimmt; Du erleuchtest. Mit Deinem Licht hast Du mir die Wahrheit zu erkennen gegeben, Du Licht über allem Licht.“[31]

Anmerkungen

1 Beyer, Rolf: Die andere Offenbarung. Mystikerinnen des Mittelalters. Bergisch-Gladbach 1989, S. 248.
2 Moeller, Bernd: Geschichte des Christentums. Göttingen 1965. S. 243f.
3 Halkes, Catharina J.M.: Caterina von Siena. In: Luise Schottroff/Johannes Thiele (Hg.): Gotteslehrerinnen, Stuttgart 1989. S. 86.
4 Caterina zitiert nach: Katharina von Siena. Politische Briefe. Übertragen und eingeführt von Ferdinand Strobel. Einsiedeln/Köln 1944. S. 12.
5 Moser (1992), S. 27.
6 Davidson, Robyn: Spuren. Eine Reise durch Australien. Reinbek 1993. S. 202f.
7 Halkes (1989), S. 96.
8 Berg, Lioba: Caterina von Siena. Über den Alltag einer Heiligen. Freiburg 1993. S. 101f.
9 Berg (1993), S. 21.
10 Kolb, Annette: Einleitung. In: Die Briefe der heiligen Caterina von Siena. Herausgegeben und eingeleitet von Annette Kolb. Berlin 1919. S. 12.
11 Die Briefe der heiligen Caterina von Siena. Herausgegeben und eingeleitet von Annette Kolb. Berlin 1919. S. 56.
12 Halkes (1989), S. 97f.
13 Kolb (1919), S. 24.
14 Nigg, Walter: Katharina von Siena: die Lehrerin der Kirche. Freiburg im Breisgau/Basel/Wien 1980. S. 18, 32.
15 Beyer (1989), S. 270.
16 Zitiert nach Nigg (1980), S. 24.
17 Caterina an Urban VI. Katharina von Siena (1944), S. 197.
18 Caterina an Gregor XI. Katharina von Siena (1944), S. 44.
19 Caterina. Die Briefe der heiligen Caterina von Siena (1919), S. 64.
20 Caterina an Nikolaus von Osimo, päpstlicher Sekretär. Katharina von Siena (1944), S. 158.
21 Caterina an Raimund von Capua. Katharina von Siena (1944), S. 218.
22 Caterina an Raimund von Capua. Katharina von Siena (1944), S. 116.
23 Caterina an Raimund von Capua. Katharina von Siena (1944), S. 285.
24 Kolb (1919), S. 12.
25 Beyer (1989), S. 260.

26 Caterina. Katharina von Siena (1944), S. 161.

27 Tersteegen, Gerhard: Auserlesene Lebensbeschreibungen heiliger Seelen. Ungekürzter Neudruck nach einer Ausgabe von 1786, Band 3. Uitikon–Waldegg 1984. S. 121.

28 Caterina an Angelo Ricasoli, Bischof von Florenz. Katharina von Siena (1944), S. 105.

29 Caterina an Gregor XI. Katharina von Siena (1944), S. 45f.

30 Caterina an Nikolaus von Osimo. Katharina von Siena (1944), S. 156f.

31 Caterina: „Libro della divina dotrina", zitiert nach: Margot Schmidt/Dieter R. Bauer (Hg.): „Eine Höhe, über die nichts geht". Spezielle Glaubenserfahrung in der Frauenmystik? Stuttgart/Bad Cannstatt 1986. S. 193ff.

Marguerite Porète

Wir wissen nur sehr wenig über Marguerite Porète. Wahrscheinlich wurde sie zwischen 1250 und 1260 in Hainaut bei Valenciennes im nordöstlichen Frankreich geboren, vermutlich in einer Patrizierfamilie. Irgendwann, vielleicht schon in ihrer Jugend, schloss sie sich den Beginen an, jenen Frauen, die in kleinen und größeren Gemeinschaften in der Welt nach Regeln lebten, die den klösterlichen ähnlich waren, aber von ihnen – und darin waren die einzelnen Gemeinschaften autonom – selbst gewählt wurden. Der Verweltlichung und dem Macht- und Besitzstreben der Kirche setzten sie ein dem Evangelium gemäßes, ungeschütztes und wirtschaftlich ungesichertes Leben entgegen. „Ganz allgemein darf wohl von den Beginen des 13. Jahrhunderts gesagt werden, dass sie einen ungemein wichtigen religiösen Aufbruch mitbewirkten." „Damit verbunden war", wie Louise Gnädinger weiter darstellt, „eine Befreiung aus traditionell verfestigten Formen der wirtschaftlichen und gemeinschaftlichen Organisation. Die individuelle geistliche Erfahrung sollte zum Antrieb jeglicher Betätigung in weitgehend persönlicher Verantwortung werden."[1] In dieser frühen Zeit schlossen sich vor allem gebildete Frauen aus dem Adel und dem städtischen Patriziat der Bewegung an. Ihren Lebensunterhalt verdienten sie durch Krankenpflege und Handarbeit, zum Teil auch durch Erziehung und Unterricht. Marguerite Porète hat vermutlich zeitweise eine Beginengemeinschaft geistlich betreut. Andererseits war sie möglicherweise eine zeitlang nicht sesshaft und lebte vom Betteln. Wie Franz-Josef Schweitzer feststellt, ließe sich die „fast bestürzende spirituelle Reife einer möglicherweise noch jungen Frau … aus den elementaren Erfahrungen eines solchen Lebens und seiner bewussten Betrachtung als spirituelle Läuterung leichter verstehen."[2]

Aus vielerlei Gründen gerieten die Beginen – und insbesondere die umherstreifenden – unter den Verdacht der Häresie, etwa dadurch, dass sie keiner festen, anerkannten Ordensregel unterstellt waren, frei über die göttliche Trinität diskutierten, die Bibel in die Volkssprache übersetzten und kirchlichen Dogmen widersprachen. Man brachte Marguerite Porète aber auch in Verbindung mit den ‚Brüdern und Schwestern vom Freien Geist', die einen großen Libertinismus vor allem auch auf sexuellem Gebiet lebten. Fest steht jedenfalls, dass ihr Buch, der „Spiegel der einfachen vernichtigten Seelen und jener, die einzig im Wollen und Verlangen der Liebe verbleiben" nach der Verurteilung der Autorin als Ketzerin auf Veranlassung des Bischofs von Cambrai im Jahr 1300 in ihrem Beisein öffentlich auf dem Hauptplatz von Valenciennes verbrannt wurde. Personen, die das Buch verwahrten oder es – bzw. seine Lehre – verbreiteten, drohte die kirchliche Acht. Es sagt uns etwas über die Entschiedenheit und Unerschrockenheit Marguerite Porètes, dass sie sich dadurch nicht davon abhalten ließ, weiterhin öffentlich aus ihrem Buch vorzutragen, enthielt es doch das, was sie als Wahrheit erfahren hatte, von der es Zeugnis abzulegen galt. Sie fühlte sich vielleicht auch abgesichert durch zwei positive Gutachten anerkannter Theologen, die sie 1284/1285 bereits eingeholt hatte. 1306/07 wagte sie es sogar, ihr Buch verschiedenen Persönlichkeiten zu schicken, wodurch es erneut zur Anklage kam, erst durch den Provinzial-Inquisitor von Hochlothringen, dann durch den päpstlichen Generalinquisitor Wilhelm von Paris. 1307 wurde sie in Paris gefangengesetzt. Eineinhalb Jahre lang – in dieser Zeit wurden die Zeugenaussagen gesammelt – saß sie angekettet im Kerker, bis 1309 der Prozess begann. Fünfzehn Sätze aus dem ‚Spiegel' wurden, aus dem Zusammenhang gerissen der Anklage zugrundegelegt – nur zwei von ihnen sind uns bekannt. Lässt man den Kontext außer Acht, muss der Eindruck entstehen, dass Marguerite Porète Tugenden und gute Werke ablehnt, völligem Libertinismus das Wort redet und für diejenigen, die nicht ihren erhabenen Weg gehen, nur Verachtung übrig hat. Denn alles, wirklich alles wird bei ihr nur verständlich von der Voraussetzung her,

– dass die Seele allen Eigenwillen aufgegeben hat und tut, was Gott will, sodass „das, was Tugenden, Bedürfnisse Natur und Nächstenliebe fordern, integriert ist, aufgegangen ist, in diesem neuen Sein, ohne als einzelne wahrgenommen zu werden".[3]
– dass das, was wir mit unserem beschränkten Erkenntnisvermögen als Sünden wahrnehmen, bedeutungslos ist angesichts dessen, was diese in der unermesslichen Wirklichkeit Gottes sind, was davon „im Wissen Gottes" ist.
– dass es mehr darum geht, durch Christi Leiden unsere Liebe entzünden zu lassen, als darum, ihn im Leiden nachzuahmen.
– dass die Erfahrung, in der Liebe vollkommenen inneren Frieden gefunden zu haben, ihr soviel mehr gilt als die orthodoxe Auffassung, dass ein dauerhafter Zustand dieser Art nicht möglich sei.

Marguerite Porète erkannte offenbar ihre Gefährdung, die darin lag, von den Machthabenden der Kirche, die nur ihrer Vernunft folgten – nicht wie sie der Liebe – missverstanden zu werden. Sie nimmt in ihrem Buch bisweilen Bezug darauf. Doch während ihres Prozesses verweigerte sie die Rechtfertigung ebenso wie den Widerruf. Man versuchte, ihr das Abschwören zu erleichtern, um sie vor dem Feuertod zu erretten. Sie aber blieb bei ihrer Wahrheit, so ungewohnt und abenteuerlich auch der von ihr beschriebene innere Weg erscheinen mochte. 21 Theologen wurden als Gutachter bestellt – wohl um dem Verfahren „den Anschein von Legitimität und Korrektheit" zu geben, wie Franz-Josef Schweitzer vermutet. Ihr Urteil lautete einstimmig auf Häresie. Marguerite Porète wurde zur rückfälligen Ketzerin erklärt und am 1. Juni 1310 in Paris auf dem Scheiterhaufen verbrannt. Einer ihrer Anhänger, ein Priester, der das noch am Hinrichtungstag verhindern wollte, wurde zu lebenslänglicher Haft verurteilt. Ihr Buch, das mit ihr verbrannt wurde, galt seitdem als verschollen, bis eine italienische Forscherin es 1946 in einem bis dahin für anonym gehaltenen mittelalterlichen Buch wiederentdeckte. Heute wissen wir, dass es in verschieden Abschriften versteckt und auch schon ziemlich bald in andere Sprachen übersetzt und ohne Angabe der Verfasserin verbreitet worden war. Seine Lehre wurde von Meister Eckhart teilweise aufgenommen, ebenso von Johannes Tauler. Es steht in der Tradition der Beginenmystik, in der es um die Einzigartigkeit und Einmaligkeit jeder einzelnen „Seele" (die immer für den ganzen Menschen steht) in ihrem Leben mit Gott geht. Wie in der höfischen Minnelyrik liebt die Seele Gott nicht um Lohn, sondern einzig der Liebe wegen. Marguerite Porètes Werk zeugt von hoher Intelligenz, guter Denkschulung und theologischer und literarischer Bildung. Der damaligen Argumentationsmethode gemäß bringt sie in 139 unsystematisch angeordneten Kapiteln auf unkonventionelle Weise die Liebe, die Vernunft, andere Seelenkräfte und Tugenden, die Hl. Kirche, den Hl. Geist usw. miteinander ins Gespräch, bei dem es vor allem um den Vorrang der Liebe – als des innersten Wesens Gottes – geht. Drei Tode muss die Seele gestorben sein, die das Buch in seiner Tiefe verstehen will, den dritten in der letzten und höchsten Gottesbegegnung. Uneingeweihten erschließt es sich nach Aussage der Autorin nur durch „Betteln", dem mühevollen Nachvollzug des Gesagten bis sich scheinbare Widersprüche auflösen und sich in einem inneren Prozess des Reifens und der Läuterung der Kern der Aussagen erschließt. Dem bin ich – in den engen Grenzen des hier Möglichen – gefolgt, indem ich versucht habe, das von Marguerite Porète Gesagte mit meinem Leben hier und heute und meinem eigenen inneren Weg in Verbindung zu bringen – bröckchenweise, bettelnd.

„Ich bin Gott, spricht die Liebe. Denn die Liebe ist Gott, und Gott ist die Liebe."[4]

In einem Winter war ich mit der Bahn unterwegs auf der Hinreise zu meinem Zielort, voll froher Erwartung und mit offenem Herzen, sah ich draußen eine wunderbar verzauberte Winterlandschaft vorbeiziehen. Zwei Tage später auf der Rückreise, das Wetter hatte sich nicht geändert, aber eine schmerzhafte Begegnung lag hinter mir, sah ich nur noch eine öde Schneewüste. Nie ist mir deutlicher geworden, wie sehr unsere Gestimmtheit unsere Sichtweise beeinflussen kann. Ob es auch daran liegt, wenn mir das Leben in der wahren Gottesliebe (nachdem alles irdische Anhaften überwunden ist) so wüstenhaft erscheint, denn doch immer nicht verlockend genug, um in aller Konsequenz den Weg dahin zu gehen? Und das, obwohl diejenigen, die ihn gegangen sind, von einer Lust sprechen, die alle irdischen Freuden weit übersteigt. Die befreite, die vernichtigte Seele, von der Marguerite Porète spricht, lebt in einer wunderbar verzauberten Landschaft. Sie schwimmt geradezu „im Meer der Freude, das ist in dem aus der Gottheit ausfließenden und ausströmenden Meer der Wonnen. Doch empfindet sie dabei nicht irgendwelche Freude, denn sie selbst ist Freude. Und so schwimmt und schwebt sie in der Freude, ohne die Empfindung irgendeiner Freude. Denn sie bleibt in der Freude, und die Freude bleibt in ihr. Es ist die Freude selbst, die sie durch die Tugendkraft der Freude in sich umgewandelt hat.

Nun gibt es nur ein gemeinsames Wollen, wie Feuer und Flamme. Das Wollen des Geliebten ist dasjenige der Geliebten, die Liebe nämlich hat diese Seele in sich verwandelt."[5]

Was ist es also, das mich daran hindert, den Weg zu diesem wunderbaren Zustand anzutreten? Das fragt mich auch die Freundin, die auf dem esoterischen Pfad unterwegs ist und den ‚Kurs in Wundern' studiert, dessen zentrale Lehre ist, dass Liebe unsere wahre Realität sei. Und was motiviert sie dazu, dem nachzuleben? Frieden möchte sie, dauerhaften Frieden für ihre Seele, der durch nichts zu erschüttern ist, lichtvolle Klarheit. Einen dauerhaften Zustand tiefen Friedens und ruhiger Gelassenheit verspricht auch Marguerite Porète, die Erlangung von Vollkommenheit bereits hier auf Erden: „Ich versichere euch, Vernunft, spricht die Liebe, dass solche Seelen, in denen die edle Liebe wohnt, zudem Schmach wie Ehre und Ehre wie Schmach, auch Armut wie Reichtum und Reichtum wie Armut, auch Drangsal von Gott und seinen Kreaturen wie Trost von Gott und seinen Kreaturen, auch Geliebtsein wie Verhasstsein und Verhasstsein wie Geliebtsein, auch in der Hölle-Sein wie im Paradies-Sein, auch niedrige Seinsweise wie hohe und hohe Seinsweise wie niedrige für sich selbst und ihre Mitgenossinnen gleich lieb haben."[6]

Ist dieser Zustand zu erlangen? Wünsche ich ihn überhaupt? Haben Menschen, die das von sich behaupten, wirklich vollkommenen inneren Frieden erreicht, oder täuschen sie sich selbst? Und dient die Erlangung dieses Zustands wirklich der Vervollkommnung, oder schafft er nur Befriedigung infolge des Ausweichens vor dem Leben mit seinem Auf und Ab, dem Hin und Her zwischen Freude, Glück und Schmerz, den ständigen Herausforderungen? Sollte es nicht vielmehr Gottes Wille sein, mich diesem Prozess zu stellen, der mich doch, richtig verstanden und bewusst gelebt reifen und spirituell wachsen lässt? Schon allein dass ich so frage, zeigt, dass ich einem anderen, von der mittelalterlichen Geistesart weit entfernten Zeitalter angehöre. Genau wie all meine übrigen Gedanken dazu:

Entspringt mein eigener Wunsch nach ‚Heiligung' einem tiefen Verlangen meiner Seele, oder ist es die Nische, die mir schwierige Lebensumstände ließen und in die ich mich zurückziehe, weil ich glaube, dass mir meine irdischeren Wünsche doch nicht erfüllt würden oder dass ich sie nicht haben dürfte? Haben mir dieses Verbot vielleicht in meiner Kindheit Menschen vermittelt, die nicht bereit oder in der Lage waren, meine menschlichen Bedürfnisse angemessen zu erfüllen?

Entstammen alle diese Fragen wirklich meiner aufgeklärten Sicht, oder sind sie wie jener von innen her getrübte Blick aus dem Zugfenster, der mich nur Zweifelhaftes sehen lässt? Wie auch immer: auch in mir ist ein Streben nach Vervollkommnung, das mich ebenso existenziell in Anspruch nimmt wie die Frauen des Mittelalters. Anders als der ihre besteht mein Weg jedoch mehr in einem Abstieg in die eigene Tiefe, dem Auffinden und Auflösen alter Muster und Verstrickungen. Und ich merke, dass ich mich dabei vom Idealbild des heilen Menschen und heiler Beziehungen unter den Menschen leiten lasse, dass dieses Zielbild heute viele Menschen wohl ebenso sehr antreibt wie das der ewigen Seligkeit mittelalterliche Menschen zu großem Tugendstreben. Mit ihnen teilen wir sowohl die Anstrengung, dahin zu gelangen, wie auch das Erlebnis immer neuen Scheiterns. Menschliche Situationen sind viel zu komplex, um immer klar und eindeutig wissen zu können, was denn nun gerade die gesunde, die heile Verhaltensweise wäre. Und unsere Möglichkeiten sind begrenzt: Handele ich so, dass ich diesem Menschen gerecht werde, so bleibe ich dadurch wiederum jenem etwas schuldig. Und von hier aus nun finde ich Zugang zu Marguerite Porète: dass sie alles Tugendstreben verabschiedet: „Euer Dienst", spricht die Seele zu den Tugenden, „ist zu sehr festgefahren." Eine Zeitlang habe sie ihr Herz vorbehaltlos an sie gehängt, ihnen ganz gehört, sich voll ausgeliefert, sei ihre Leibeigene gewesen. In großer Verirrung habe sie gelebt, aus der sie nun befreit sei: „Gelitten habe ich da manch schwere Qual, manch harte Pein erlitten. Ein Wunder ist es, dass ich noch lebend entkam! Doch da es vorbei ist, macht es mir nichts mehr aus: ich bin von euch geschieden! Dafür danke ich Gott im Himmel, gut wollte mir jener Tag! Ich bin euerem Anspruch entzogen, der viel Verdruss mir bescherte. Niemals war ich je frei, außer geschieden von euch. Entkommen bin ich aus eurer Gewalt, in Frieden verbleibe ich nun."[7]

Die freigewordene Seele ist nicht mehr Sklavin der Tugenden, die den mittelalterlichen Zeitgenossen oft solche Qualen bereiteten, dass sie lieber bis zum Jüngsten Gericht Schreckliches erleiden wollten, um nur ja danach errettet zu werden und nicht der ewigen Verdammnis zu verfallen. Sie hat sich mutig von dem Zwang befreit, und ist jetzt frei, die Tugenden an ihren Platz zu verweisen und über sie zu gebieten.

Wenn ich mir das übersetze, in meine Zeit und Welt hinüber setze: Ich muss mich nicht ständig abstrampeln, um jenen Zustand von Heilsein, Ganzsein, Gesundheit und Integrität zu erlangen. Ich muss nicht unentwegt meine Schwächen, Fehler, Unzulänglichkeiten aufdecken und sie systematisch bearbeiten. Ich kann einen Zustand erlangen, in dem mir eine Kraft zur Verfügung steht, die das für mich bewirkt.

Wie gelange ich dahin? Nach Marguerite Porète ist die Seele zunächst zur Erkenntnis ihres Nichts gekommen: „Dies geschah, indem sie einsah, dass weder sie selbst noch andere etwas davon bemerkten, wie schrecklich ihre Sünden und Fehler sich ausnahmen, verglich man sie mit dem, was davon im Wissen Gottes war.“[8]

Angesichts der göttlichen Wirklichkeit ist auch all meine noch so mühevolle Anstrengung und was ich damit erlange, ein Nichts. Die Seele, der das zur existenziellen Erfahrung geworden ist, ist „ruhig in Bezug auf alles, was Gott durch sie zulässt, denn sie hat ein wahres Einverständnis mit allen seinen Absichten und friedvolle Rast bezüglich der Taten ihrer Nächsten. Denn über alles, das nicht in ihrer Absicht liegt, bildet sie sich kein Urteil, oder dann höchstens ein gutes. Diese Seele hat an allen Orten ihren Frieden, denn sie trägt den Frieden immer mit sich.“[9]

Wenn Gottes Gnade mir geschenkt hat, was ich durch all meine Anstrengung nicht erreichen kann, bin ich frei, frei, so heil und ganz zu werden, wie Gott es für mich will. Die „Freiheit ihrer vollkommenen Liebe“, sagt Marguerite Porète, lässt eine solche Seele in solchem Frieden sein. Die Liebe schafft Raum zum Atmen. Wenn ich in der Liebe bin, kann ich arglos handeln wie ein spielendes Kind. Ich bin unschuldig, nicht weil ich schuldlos oder vollkommen wäre.

„Ach überaus süße, lautere Liebe, spricht die Seele. Was ist dies eine lustvolle Umwandlung, da ich umgewandelt bin in das, was ich mehr liebe als mich selbst! Und so ganz bin ich verwandelt, dass ich vor Liebe meinen Namen verloren habe, ich, die ich so wenig zu lieben vermag. Das geschah durch die Liebe, denn ich liebe nichts als die Liebe.“[10]

Liebesmystik ist eine Gratwanderung. Dessen waren sich die mittelalterlichen Frauen, die sie vorlebten und lehrten, sehr bewusst. Wie leicht ist es, hier in Illusionen abzugleiten, die ja auch einen wunderbar verklärten Zustand schaffen können, aus dem es denn jedoch ein böses Erwachen gibt, das schöne Spiel, das „der Feind“ uns vorgaukelt, für eine wunderbare Gottesgabe zu halten. Ein wiederholt genanntes Unterscheidungskriterium ist der innere Friede, der die wahre Gottesliebe begleitet, jedenfalls dann, wenn wir uns erst einmal alledem entrissen haben, was ihr entgegensteht. Was dagegen vom „Satan“ kommt, sehe zunächst so aus, als würde es beglücken und Frieden schaffen, bringe aber am Ende die Unruhe und Bedrängnis eines gestörten Seelenfriedens.

Viele Menschen beschäftigt heute die Frage nach der wirklichen, der wahren Liebe im Hinblick auf ihre mitmenschlichen Beziehungen und Partnerschaften. Wir haben zu durchschauen gelernt, dass hinter mancher Bereitschaft zu Aufopferung und Selbsthingabe ein süchtiges Anhängen an problematischen Menschen und Situationen steckt, das ungesunde Abhängigkeiten schafft. Wir haben das Idealbild der romantischen Liebe entlarvt als die Illusion, dem Zustand überschwänglichen Verliebtseins und des damit verbundenen, jedes Maß sprengenden Energieflusses Dauer verleihen zu können. Viele von uns sind auf der Suche nach besseren Formen, ihre Liebe zu leben, solche, in denen die Partner wachsen und sich entfalten können. Wie aber das neue, bessere, gesündere Verhalten unterscheiden von den tief in die Seele eingeschriebenen alten Mustern? Interessanterweise finde ich in einem Selbsthilfebuch dasselbe Unterscheidungsmerkmal wie bei den Mystikerinnen: Gründet ein Verhalten in unserem tieferen Selbst, bringt es harmonische und friedvolle Empfindungen mit sich, die dem süchtigen Verhalten fremd sind. Und wo unser irdisches Leben von einem göttlichen Grund getragen und durchwirkt verstanden wird, erscheint die klare Erkenntnis: Die Gottesliebe muss primär sein, unsere irdische Liebe in der Gottesliebe gründen, um uns davor zu bewahren, in Sucht und Illusion zu verfallen und uns falsche Götter zu schaffen, die uns niemals wirklich Frieden und Erfüllung schenken können. Wenn sich die mittelalterlichen Mystikerinnen auch nicht mit Partnerschafts- und Beziehungsproblemen befassten, so gründet doch auch für sie die Menschenliebe, die Nächstenliebe in der Gottesliebe.

Marguerite Porètes Weg ist eine Rückkehr zum Ursprung vor der Schöpfung, vor dem Beginn der Zeit. Er führt durch das „Tal der Demut", jenem Ort, an dem wir angesichts der Größe Gottes unsere Nichtigkeit erkennen, über die „Ebene der Wahrheit" und auf den „Berg der Beschauung", doch nicht immer geradlinig voran und aufwärts. Es gibt auch Phasen des Herumirrens. Ihr „vorgestellter geistlicher Weg führt durch teilweise schwieriges, wüstenartiges Gelände aus dem Exil und der Verbannung zurück in die Heimat, in das Land des Lebens. Hunger und Durst, aber ebenso ekstatische Trunkenheit gehören zur geistlichen Metaphorik, gehören wesentlich zur Beschreibung dieser Wander- und Pilgerschaft."[11] Auf den Wüstenwegen fällt alles von ihr ab, was die reine Verbindung mit Gott, der Liebe, verhindert oder verfälscht. Marguerite Porète geht es in ihrem ‚Spiegel' einzig und allein um die eine große, wahre, reine, vollkommene Liebe zu Gott, bzw. jene Seelen, die nur danach Verlangen haben, ganz in ihr aufzugehen. Woher nimmt sie das Vorbild für ihre Idealvorstellung solcher Liebe? Aus eben jener höfischen Minne-Kultur, aus der auch unsere, in Romanen und Filmen immer neu vorgeführte Vorstellung von der romantischen Liebe stammt. Nur dass das höfische Minnespiel Spiel war, das nicht die lebenslange Partnerschaft zum Ziel hatte, sondern seine Dauer gerade daraus zog, dass die oder der dem Herzen so nahe Geliebte stets unerreichbar fern blieb. Die nie erfüllte Sehnsucht bewirkte eine Art Läuterungsprozess, der im Idealfall zu immer höheren Formen reiner Minne führen konnte. Marguerite Porète erzählt das einem Roman entnommene Beispiel eines Edelfräuleins, das sich in einen ihr nur vom Erzählen bekannten König verliebt – seines Adels, seiner Hoheit, seiner großen Berühmtheit und Vortrefflichkeit wegen. „Doch befand sich das Edelfräulein so weit weg von diesem mächtigen Herrn, dem sie ihre ganze Liebe geschenkt hatte, dass sie ihn nicht sehen und nicht mit ihm zusammen sein konnte. Darum war sie in ihrem Inneren untröstlich; denn keine Liebe außer eben dieser, vermochte ihr zu genügen. Und als sie gewahr wurde, dass diese ferne Liebe, welche ihr innerlich ganz nahe war, äußerlich sich so weit weg befand, überlegte sie bei sich, wie sie ihrem Kummer dadurch abhelfen könnte, dass sie sich die Gestalt ihres Freundes, durch den sie so oft in ihrem Herzen verwundet war, in einem Bildnis vorstellte."[12] Und so lässt sie denn also ein Bildnis des Geliebten – wie ihre Zuneigung ihn ihr zeigte – anfertigen. In genau derselben Absicht sagt Marguerite Porète von sich, habe sie ihr Buch geschrieben, als Bildnis des fernen Geliebten, „das gewissermaßen seine Liebe darstellt".[13] Denn ihr Geliebter ist die Liebe selbst, Gott, der zugleich ferne und nahe, le Loignprès, der Fernnahe, wie sie ihn in der Sprechweise der Minnelyrik nennt.

Die ersten vier Stufen ihres Weges beinhalten das Fortschreiten vom einfachen Glaubensleben, wie etwa dem Halten der Gebote, bis zu „den höheren Formen der Meditation und geistlichen Betrachtung – aber stets noch mit Eigenwillen, d.h. mit ichorientierten Ambitionen und Gott fremdem Leistungsdrang verbunden".[14] Auf der fünften Stufe stirbt die Seele allem Eigenen ab aus der Erfahrung heraus, dass Gott ihre Fähigkeiten und Möglichkeiten bei weitem übersteigt. Aber eben diese „vernichtigte Seele" wird bisweilen auf die sechste Stufe entrückt, wo sie die Einheit mit dem fernnahen Geliebten erlebt, wenn auch nur ganz kurz: „Denn dies ist ein blitzartiges Eröffnen und ein schleuniges Zuschließen, bei dem man nicht lange verweilen kann."[15] Die Sehnsucht kommt an ihr Ziel. Die Seele wird selbst in Gott verwandelt. Wenn die Begegnung selbst auch nur kurz wie ein Blitz ist, bleibt der Seele daraus doch ein dauerhafter tiefer Friede, von dem sie sagt: „Er ist dermaßen köstlich, dass ihn die Wahrheit Speise der Herrlichkeit nennt. Keiner, der im Begehren verharrt, kann jedoch damit gespeist werden."[16] Es ist das Höchste, was die Seele in der irdischen Existenz erreichen kann. Die Seele konnte frei werden vom Begehren, vom Anhaften an Besitz, Ansehen, Macht, festgelegten Gottesbildern, der Unterwerfung unter die Tugenden ... Solches Lösen von Verhaftungen lässt mich an buddhistische Wege denken. Bei näherem Bedenken zeigt sich mir der große Unterschied: Marguerite Porète geht ihren Weg nicht, weil sie Befreiung vom Leiden sucht, sondern weil die Sehnsucht sie treibt, als Liebende zum Geliebten. Sie hat ihren Lebensgrund einzig in der Liebe gefunden, die alles andere in seiner angemaßten Bedeutung zunichte macht. Die siebente Stufe, das dauernde Vereintsein mit Gott, kann sie erst nach ihrem Tod erleben.

Loignprès, der Fernnahe. Das ruft Erinnerungen wach an die Liebe zu einem unerreichbaren Menschen – das verzehrende Sehnen, das ins Nichts fallende Verlangen, sentimentales Festklammern an Schmerz und Trauer und an idealisierten Bildern dessen, was hätte sein können. Das alles meint Marguerite Porète entschieden nicht. „Hinreißend" nennt sie den Fernnahen – in seinem blitzartigen Erscheinen reißt er die Seele heraus aus allen Verhaftungen, hin zur Liebe, zur Liebe selbst, in der sie dann jenen Frieden und jene Herrlichkeit findet, nach denen sie sich mit all ihrem Sehnen und Hoffen vergeblich ausstreckte.

Ohne Zweifel gehören für Marguerite Porète zu den Wüstenwegen jene, die die Seele unter der Herrschaft der Vernunft geht. Denn deren Möglichkeiten des Verstehens sind begrenzt, solange ihr nicht Liebe und Glaube Leben verleihen. Der Begrenztheit der Vernunft wegen ist ihr Buch auch so lang geworden, entschuldigt sie sich, der Seele, die in der Liebe ist, erschließt sich der Inhalt ohne viele Worte. Die Liebe nämlich kann auch in Beziehung sein mit dem, was nicht mehr verstanden werden kann. Die Vernunft, die ihre Begrenztheit einsieht, unterwirft sich der Liebe, erklärt sich bereit, sich von ihr leiten zu lassen, um der Seele wie eine Sklavin zu dienen. Im Vorwort zu ihrem ‚Spiegel' fordert Marguerite Porète die „Theologen und sonstwie Gebildeten" auf:

„Lasst demütig werden eure Wissenschaften,
die auf der Vernunft sich gründen,
und setzt all euer Vertrauen
in jene, die gegeben sind durch

die Liebe, erleuchtet vom Glauben.
Und so werdet ihr dieses Buch verstehen,
das aus der Liebe die Seele leben macht.“[17]

Wer schon einmal die Erfahrung gemacht hat, sich in einer Situation ganz vom Gefühl, vom Herzen leiten zu lassen, in der es besser gewesen wäre, der Vernunft zu folgen, wer deshalb böse Konsequenzen erlebt hat, wird wahrscheinlich skeptisch reagieren auf diese Rangordnung. Und mit Recht. Denn das, was wir gewöhnlich als Liebe bezeichnen, ist sicher nicht geeignet, der Vernunft den Weg zu weisen. Vielleicht war das, was wir in einer früheren Situation für Liebe hielten, eigentlich Begehren oder der Wunsch nach Verschmelzung. Vielleicht behaupteten wir, eine Person zu lieben, die wir in Wirklichkeit brauchten, um uns größer, stärker und sicherer zu fühlen. Das ist nicht die Liebe, die Marguerite Porète meint und die nach verbreiteter Auffassung ihrer Zeit die Ordnung der Welt bewegt. Diese Liebe ist Gott selbst, und die Seele, die in ihr ist, wird selbst Liebe, wird Gott. Es ist die Liebe des Hohen Liedes: stärker als der Tod. Sie ist Weg und sie ist Seinszustand. Man kann sie nicht haben, nicht machen, nicht geben, nehmen, zurückhalten – sie IST.

Wieder versuche ich die ‚Übersetzung‘. Mein Leben der Vernunft zu unterstellen, bedeutet, in dem engen Raum zu leben, den diese mir erhellen kann. Falsche Liebe, die in Wirklichkeit Besitzergreifen ist, hält mich gefangen. Angekettet in diesem Gefängnis raunen mir tausend Stimmen zu: Das ist falsch, du bist falsch, du darfst nicht, du sollst nicht, du müsstest eigentlich, du solltest besser – eigene Stimmen und die der anderen. Im hellen Raum spricht die Stimme der Liebe und sagt: Du darfst. Du darfst so sein wie du bist. Du darfst das leben, wozu du hier bist. Du darfst nach den Wertmaßstäben leben, die du als richtig erkannt hast. Du darfst sie auch ändern. Du darfst dir da Stärkung holen, wo es dir gut tut. Du darfst klar wahrnehmen und benennen, wer und was dir nicht gut tut. Du darfst sogar das tun, was die anderen für vollkommen verrückt halten, wenn das zu deinem Weg mit Gott gehört. Die Liebe ist barmherzig und wohlwollend. Im dunklen Raum sagen die Stimmen: Es wird alles ganz furchtbar werden, es wird in der Katastrophe enden, wenn du nicht alles eisern unter Kontrolle hältst. Im hellen Raum sagt die Liebe: Du darfst loslassen, du darfst alles, was dir zu schwer ist, Gott überlassen, du darfst vertrauen, dich entspannen, erholen, erfreuen. Und das ist Gottes Wille: dass ich in der Liebe lebe, nicht etwas Düsteres, Schweres, Unerfüllbares, kein System von Regeln und Verboten, keine Morallehre. Gott ist kein unbarmherziger Patriarch, der erst gnädig gestimmt werden müßte. Gott ist auch nicht an von ihm selbst gegebene eherne Gesetze gebunden. Denn Gott ist Liebe. Nur wer die Vorstellung eines zornigen, strafenden Gottes hegt, erlebt ihn auch als solchen, denn Gott zeigt sich uns so, wie wir ihn verstehen. Glauben wir an Gottes Liebe und Barmherzigkeit, erweist sie sich uns auch.

Das alles steht so nicht bei Marguerite Porète. Ich denke es, indem ich an ihren Faden anknüpfe, über sie hinaus. Es ist aus dieser Perspektive gesehen unsinnig zu sagen: Wie kann ein liebender Gott so etwas zulassen? Gewaltverbrechen an Kindern etwa oder die Gräuel der Kriege. Solche Ereignisse müssten uns vor die Frage stellen: Was ist falsch an unserer Auffassung von Gott? Wie könnten wir mehr Liebe in die Welt einleben, die die Liebe Gottes herbeizieht? Wo sitzen in uns noch Vorstellungen von Gott, der uns straft, wenn wir irgendwelchen Regeln und Verboten nicht gehorchen, und verdecken uns das Bild Gottes als der Liebe, die Fülle schenkt?

„Aber ach, überaus liebwerte Liebe!, spricht die Vernunft" in Marguerite Porètes ‚Spiegel', „was soll ich mit dem Volke anfangen, das ich zu lenken habe, das an dieser Seele keinerlei Regeln der Lebensführung und der äußerlichen Tätigkeiten mehr ablesen kann?"[18] Und die Liebe belehrt sie, dass eine Seele, die in der Liebe wohnt, die in Liebe umgewandelt ist, Besseres zu tun hat als Lebensregeln zu folgen oder solche aufzustellen, denn im Gegensatz zu allen anderen Belangen brauche die Liebe kein Maß.

Wie nun erlangen wir wahre Liebe? Bevor ich Marguerite Porète weiter befrage, will ich meine eigene Erfahrung und mein Wissen zu Rate ziehen. Echte Liebe kann nur aus dem Selbst kommen, nicht aus dem Ich, das sich in der Welt zu behaupten sucht. Und mein Selbst erlange ich nur, indem ich in das eigene Dunkel hinabsteige, meinen inneren Dämonen begegne. Ich erlebe das in Krisenzeiten. Oder in Zeiten der Trauer oder der Einsamkeit, die mich in eine trostlose Öde voll scharfkantiger Felsbrocken und dornenreichen Gestrüpps führen, mich herauslösen aus allem, was meinem Leben sonst Halt und Sicherheit gab und mich zwingen, mir selbst, meinen Ängsten und Illusionen, quälenden Gedanken und verwirrenden Gefühlen zu begegnen, ohne dass zunächst ein Ausweg, ein Ziel, ein Ende der Qual absehbar wäre. Wenn ich dem nicht ausweiche – was ja oft auch gar nicht möglich ist – wenn ich ganz eintauche in das Dunkel, kehre ich als Verwandelte daraus zurück, weiser, reifer, froher, leichter, ganzer, was auch immer – eine neue Lebensstufe ist erreicht. Caterina von Siena fällt mir dazu ein, wie sie in den Jahren der Abgeschiedenheit in ihrer ‚Zelle' im elterlichen Haus von ‚bösen Geistern' heimgesucht wurde und ihre Gemütskräfte in Verwirrung gerieten. Mögen diese Anfälle im Konkreten anders gewesen sein als meine, brauche doch auch ich jenen Strahl des Heiligen Geistes, der mich daran erinnert standzuhalten, mich von Ängsten, Schuld- und Schamgefühlen, von Verlockung und falschem Mitleid nicht irremachen zu lassen.

Die ‚Auferstehung' ins wahre Selbst ist um keinen geringeren Preis zu haben als dem der ‚Höllenfahrt'. Wenn ich dann aber mein wahres Selbst gefunden habe, erschließt sich mir eine tiefere Dimension der Wirklichkeit, lösen sich scheinbare Widersprüche auf, Widersprüche wie sie auch in Marguerite Porètes ‚Spiegel' zunächst erscheinen. Franz-Josef Schweitzer findet dafür ein eindrückliches Bild: „... Wie die realen Spiegel jener Zeit glänzende Metallplatten mit vielen Schatten und Verzerrungen waren, so ist auch der ‚Miroir' für den vilain – wie auch heute noch für uns – mit vielen Schatten durchsetzt. Marguerite versteht sie nicht als Unklarheiten ihrer Darstellung, sondern – sehr selbstbewusst – als Unverständnis des Lesers, der dort Widersprüche sieht, wo keine sind. Wie im ‚Spiegel' sollen die Leser in ihrem Buch das allmähliche Verschwinden der eigenen inneren Schatten wahrnehmen, bis jene, für die er in erster Linie geschrieben ist, durch seine Symbole hindurch sich selbst, ihr eigenes Gesicht in vollkommener Klarheit erkennen."[19]

„DIE VERNUNFT: Also denn, Frau Liebe, spricht die Vernunft, welche Lebensweise hat die Seele, die vor Liebe schmachtet?

DIE LIEBE: Sie kämpft gegen die Laster, spricht die Liebe, indem sie sich Tugendkraft erwirbt.

DIE SEELE: Hei, überaus liebwerte Liebe! spricht diese Seele. Wie ist dieser Kampf hart und gefahrvoll! Tatsächlich, spricht diese Seele, man kann ein Leben in solcher Bemü-

hung sowohl ein Schmachten wie einen Kriegszustand nennen.

DIE LIEBE: So sehr hat sie sich um Liebe abgekämpft, spricht die Liebe, dass sie aus Liebe starb.

DIE VERNUNFT: Ach was, Liebe! spricht die Vernunft. Sagt uns um Gottes willen, an welchem Punkt die Seele sich befindet, die aus Liebe gestorben ist."[20]

Es ist ein freiwilliges Aufsuchen jener harten, gefahrvollen seelischen Zustände, in die uns sonst das Leben wirft, getragen von der Sehnsucht nach der wahren Liebe. Diese Seele „hat Schluss gemacht mit der Welt, ... und die Welt hat von ihr Urlaub und Abschied genommen. Und darum lebt sie in Gott, und da erreichen sie weder Sünde noch Laster. Sie ist so verborgen und versteckt in Gott, dass weder die Welt noch das Fleisch, noch die Feinde sie belästigen können ... Sie für sich zählt auf kein geschaffenes Ding mehr. Und darum hat eine solche Seele einen Frieden von solcher Art: sie lebt in der Welt ohne irgendwelche Beunruhigung."[21]

Diese zur Liebe erwachte Seele hat keinen eigenen Willen mehr, und da sie nichts mehr begehrt, kann nichts ihren vollkommenen Frieden stören. Bringen uns nicht auch unsere Lebenskrisen diesem Zustand näher, dass wir, widerstrebend zwar, Stückchen für Stückchen Eigenwillen aufgeben und Vertrauen gewinnen in den Weg, den Gott mit uns geht?

Ein Maitag wie aus dem Bilderbuch – Sonne und Vogelgesang, betörende Düfte und die verzückten Blicke der Verliebten. Alle Sinne schwingen mit in diesem Ausbruch von Leben. Warum brüte ich hier über dieser düsteren Spiritualität des Mittelalters, in der sich Sinnlichkeit und Gottesliebe so diametral entgegenstehen? Ich denke doch nicht daran, mich in ein feuchtkaltes Steinverlies zurückzuziehen, um meine Lust und Sinnenfreude abzutöten. Der Alltag in seiner zweckgerichteten Funktionalität ist ohnehin schon grau und nüchtern genug. Frömmigkeit ist viel zu lange instrumentalisiert worden, um die Menschen in die entfremdeten Lebensbedingungen der industriellen Welt einzupassen. All dieser Glanz, diese Pracht, diese grandiose Zwecklosigkeit und Verschwendung in der Natur! Steckt darin nicht die Macht, unsere enge Zweckrationalität aufzubrechen? Bringt uns die Verzücktheit des Verliebtseins nicht dem Leben und Weben in der göttlichen Wirklichkeit näher als die verbissene Anstrengung?

Hat Marguerite Porète mir etwas dazu zu sagen? Im siebzehnten Abschnitt ihres ‚Spiegels' lässt sie die Liebe sagen, die befreite Seele gewähre der Natur, was sie von ihr verlangt. Ein anstößiger Satz. Aber er behauptet nicht, was man auf den ersten Blick annimmt: Kein sinnlich-sexueller Libertinismus wird hier gutgeheißen, denn zu bedenken ist, dass sich die Aussage auf eine Seele bezieht, die bereits alles Begehren überwunden hat. Sie kann, wie Marguerite weiter darlegt, keinen Gewinn daraus ziehen, der Natur zu verweigern, was sie verlangt, würde ihr damit eher nehmen, was ihr zusteht: „Seelen, die so sind, wie dieses Buch es ausführt, die berührt dies nicht in ihrer Lebensweise. Sie haben durch die Richtigkeit ihrer Seinsweise, die rein und von göttlichem Sein ist, eine derartige innere Beschaffenheit, dass hätten sie gar nichts und wüssten mit Sicherheit, dass sie bis zum Jüngsten Tag zu leben hätten, sie um alles Gold in der Welt nicht eine Stunde lang sich einer Sache wegen, die ihnen mangeln könnte, im Herzen zu bekümmern vermöchten – außer gerade nur in dem Augenblick und nicht länger, da die Natur benötigt, was ihr zusteht: da gibt sie ihr das, was ihr gehört."[22] Warum sollten sich solche Seelen, die nie etwas für sich nehmen, das jemand anders dringender brauchte, „ein Gewissen daraus machen, das zu nehmen, was ihnen fehlt, wenn die Not es verlangt?... Wer wäre das, der sich ein Gewissen daraus machen müsste, von den vier Elementen das zu beanspruchen, dessen er bedarf, wie das Licht des Himmels, die Wärme des Feuers, der Tau des Wassers und die Erde, die uns erhält? ... Und daher machen solche Seelen von allen gemachten und erschaffenen Dingen Gebrauch, so wie die Natur ihrer bedarf, in einem solchen Herzensfrieden, wie sie ihn der Erde gegenüber einhalten, auf der sie gehen.“[23]

Keine Askese um der Askese willen. Nicht Höchstleistung in der Versagung bringt voran, sondern allein die Liebe. Wenn ich das auf mich hier und jetzt anwende: Dieser wunderbare Tag öffnet mir das Herz, sodass ich in allem Gott sehe, höre, rieche, schmecke, fühle. Gott liebkost mich im milden Sonnenstrahl auf meiner Haut. Der die kahlen Zweige des Kirschbaums mit Blütenweiß überzog, lässt auch meine winterkarge und in schmerzhaftem Verlust erstarrte Seele neu aufblühen. Ich nehme damit niemandem etwas, eher hoffe ich, fähig zu werden, auch anderen Menschen Herz und Sinne für diese Pracht öffnen zu können. Das Paradies ist hier, in unserem Herzen, wenn wir es nur zulassen. Und ließe sich nicht unsere Sexualität in der gleichen Unschuld leben?

Marguerite Porète wird, wie gesagt, vielfach in der Nähe jener ‚Brüder und Schwestern vom Freien Geist‘ gesehen, die überzeugt waren, hier in dieser Welt eine neue paradiesische Unschuld erreichen zu können. Der frei gewordenen Seele steht die Sexualität nicht mehr im Wege – sie braucht sie deshalb auch nicht zu verteufeln oder zu vermeiden. Doch gilt das, wie Marguerite sagt, eben für die Seele, deren

Wille ganz im Willen Gottes aufgegangen ist. Die Seele, deren Verlangen erloschen ist, darf Erfüllung finden, denn sie wird sich nicht mehr daran binden.

Da gibt es etwas, das ich so über alles gern möchte, was ich mir aus der tiefsten Tiefe meines Herzens wünsche. Und das soll ich nun aufgeben? Warum, Gott, hast Du es mir dann erst so greifbar nah kommen lassen? Warum das Begehren in mich gepflanzt? Es kann doch nicht sein, dass ... Und doch ist es unzweifelhaft Dein Wille, dass ich loslasse. Es ist wie Sterben. Ein Stück vorweggenommenes Sterben. Und so sinnlos, scheint mir.

Dein Wille geschehe. Nein, ich kann das nicht sagen. Ich würde lügen. Ich will etwas ganz anderes. Wer bist Du, Gott? Ein Gütiger, der mir hilft und mein Bestes will? Warum forderst Du dann dieses Opfer? Hätte es nicht in Deiner Macht gelegen, alles anders zu wenden? Oder bist du ein fordernder, strenger Despot? Warum sollte ich mich dann Deinem Willen fügen? Aus Angst? Bist Du nicht Liebe? Ist es nicht Liebe, die mich zu dem Begehrten drängt?

Ja, ich merke schon, Begehren ist nicht Liebe. Wahre Liebe will nichts haben, nichts festhalten. Und festhalten will ich – meine verkrampften Hände, mein angespannter Nacken verraten mich. Wie oft habe ich „Dein Wille geschehe" gesprochen und mir dabei vorgestellt, dass etwas Lieblich-Schönes geschehen werde – nicht dass Du das hier von mir fordern würdest. Die Dinge im Griff behalten, nach meinem Willen lenken – und wäre es nur noch dies eine Mal! Was bleibt von mir, wenn ich nachgebe, aufgebe?

Eine frei gewordene, in Sicherheit gebrachte und friedvolle Seele, sagt Marguerite Porète. Mein Eigenwille ist es, der mich von der Liebe entfernt: „Denn derjenige, der ihren Willen hält, weiß, was für sie gut ist."[24] Von Erkenntnis,

Liebe und Lobpreis lebe eine solche Seele. Welch ein Anspruch! Und andererseits, wenn ich mich im Spiegel betrachte und sehe, wie mein sinnloses Habenwollen mich aushöhlt, wenn ich in mich hineinspüre, und alles ist hart und fest und blockiert, kein leichtes Fließen, und aus dem Fenster sehe und mich nicht freuen kann an dem herrlichen Sonenschein – und mein Herz könnte stattdessen weit werden im Lobpreis ... Was ist dann besser?

Und dann ist da noch ein Hoffnungsschimmer: dass es beim Loslassen nicht ums völlige Aufgeben geht. Loszulösen habe ich mich nur vom Habenwollen, vom Festhalten, aus der Verstrickung, dem Begehren, das sich auf das richtet, was alten, vertrauten Mustern entspricht, die mich davon abhalten, den Weg voranzugehen zu meinem wahren Selbst, jenem tiefsten Ort in meinem Inneren, an dem meine Seele offen ist für Gott. Das alte Ich gaukelt mir falsche Seligkeiten vor, erschreckt mich mit furchtbaren Prognosen, was geschehen wird, wenn ich den ausgetretenen Pfad verlasse. Was für eine Qual, mich aus seinen Fesseln zu befreien! Und welche Gnade, nicht darin verstrickt bleiben zu müssen, die Prioritäten anders setzen, in der Liebe leben dürfen! Denn die frei gewordene Seele liebt „Gott in allen Dingen und die Dinge aus Liebe zu ihm.“[25]

Aus Liebe sterben, dem eigenen, Gottes Absicht entgegenstehenden Willen absterben. „Solche Leute, welche keinerlei Willen mehr haben, leben in der Freiheit der Liebe. Und wer solche Leute fragte, was sie wollten, so antworteten sie in Wahrheit, dass sie nichts wollten. Solche Leute sind zur Erkenntnis ihres Nichts gekommen.“[26] Denn angesichts des „ganzen Umfang Gottes“ ist alles, was wir zum Vergleich ins Feld führen könnten, nichts, „gäbe es jemanden, der alles begriffe, was je von ihm (Gott) ausgesagt wurde, so wäre dies noch nichts im Vergleich zu der großen Erkenntnis, die in ihm außerhalb unserer Erkenntnismöglichkeit verbleibt. Wirklich, der allerkleinste Teil seiner Güte, den man vergleichsweise von ihm durch Reden erfassen könnte, wäre noch gar nichts, ich meine gegenüber der Größe auch nur des allerkleinsten Teils seiner Güte – weit weniger noch als ein Funke ist im Vergleich zu seinem Alles."[27] Dieser Seele – und könnte ich nicht eine solche werden? – „mangelt nichts, weil sie nichts begehrt."[28] Da sie keinen Willen mehr hat, „kümmert sie nicht, was Gott tut, wenn nur immer sein Wille geschieht"[29]. Was für ein Anspruch wieder! Offenbar bin ich eine von denen, von denen Marguerite Porète kritisch sagt, dass sie „von der Liebe hohe Zinseinkünfte begehren".[30]

Wenn ich ehrlich bin, ist es wohl so, dass ich im Stillen die Hoffnung hege, dass die Dinge sich meiner Sehnsucht gemäß entwickeln, wenn ich nur Gott genug liebe und irgendwie Gutes tue. Aber, stellt Marguerite fest: viel weiter bringt das Nichtwollen in Gott als das Gutwollen und die Anstrengung, willentlich die Vollkommenheit zu erreichen, selbst wenn man durch Gutwollen und um der Liebe Gottes willen Wunder tun und täglich das Martyrium erleiden könnte oder täglich neu den Himmel erreichen würde. Aber bei aller Einsicht – und wenn ich das so lese, begeistert es mich – wie schwer ist es zu verwirklichen im Konkreten, wie schwer ist das Band zu lösen, das mich an meinen Eigenwillen fesselt!

„Ach, elende Seele!, spricht die Liebe. Was habt ihr für Mühe und welch kleinen Gewinn! Und all dies, weil ihr den Anweisungen zur Vollkommenheit nicht gehorcht habt, mit denen ich euch, um euch zu entlasten, verfolgte schon in der Blüte eurer Jugend. Und ihr wolltet euch trotzdem nie dazu bewegen lassen, und ihr habt nichts dazu tun wollen ..."[31] Wenn ich nur wollte, ich müsste mich nicht mehr knechten lassen von meinem Begehren, von meinem falschen Selbst, meinem Ego. Was mich frei machte, bezeichnet die Liebe als „eine Kleinigkeit“: mich selbst hingeben, wo sie es will. Auf solche Weise „vernichtigt“ und frei, in vollem Vertrauen zu Gott, wäre ich „mit Wonnen geschmückt“ – habe ich das nicht manches Mal, wenn ich mich überwunden hatte, schon erlebt? „Denn die wahre Sonne scheint durch ihr Licht hindurch, und durch den Glanz und das Strahlen der Sonne erkennen sie die Stäublein im Sonnenlicht. Und wenn eine solche Sonne, ein solches Strahlen und ein solches Glänzen in der Seele ist, dann verspürt der Leib keine Schwachheit und die Seele keine Furcht mehr. Die wahre Sonne der Gerechtigkeit pflegte und heilte nie eine Seele, ohne auch den Leib zu heilen, als sie auf Erden ihre Wundertaten vollbrachte. Und sie tut es häufig noch. Sie bewirkt es aber an niemandem, der nicht darauf vertraut.“[32]

Und der Weg dahin? Bevor „man dazu gelangt, muss man das vollständige Gegenteil des eigenen Willens tun, indem man die Tugenden vollfüttert bis oben zum Hals und sich dabei still verhält, ohne nachzulassen, damit der Geist seine Herrschaft ohne Widerspruch stets behalte“.[33] Womit Marguerite Porète konkret meint, das Konträre zur Leiblichkeit und Sinnlichkeit zu tun. Für die frei gewordene Seele – und erst für sie – kehren sich die Verhältnisse dann jedoch um: „Solche aber, die frei sind, handeln genau umgekehrt! Während diejenigen im Leben aus dem Geiste das gerade Gegenteil zu ihrem Willen tun müssen, wenn sie den Frieden nicht verlieren wollen, so müssen die Freien genau umgekehrt all das tun, was ihnen beliebt, wollen sie den Frieden nicht verlieren. Denn sie sind bereits im Zustand der Freiheit angelangt, das heißt, sie sind von den Tugenden in die Liebe gestürzt und von der Liebe ins Nichts.“[34] Im vollkommenen

Gegensatz dazu neigt unsere Zeit dazu, es für Befreiung zu halten, die erotische Kraft frei in sich fließen zu fühlen und die ‚göttlichen' Gefühle, die unsere Sinnlichkeit uns beschert, voll auszukosten, was statt in die Freiheit in vielerlei Abhängigkeiten führt. Wir müssten – so ‚übersetze' ich mir Marguerite, die erotische Kraft, die grundlegende Lebenskraft in uns, erst ‚heiligen', bevor wir uns frei darin fühlen sollten, sie auszuleben. Erst dann kann sie für uns und andere zur heilenden und heilsamen Kraft werden, weil unser Eigenwille im göttlichen Willen aufgegangen ist: Der Wille der frei gewordenen Seele, sagt Marguerite, ist der der Liebe, der wahren Liebe. Diese Seelen, aber eben erst diese, tun „nichts, wenn es ihnen nicht gefällt, und täten sie es, so nähmen sie sich selbst den Frieden, die Freiheit und den Adel".[35]

Der Wille der Liebe ist ihre Lust. Meine Lust ist es, mir die Erfüllung meines Willens zu erträumen.

Aber, und auch das darf ich nicht vergessen, es gibt Stufen der Entwicklung, die jeweils ihren besonderen Erfordernissen gemäß zur Vollkommenheit gebracht sein wollen, „bevor man in die sechste gelangen kann, welche die kostbarste und edelste von allen ist".[36]

Eigentlich bewege ich mich ja nur probeweise auf einer für mich noch zu hohen Stufe.

Marguerite Porètes vernichtigte Seele erlangte ihre Vollkommenheit, sagt sie von sich selbst seit der Zeit, „da die Liebe mir ihr Buch öffnete. Denn dieses Buch ist von solcher Art, dass die Seele alles weiß, sobald die Liebe es aufgetan hat. Und damit hat sie alles, und so ist das ganze Werk der Vollkommenheit durch die Öffnung dieses Buches vollendet."[37]

Meinte ich nicht vorhin, mit Gott rechten zu müssen, da ich doch glaubte, mein Begehren gründe in Liebe? Marguerite hat darauf eine klare Antwort: Gott „ist, und darum hat er sich selbst allezeit; ich aber bin nichts, und darum ist es ganz richtig, dass ich nichts habe".[38] Im Vergleich zu Gott bin ich nichts. „Und darum will ich von Rechts wegen, dass ich mich nicht weiterhin besitze."[39] Das heißt: mich ergeben – der Liebe, dem Frieden, der Gotteslust.

Und der Anfang? Ja sagen zu Gottes Willen, auch wenn sich augenblicklich alles in mir dagegen sträubt. Es bedeutet ja nicht schmerzhaften Verzicht, sondern mein Leben einer Führung zu unterstellen, die viel weiser ist als die meines Willens. Und auf der Stufe, auf der ich wirklich bin – noch weit entfernt von der Marguerites idealer Liebe – darf ich das auch noch beruhigt verbinden mit der Bitte um Hilfe und Fürsorge, auch wenn die vernichtigte Seele dessen nicht mehr bedarf.

Endlich die Erlösung: ICH WILL NICHT MEHR. Nicht um den Preis, den Weg mit Gott zu verlieren.

Jedenfalls für den Augenblick bin ich frei, los von meinem Sehnen und Begehren. Die Spannung in meinem Körper löst sich. Das Herz wird weit. Das was ich außen suchte als kleinen Glücksstrahl, bricht jetzt aus meinem Inneren in einem mächtigen Schwall hervor. Das ist wahre Liebe. Nicht das angestrengte Bemühen, mit zu wenig zufrieden zu sein, sondern Fülle. Das Eine, das ich nicht bekomme. Und ich gewinne die ganze Welt. Seligkeit.

Warum tue ich mich jedes Mal wieder so schwer mit dem Loslassen, obwohl ich doch weiß, dass das Freisein wunderbar ist? Solange ich gebunden und verstrickt bin, misstraue ich auch denen, die dieses Wunder beschreiben.

Allmählich mischt sich in den begnadeten Paradieszustand wieder die Erdenschwere. Gedanken kommen wie: Hast du nicht zu leicht aufgegeben? Solltest du nicht lernen, fordernder zu sein? Jetzt wird sich wer anders an dem erfreuen, worauf du verzichtet hast. Das gekränkte Kind in mir möchte sich vor Verletzungen schützen. Recht hat es. Und doch: Was könnte denn mehr sein als die Seligkeit des Freiseins? Wenigstens für die kurze Zeit ihres Aufblitzens will ich sie genießen. Schmerz, Mangel, Verlust, Trauer, Verletzung, mich Durchsetzen und Festhalten – all die Notwendigkeiten der irdischen Existenz – das kommt von allein wieder, und natürlich auch die irdischen Freuden und Beglückungen. Aber ich habe wieder einmal erlebt, dass es noch etwas außer diesen gibt, eine Ebene der Wirklichkeit, auf der unsere menschlichen Bewertungen nicht gelten, all das, was die Vernunft zu sagen hat, ins Leere fällt. Und ich beginne zu ahnen, dass das, was ich von dem will und brauche, was es auf der gewöhnlichen Ebene des irdischen Lebens gibt, immer weniger werden könnte, da es doch nie die letzte Erfüllung und Befriedigung schenkt, die ich eigentlich ersehne.

Es ist merkwürdig, dass das alles gleichzeitig mit dem ganz Alltäglichen da ist. Denn während ich das denke und fühle, koche ich Reis fürs Mittagessen, notiere auf dem Einkaufszettel, dass ich Brot besorgen muss und überlege, nebenher, wann ich am besten das bestellte Buch abhole. Merkwürdig, aber doch bekannt. Wenn wir verliebt sind, sind wir es auch durch alles Alltägliche hindurch, es ergreift ganz von uns Besitz, durchstrahlt alles um uns und in uns. Es ist wie Verliebtsein, ohne zu wissen in wen, wie der Mystiker Farîd-ed-dîn-Attâr es ausdrückte.

Verliebtsein? Habe ich nicht zuvor selbst festgestellt, dass wahre Liebe viel mehr ist als dieses wunderbare Fließen von Energie? Und doch ist sie auch das. Von wahrer Liebe lässt sich als von einer tiefen Gotteserfahrung nur im Paradox reden. Sie lässt sich nicht in Definitionen einfangen. Und wenn ich glaube, in der Liebe zu sein, erlebe ich bald wieder etwas, das diese Gewissheit in Frage stellt. Vielleicht ist Liebe weder Lieben noch Geliebtwerden, sondern der offene Dialog mit dem Leben, mit Gott, mich ganz einlassen, auch durch den Schmerz hindurch? Und in diesem vollen Mich-Einlassen werde ich ‚wirklich'? Gedanken, die über Marguerite Porète hinausführen, und so als Frage stehen bleiben sollen.

Originaltexte von Marguerite Porète

„DIE LIEBE: Diese Seele, spricht die Liebe, ist der Dreieinigkeit ganz zurückgegeben, eingeschmolzen und von ihr angezogen, mit ihr verbunden und vereinigt. Sie vermag daher nichts zu wollen, als nur den göttlichen Willen im göttlichen Wirken der ganzen Dreieinigkeit. Und eine entrückende Helligkeit und Licht fügt sie zusammen und drängt sie so nahe als möglich heran. Und darum spricht diese Seele so:

DIE SEELE: Oh, ihr äußerst gemeinen Leute, grob und unanständig, beides gleicherweise!, spricht sie.

DIE VERNUNFT: Zu wem sprecht ihr?, spricht die Vernunft.

DIE SEELE: Zu all jenen, antwortet sie, die nach eurem Rate leben! Sie sind so viehisch dumm und so eselsgleich, dass ich ihrer Ungeschlachtheit wegen meine Sprechweise verleugnen muss und in ihr nicht reden darf, damit sie nicht aus dem Zustand des Lebens den Tod entnehmen, von da, wo ich im Frieden bin, ohne mich wegzubewegen. Ich erkläre spricht die Seele, dass ich ihrer Grobheit wegen schweigen und meine Sprache hintan halten muss, wel-

che ich durch die Geheimschreiber am geheimnisreichen Hof im lieblichen Land erlernte –

in welchem Lande
Entgegenkommen das Gesetz ist,
und Liebe das Maß
und Güte die Speise.
Die Süßigkeit zieht mich dahin,
die Schönheit dort macht mich vergnügt,
die Güte sättigt mich da.
Was kann ich denn also dafür,
wenn ich im Frieden lebe?"[40]

„DIE LIEBE: Nun denn, Vernunft, ihr fragt uns, warum ich diese Seele mit einem so geringen Namen wie ‚Seele' benannt habe. Vernunft, spricht die Liebe, eurer Grobheit wegen habe ich sie so oft mit ihrem Zunamen benannt! Doch weil man über den Zunamen auf den tieferen Sinn stößt, haben wir uns mit ihm beholfen, und wir werden es weiterhin so halten. Ihr eigentlicher Name aber ist durch und durch edel. Sie hat den Namen ‚Reine', ‚Himmlische' und ‚Braut des Friedens'. Denn sie hat ihren Wohnsitz im Grunde des Tales, von wo aus sie den Gipfel des Gebirges sieht. Da vermag sich nichts dazwischen zu stellen. Und dahin bringt der Weise wegen der Sicherheit seinen Schatz: das ist die Gabe der Einheit in der göttlichen Liebe. Und diese Einheit schenkt ihr den Frieden und die delikate und wunderbare Speise des verklärten Landes, in dem ihr Freund wohnt. Nichts sättigt ihren Bedarf außer das verklärte Leben. Es ist die Speise meiner erwählten Braut, spricht die Liebe."[41]

„Und darum verliert sie ihren Namen in demjenigen, in welchen sie durch ihn und in ihn verschmolzen und durch

ihn und in ihn, für sie, zurückgekehrt ist. Genau so wie es bei einem Wasser geschieht, das aus dem Meere fließt, das keinen Namen hat, man könnte sagen wie bei der Oise oder Seine oder wie bei einem anderen Fluss. Doch kehrt dieses Wasser oder der Fluss wiederum ins Meer zurück, verliert es seinen Lauf und seinen Namen, unter dem es manches Land durchflossen hat, indem es sein Wesen trieb. Nun ist es im Meer, und da ruht es sich aus und hat damit seine Mühe aufgegeben. Ebenso verhält es sich mit dieser Seele. Dieses Beispiel eignet sich, den Sinn zu deuten! Wie diese Seele aus dem Meere kam und einen Namen hatte, und wie sie zurückkehrte ins Meer und damit ihren Namen verliert und nun keinen mehr hat, außer einzig den Namen dessen, in den sie vollständig umgewandelt wurde: nämlich in den Bräutigam ihrer Jugend, der seine Braut ganz in sich umgewandelt hat. Er ist, also ist auch diese. Und das genügt ihm wunderbarerweise, worüber sie verwundert ist. Und dies ist die lustvolle Liebe, durch die auch sie Liebe ist. Und eben dies macht sie vergnügt.“[42]

Anmerkungen

1 Gnädinger, Louise: *Nachwort*. In: Margareta Porète. Der Spiegel der einfachen Seelen: Wege der Frauenmystik. (MP) Aus dem Altfranzösischen übertragen und mit einem Nachwort und Anmerkungen von Louise Gnädinger. (= Unbekanntes Christentum) Zürich/München 1987. S. 219f.

2 Schweitzer, Franz-Josef: *Marguerite Porète*. In: Thiele (1988). S. 196.

3 Lessing, Ingrid: Göttin statt Gott-Vater? Die neuen Gottesbilder des 12.–14. Jahrhunderts und die Religiöse Frauenbewegung im Mittelalter. Dortmund 1993. S. 259.

4 Margareta Porète. Der Spiegel der einfachen Seelen: Wege der

Frauenmystik. (MP) Aus dem Altfranzösischen übertragen und mit einem Nachwort und Anmerkungen von Louise Gnädinger. (= Unbekanntes Christentum) Zürich/München 1987. Die Zahlen in Klammern geben das Kapitel an. MP, 51 (21).
5 MP, S. 58 (28).
6 MP, S. 39 (13).
7 MP, S. 23 (6).
8 MP, S. 82 (47).
9 Ebd.
10 MP, S. 58 (28).
11 Gnädinger (1987), S. 236.
12 MP, S. 17f (1).
13 MP, S. 18 (1).
14 Gnädinger (1987), S. 238.
15 MP, S. 94 (58).
16 MP, S. 95 (58).
17 MP, S. 15.
18 MP, S. 72 (39).
19 Franz-Josef Schweitzer zitiert nach: Lessing (1993), S. 282.
20 MP, S. 78f (44).
21 MP, S. 79 (44).
22 MP, S. 45 (17).
23 MP, S. 46 (17).
24 MP, S. 27 (9).
25 MP, S. 56 (26).
26 MP, S. 80 (45).
27 MP, S. 80f (45).
28 MP, S. 81 (45).
29 MP, S. 84 (49).
30 Ebd.
31 MP, S. 120 (78).
32 MP, S. 120f (78).
33 MP, S. 138 (90).
34 MP, S. 138f (90).
35 MP, S. 139 (91).
36 MP, S. 140 (91).
37 MP, S. 149f (101).
38 Ebd.
39 Ebd.
40 MP, S. 106f (68).
41 MP, S. 114 (74).
42 MP, S. 127f (82).

Dominikanerinnen

Im Jahre 1267 übertrug Papst Clemens V. die geistliche Betreuung – cura monialium – der zahlreichen Frauenklöster den Brüdern des Predigerordens der Dominikaner. Diese zeigten sich keineswegs erfreut über diese Aufgabe. Der Ordensgründer selbst, der hl. Dominicus, hatte auf seinem Sterbelager die Brüder vor der Gemeinschaft mit Frauen gewarnt. Man fürchtete auch, der Aufgabe der Wanderpredigt und Ketzerbekehrung nicht mehr gerecht werden zu können, wenn man sich der Betreuung von Frauenklöstern und den damit verbundenen Vermögens- und Grundbesitzfragen zu widmen hätte, eine in der Tat merkwürdige Aufgabe für einen ursprünglichen Bettelorden, dessen Leitung im übrigen bereits 1228 ein Verbot erlassen hatte, weitere Frauenklöster aufzunehmen und 1242 sogar, Frauen, selbst Nonnen, die Sterbesakramente zu spenden. Trotz der Verbote gelang es zahlreichen Frauengemeinschaften, die Angliederung an den Dominikanerorden zu erlangen. Im Jahr 1304 etwa gab es ca. 140 Frauenklöster, überwiegend in Süddeutschland, allein in Straßburg gab es im vierzehnten Jahrhundert sieben Dominikanerinnenklöster. Was drängte die Frauen gerade zu diesem Orden?

Da gibt es die unbedingte Christusnachfolge in der Welt, die im elften und zwölften Jahrhundert die Bettelorden einer reichen, in ihrer Pracht und Macht erstickenden Kirche entgegensetzten, die für Frauen eine große Anziehungskraft hatte. Viele Frauengemeinschaften hatten sich selbst unter solchen Idealen zusammengefunden und waren dadurch – und aus anderen Gründen – in den Verdacht der Häresie geraten. Was war da sicherer, als sich denen zu unterstellen, die selbst das Amt der Inquisition innehatten, den Dominikanern?

Kirchlicherseits wiederum war man bemüht, die zu jener Zeit „ebenso mächtig wie (aus kirchlicher Sicht) gefährlich aufgebrochene Frauenbewegung mit ihren teils enthusiastisch-schwärmerischen, teils auch exzessiven Erscheinungen unter Kontrolle zu bringen durch Überführung in traditionell erprobte (klösterliche) Gemeinschaftsformen, mit deren Hilfe man unter kluger geistlicher Direktion das religiöse Streben der vielen einzelnen disziplinieren und kirchlich ‚domestizieren' zu können hoffte".[1]

Als Dominicus den Orden 1216 gründete, hatte er als Zielbild vor Augen, dass die Brüder wie Jesus, arm und den Risiken eines ungesicherten Wanderlebens ausgesetzt, umherzogen, predigten und Seelen retteten. Später dann wurden die theologischen Studien im Orden sehr betont, und er brachte bedeutende Theologen, Wissenschaftler und Kirchenmänner hervor wie Albertus Magnus, Thomas von Aquin und Meister Eckhart. In den Frauenklöstern sah das nun ganz anders aus. Vom Predigeramt waren die Nonnen ja ohnehin ausgeschlossen. Aber auch das Umherwandern war ihnen verwehrt – sie lebten zum Teil in strenger Klausur. In solcher Abgeschiedenheit aber entstand eine ganz eigenartige Frauenmystik, befremdlich und faszinierend zugleich. Befremdlich in ihren Exzessen schwärmerischer Braut- und extremer Leidensmystik, für die die ‚weibliche Natur' verantwortlich gemacht wurde, nicht das fehlende Gegengewicht eines in der Welt tätigen und verantwortlichen Lebens. Faszinierend dadurch, dass sich gegen alle Versuche der Seelsorger, die

Frauen in die Schranken der scholastischen Theologie zu zwängen, ein eigenständiges spirituelles Leben behauptete, von dem in den Klosterchroniken aus dem 14. Jahrhundert zu lesen ist, etwa denen der Klöster Adelhausen (in Freiburg), Engelthal (bei Nürnberg), Katharinenthal (bei Diessenhofen), Kirchberg (bei Sulz), Marienthal (bei Luxemburg), Töss (bei Winterthur) und Unterlinden (in Colmar).

Die älteste dieser Chroniken, die von Unterlinden, wurde lateinisch verfasst, spätere Chronistinnen schrieben zumeist in deutscher Sprache. Die Verfasserinnen orientierten sich dabei wahrscheinlich an den Heiligenviten, und so berichteten die Chroniken denn auch weniger äußeres Geschehen als vielmehr vom ‚Gnadenleben', dem inneren, seelischen Leben der Schwestern, ihren Visionen und Ekstasen und Wundererlebnissen, ihrem Singen, Springen, Tanzen, dem Erlebnis der ständigen Nähe Gottes. Vermutlich sollten die Chroniken auch Erinnerungen und Ziele der längst verstorbenen Klostergründerinnen wachhalten. In Töss verfasste Elsbeth Stagel sowohl die Klosterchronik als auch die Biographie ihres geistlichen ‚Vaters' und Seelenfreundes Heinrich Seuse und wurde damit zur ersten Schriftstellerin der Schweiz. Die mystischen Offenbarungen der Nürnbergerin Adelheid Langmann füllen eine eigene Schrift, desgleichen auch die inneren Erlebnisse der Margareta Ebner. Christine Ebner verfasste die Chronik von Engelthal, aber auch das ‚Büchlein von der Gnaden Überlast'.

Die dominikanischen Frauenkonvente setzten sich zusammen aus Chorfrauen, deren Hauptaufgabe der Chordienst war, und Laienschwestern, die für die Hausarbeit zuständig waren. „Lebensziel der Nonnen war die restlose Hingabe an Gott. Völliger Verzicht auf persönliche Habe, strikter Gehorsam gegenüber der … Priorin und rigorose Abtötung des Leibes sollten sie für dieses Ziel bereiten, getreuliche Verrichtung des kirchlichen – lateinischen – Stundengebetes bei Tag und Nacht sowie privates Beten und Betrachten ihm näherbringen. Beschäftigung mit irdischen Dingen sollte auf das Notwendigste beschränkt bleiben. Die Verpflichtung zu strenger Klausur diente dem Zweck, die Nonnen weltlichen Einflüssen zu entziehen, damit sie sich ungestört dem beschaulichen Leben widmen konnten. Eine hohe Mauer umfriedete deshalb das Kloster. Der Verkehr mit Weltleuten und Geistlichen unterlag scharfer Beschränkung und erfolgte durch Sprechgitter und ‚Winde'. Die Klausur zu betreten war ausschließlich dem Beichtiger und dem Visitator gestattet."[2] Manche Frauen genossen besondere Anerkennung im Konvent und hatten wohl auch ein besonderes Amt inne. So lässt sich etwa vermuten, dass Margareta Ebner im Kloster Medingen das Amt einer Baumeisterin innehatte, die den Bau eines neuen Refektoriums leitete.

Aus den Chroniken erfahren wir, dass die Anzahl charismatisch begabter Frauen in den Dominikanerklöstern besonders hoch gewesen sein muss, dass diejenigen, die keine Verzückungen erlebten, offenbar deutlich in der Minderzahl waren. Im Zentrum ihrer Mystik steht Jesus als Seelenbräutigam, als Leidender und als Kind. Häufig wird davon berichtet, wie das Jesuskind überall erschien: in der Kirche, im Refektorium, im Kapitelsaal, im Garten. Es wurde von ihnen umsorgt und ausgefahren, es spielte mit ihnen und belehrte sie. Diese Art Leben und Mystik habe ich im Sinn, wenn ich im Folgenden der Einfachheit halber einfach ‚die' Dominikanerinnen schreibe, auch wenn ich mir der Problematik bewusst bin, die es hat, eine solche Sammelbezeichnung auf eine derart breite und individuell weit gefächerte Form des geistlichen Lebens anzuwenden.

„Mein Regen regnet dir, dass du fruchtbar wirst"

In keltischen Sagen gibt es die Gestalt der Königstochter, die gegen die männliche Autorität aufbegehrt und dafür auf den Meeresgrund verbannt wird, unter Wasser aber weiterlebt und dann und wann daraus auftaucht. Ein wunderbares Bild dafür, wie die Göttin und das alte matriarchale Weltbild im Zuge der Christianisierung ins Unterbewusstsein verbannt wurden, von wo sie aber immer wieder einmal in der Sphäre des Bewusstseins auftauchen. Möglich, dass das vor allem da geschieht, wo Frauen sich ihrerseits von männlicher Autorität entfernen und ihrer eigenen Erfahrung und Einsicht folgen, wie es die Dominikaner-Nonnen taten. Wenn etwa Christine Ebner in Engelthal erlebt, dass Christus zu ihr spricht: „Mein Regen regnet dir, dass du fruchtbar wirst"[3], scheint darin der alte Mythos vom Himmel, der die Erde begattet, auf (der übrigens nirgends so anschaulich nachzuvollziehen ist wie in der Wüste, wo der Regen aus Trockenheit und Dürre in kürzester Zeit eine bunte Flora hervortreiben kann). Christine Ebner identifizierte sich mit einer passiven, empfangenden Weiblichkeit wie die der Erde und empfing den göttlichen Segen wie eine Priesterin alter Zeiten. Wie diese sprach sie nun als Inspirierte, als von Gott Erfüllte. Viele ihrer dominikanischen Schwestern agierten in Visionen und praktischem Handeln aus, was wir heute auf den Begriff zu bringen gewohnt sind. Das Ausleben aber erschließt Erfahrungs- und Bedeutungshorizonte, die der Begriff nicht hat, weshalb wir es heute wieder entdecken, um im therapeutischen Spiel und Tanz oder in der Visualisierung verschüttete und ausgesperrte Inhalte wieder zu entdecken.

Die Meditationsgruppe hat sich um Maria gesammelt, einer einfachen Holzfigur: eine kräftige junge Frau und ein Kind, das aufrecht auf ihrem Arm die Welt trägt. Wir sind aufgefordert, zu sagen, was wir in der Betrachtung erlebten. Ich kann nicht. Erst am nächsten Tag, als ich mir das Erlebnis noch einmal in der Imagination vergegenwärtige, löst sich die Blockade. Ich scheue nicht mehr davor zurück, zu erleben, was wirklich aus meinen Tiefen aufsteigt. Da ist erst einmal der Impuls, dem halbnackten Kind in dem recht kühlen Raum etwas anzuziehen. Dann nehme ich ihm behutsam die Herrschaftsinsignien aus der Hand: „Komm, Kind, sei einfach Kind. Ich möchte dich befreien aus den Vorstellungen derer, die dich zum Gegenstand ihrer theologischen Spekulationen gemacht haben, dich anbeten, aber nicht lieben, nicht annehmen, dir nicht die Behutsamkeit geben, die ein Kind braucht." Ich spüre, wie der starre Körper des Kindes sich löst, wärme ihn an meinem Leib, trage es hinaus in die Sonne, wiege es. Ich freue mich an seiner Lebhaftigkeit, seinen Bewegungen, seiner Freude. Ich halte es in seinem Schmerz. Ich nähre es und gebe ihm Dinge, an denen es Freude hat. Ich spüre, wie das auch in mir etwas löst, das hölzern ist wie diese Maria. Auch sie steigt nun vom Podest, legt den Kreuzstab aus der Hand, um sie frei zu bekommen für Liebkosungen.

Das nackte Kind weckt eine Gedankenassoziation. Der Mystiker, meint Meister Eckhart, müsse höher und tiefer dringen, jenseits aller menschlichen Vorstellung und jeglichen Vor-Verständnisses bis hin zur nackten Selbstheit Gottes. Nackt ist Gott, weil er aller begrifflichen Bestimmungen entblößt ist. Und was da bloß liegt ist das reine wesenlose Sein. Nur das Denken (wenn ihm auch das letzte Geheimnis Gottes verschlossen bleibt) sei zu dieser reinen Gotteserfahrung fähig.

Das nackte Jesuskind, das meine Fürsorge weckte wie die jener Dominikanerinnen lange vor mir, und die nackte Gotteserfahrung als reines wesenloses Sein. Zwei Welten, die aber in Berührung kamen. Denn viele Jahre lang hatte Meister Eckhart die Oberaufsicht über die 65 dominikanischen Frauenklöster in der süddeutschen Ordensprovinz Teutonia. Dabei war wohl daran gedacht, die überschäumende, ekstatische Leidenschaft der Nonnen durch Predigt und Seelsorge in Zaum zu halten. Sie sollen sich nicht in frommen Gefühlen verlieren. Zwar erkennt Eckhart an, dass es viele Wege zu Gott gibt, von denen keiner verabsolutiert werden darf, da es einzig auf die rechte Gesinnung ankomme, doch vermag er, der scholastisch geschulte Mann, der ‚magister sacrae theologicae' in den leidenschaftlicheren Erlebnissen der Nonnen nur Ausschweifungen zu sehen, Folge von Naivität und Unbelehrtheit.

Bis in unsere Zeit hinein wird von manchen Autoren die Ansicht vertreten, die einfältigen Nonnen hätten zwar die Reden Eckharts eifrig nachgeschrieben, aber nicht verstanden. Sie setzen selbstverständlich das Verhältnis von Schülerinnen zu ihrem Lehrer voraus, wo sich doch in Wirklichkeit zwei gleich berechtigte mystische Wege gegenüberstanden, verschiedene „Ausdrucksformen und Gestaltungen einer einheitlichen religiösen Bewegung"[4], der Armutsbewegung, und die lebendige Erfahrung der Frauen in erheblichem Maße auch den Meister beeinflusst hat. Aus diesem Wechselspiel gingen seine berühmten ‚Deutschen Predigten' hervor.

Oft auch wurden und wird das mystische Leben der Dominikaner-Nonnen verurteilt: als Verfallserscheinung, Trivialisierung oder Verfälschung echter (nämlich spekulativer) Mystik, Minnegetändel oder Fortführung einer heidnischen

„mit Blut befleckten" Mystik (W. Muschg), ehe es überhaupt eine Chance hatte, ernsthaft geprüft zu werden und sich womöglich als Herausforderung der eigenen Position zu erweisen. Mit Recht, meine ich, wirft Peter Dinzelbacher die Frage auf, ob die Abwertung der „Gottesbegegnung im konkreten, sinnlichen Erlebnisbereich des Schaubaren, Hörbaren, Schmeckbaren … nicht eigentlich etwas Paradoxes an sich" habe, da Konsens darüber bestehe, christliche Mystik als ‚Cognitio Dei experimentalis' zu definieren[5], das heißt als Gotteserkenntnis durch die Erfahrung. Es ist so viel leichter, diese Frauen mit ihren Ekstasen und Erleuchtungen für verrückt zu halten, als von ihnen die eigene wohlbegründete Sicherheit verrückt zu bekommen. Das gelingt umso leichter, als so manches, was da in der Abgeschiedenheit der Frauengemeinschaften blühte, wohl mit Fug und Recht auch aus heutiger Sicht als eher krankhaft zu werten sein dürfte. Manch einer Nonne mag es geschehen sein, dass sie, statt in der Ekstase in unmittelbaren Kontakt zur göttlichen Wirklichkeit zu gelangen, Opfer von Wahn- und Trugbildern wurde, die sie nicht mehr beherrschen konnte, dass sie zu einer Besessenen, statt zu einer Erleuchteten wurde. dass sie süchtig wurde nach rauschhaft schönen Gefühlen und in ihrer Sucht egoistisch. Wie aus den Viten hervorgeht, stand die Sorge um das eigene Seelenheil manchmal höher als die liebende Hinwendung zur Nächsten und wurden asketische Übungen zuweilen unmäßig gesteigert, um damit Gottes Gnade herbeizuzwingen. Die enorme Breitenwirkung, die nur die Frauenmystik erreichte, zusammen mit der Tatsache, dass die Nonnen von der systematischen Schulung ihres Denkens wie auch vom Wirken in der Welt ausgeschlossen waren, hat sicher ein Klima geschaffen, in dem auch allerhand Zweifelhaftes gedeihen konnte, und manches Mal wird es durchaus sinnvoll und berechtigt gewesen sein, dem emotionalen Überschwang rationale Klarheit entgegenzusetzen. Angesichts der Weltabgeschiedenheit der Frauenklöster klingt es befreiend, wenn Meister Eckhart betont, der wesentliche kêr – der mystische Neuanfang – bestehe nicht darin, sich von der Welt zurückzuziehen, sondern in einem innerlichen Akt des Loslassens, der Brechung des Eigenwillens. Im Hinblick auf die Bemühungen mancher Nonnen, durch strengste asketische Übungen den Leib zu schwächen und die Sinnlichkeit abzutöten, erscheint es wie ein Licht in der Finsternis, wenn Meister Eckhart fordert, der Leib solle durch die Bindung aller Kräfte in der Liebe zu Gott gefangen genommen und dadurch dem Geist untergeordnet werden, die Bekämpfung verschärfe nur den Gegensatz von Leib und Geist. Und ich mag zustimmen, dass nicht jedes gute Gefühl ein Mehr an Gnade, an Charisma bedeutet. Doch wäre es verfehlt, daraus die Bestätigung abzuleiten für das Bild, dass hier ein erleuchteter Meister aufklärerisch in ein verworrenes Dunkel hinein wirke. Denn auch der Weg, den die Nonnen einschlugen, hatte eine eigenständige Weiterentwicklung. Stand zum Beispiel am Anfang das Streben nach äußerer, materieller Armut, so schuf ihr abgeschiedener Lebensraum die Voraussetzung für die Verinnerlichung des Armutsgedankens: dass es letztlich darum gehe, leer zu werden, den Eigenwillen aufzugeben, Gott durch sich wirken zu lassen. Und angesichts der Tatsache, dass den Frauen das, was sie in der Begegnung mit Gott erlebten und empfingen, immer Gnade und Gabe war, ist es, wie Karen Glente feststellt[6], auch fraglich, ob die Nonnen tatsächlich das übersteigerte Vollkommenheitsstreben hatten, das Meister Eckhart ihnen vorwarf, ob nicht der eigentliche Stein des Anstoßes ist, dass die Frauen ihren himmlischen Bräutigam selbst wählten und auf eigene Weise – durch Opfer und Beharrlichkeit – ans Ziel kamen. Denkend gelangte Meister Eckhart dahin, den Vorzug der ‚Abgeschiedenheit', des vollkommenen inneren Loslassens, vor der Liebe zu begründen, und ich mag ihm gern zustimmen, dass Liebe universal alle Menschen umschließt und sich nicht in individuellen Sondererlebnissen erweisen soll, sondern in der tätigen Hinwendung zur Welt. Aber erschöpft sich Liebe darin? Hat sie nicht viele und noch sehr viel andere Dimensionen? In der äußeren Abgeschiedenheit ihrer Konvente erlebten Frauen Liebe, und wenn dabei viel Sinnenhaftigkeit einfloss, so auch deshalb, weil sich diese Liebe nicht auf einen spiritualisierten, sondern den in Jesus Christus fleischgewordenen Gott richtete. Zentral für Meister Eckhart ist die ‚Gottgeburt in der Seele', die vollkommene Seins- und Wirkeinheit mit Gott, deren Voraussetzung das innere Arm- und Leerwerden ist, weil das, was von Gott geboren werden soll, keinen Vater auf Erden haben dürfe. Der aus Gott geborene Jesus Christus hatte eine Mutter auf Erden – und so stehen die Dominikanernonnen mit ihrer spezifischen Kindli-Mystik in der Mariennachfolge.

Im übrigen darf nicht übersehen werden, dass nicht nur die Seele der Nonnen in der Ekstase, sondern auch der Intellekt sich in Schein-Wirklichkeiten verlieren kann, nämlich gerade dann, wenn ihm der Rückbezug zu jener durch die Frauenmystik repräsentierten Gefühls- und Sinnenhaftigkeit fehlt. Er verfällt dann der Faszination für die selbst geschaffenen Denk-Gebäude und behauptet deren Universalität, indem er ihnen alles einzufügen sucht, ohne zu bemerken, dass es neben der unserem Bewusstsein zugänglichen Wirklichkeit auch noch eine andere gibt, die sich in Bildern und Symbolen ausspricht, der wir im Gefühl, der Ahnung, der Intuition näher sind als in der Verstandesklarheit. Menschen, die nur die eine, die bewusste Seite der Wirklichkeit anerkennen, setzen oft jede durch den Körper vermittelte Gotteserfahrung mit einem gefährlichen Kontroll- und Ichverlust gleich. Sie möchten – symbolisch gesprochen – nur in den Himmel schauen, nicht in die dunkle Tiefe der eigenen Seele. Die Erfahrung aus anderen, vor- und nebenchristlichen Kulturen, zeigt, dass es durchaus möglich ist, in der Ekstase Körper, Geist und Seele der göttlichen Wirklichkeit zu öffnen und den ‚dunklen Mächten' in uns Raum zu geben, sich zu zeigen, statt uns aus dem Dunkel zu beherrschen. Doch bedarf es dazu weiser Führung. Und wo hätten die Frauen des Mittelalters die finden sollen? Wo hätten sie lernen können, mit den in der Trance ausgelösten Bildern, Vorstellungen und Erlebnissen zum Nutzen der Gemeinschaft umzugehen? Sie konnten es nur für sich selbst herausfinden. Im Widerstreit zu der theologisch-kirchlichen Abwertung alles Leiblichen – die sie ja sogar teilten – folgten sie offenbar einer Ahnung von dem Wissen, das tief in der Körperlichkeit steckt, einer Weisheit, die unserem gewöhnlichen Verstehen nicht zugänglich ist. Alte, archetypische Bilder steigen auf, durchbrechen die Mauern, die errichtet wurden, um spirituelle Erfahrung im Sinne des mainstreams abendländischer Bewusstseinsentwicklung zu kanalisieren. Mir scheint, dass die Erfahrung dieser Frauen geeignet ist, die uns eingepflanzten Vorstellungen spirituellen Lebens nachhaltig aufzubrechen. Denn wir Frauen des 21. Jahrhunderts haben ja all das, was in der Geschichte gegen uns, unser Eigenes eingewendet oder mit Gewalt unterdrückt wurde, längst verinnerlicht, tragen den Zensor in uns, nachhaltiger offenbar als jene Dominikaner-Nonnen, die oft mit erstaunlichem Selbstbewusstsein ihre ungewöhnlichen Wege der Glaubenserfahrung gingen. Sie machten eigenständige Erfahrungen, die sie sich nicht ausreden ließen. Ohne priesterliche Vermittlung begegneten sie Gott. Unaussprechlich war ihnen, was sie erfuhren, wenn sie Gott in ihrem Inneren begegneten. Dass es deshalb auch in den Chroniken so wenig auftaucht, hat zu dem Fehlurteil geführt, sie hätten eben keine echte unio mystica erlebt – und das, obwohl das Nicht-darüber-sprechen-Können zu jeder mystischen Erfahrung gehört. Woher aber sollte ohne die Erfahrung letzter, tiefster Gottesvereinigung die Wonne kommen, der innere Jubel, der sich auch nach außen ausdrückte, so sehr, dass sich etwa nach einem Treffen von Frauen vor einem Marienbild in Magdeburg, bei dem getanzt und jubiliert wurde, der Herzog von Sachsen veranlasst sah, das unordentliche Jubilieren zu verbieten, wie auch Meister Eckhart und Heinrich Seuse den Nonnen ins Gewissen redeten, den Jubel nicht zu überschätzen, die gehobene Stimmung nicht mit der Erlösung zu verwechseln. Die Frauen ließen sich ihre Emotionalität nicht verbieten. Sie fuhren fort, zu singen und zu springen. Adelheid Geiskörnlin aus dem Kloster Adelhausen wirbelte anlässlich einer lang ersehnten Lichtvision ekstatisch um den Altar herum. Und Allheit in Engelthal drückte im Klostergarten die Bäume an ihr Herz. In Kirchberg wurde der Begriff des ‚Jubilus' gefunden, der eine Gnade beschreibt, „die unmäßig ist und so groß, dass sie niemand verschweigen mag, und die doch niemand vollkommen ausdrücken kann an Süßigkeit, die so überfließend ist, dass Herz, Seele, Gemüt und Adern des Menschen durchgegossen werden mit unsäglicher Süßigkeit, so vollkommen, dass niemand fähig ist, sich dieser Gnade zu enthalten".[7]

Nicht nur die Leidenschaftlichkeit der Frauen war Stein des Anstoßes, sondern auch ihre Leibbezogenheit. Meister Eckhart kann denkend die Erkenntnis höher stellen als die

Liebe, da er die Gotteserfahrung vollkommen spiritualisiert. Aber der Gott des Evangeliums wurde Mensch, nahm einen Leib an – und das nahmen die Dominikanerinnen sehr ernst. Empfängnis und Geburt des Gotteskindes wurden geradezu erlöst aus dem Gefängnis theologischer Begriffe und Vorstellungsmuster und im visionären Nachvollzug – leiblich – erfahren. Angeregt wurden sie wohl auch durch die Lektüre der ‚Meditationes Vitae Christi', in denen Leid und Leben Christi anschaulich nahegebracht und die Leserin aufgefordert wurde, sich in das Geschehen hinein zu versenken und in entsprechend vorgesehenen Pausen in der Imagination niederzuknien, zu beten, die Füße des Jesuskindes zu küssen oder Maria zu bitten, es ihr zum Halten zu geben, oder in entsprechender Weise an den Leidensstationen mit zu leiden. Kunstwerke mit ihren bildlichen Darstellungen mögen die Wirkung ergänzt haben: die schwangere Maria, Maria im Wochenbett, Maria, die ihr Kind badet …[8]

Willbirch von Offeningen in Kirchberg etwa erlebte sich „mit unserm Herrn schwanger". Dass Gott wirklich Mensch wurde, bedeutet auch, dass Gott mit all den Bedürfnissen eines Kindes zu uns kam. Meine Marien-Meditation kommt mir wieder in den Sinn. Was trieb männliche Künstler dazu, einem Kleinkind Herrscherinsignien in die Hand zu drücken? Die theologische Aussage dahinter ist natürlich zu verstehen, aber wie kann es sein, dass wir darüber blind wurden dafür, dass wir hier eine Misshandlung der kindlichen Seele vorgeführt bekommen? Konnten diese Künstler und die Theologen, die ihnen den Anstoß gaben, nicht ertragen, dass Gott wirklich und wahrhaftig in einem schutzlosen Kind erschien? In einem spielenden Kind?

Verehrung schafft Distanz, enthebt der Notwendigkeit, den angebeteten Menschen in seiner Menschlichkeit zu sehen, mit seinen Schwächen, Nöten und Leiden und ganz natürlichen Bedürfnissen. Ein Säugling, der nur verehrt und angebetet würde, der nicht auch Zuwendung und Liebkosung erfährt, würde sterben. Dem Jesuskind anders als mit bloßer Verehrung begegnen heißt, sich tiefer mit ihm zu verbinden, sich wirklich einzulassen. Wer nur anbetet, bleibt im eigenen Ego stecken, weicht der Verwandlung aus, die – unkontrollierbar – geschehen kann, wenn ich mich einlasse, dieses Kind liebe, in dem Menschen Gott, in Gott den Menschen.

Die Nonnen spielten mit dem Kind, fuhren es aus, balgten sich mit ihm. Für die mittelalterliche Auffassung grenzte manches an Ketzerei. Die aufgeklärte Variante der Ablehnung ist das oft wiederholte, aber damit nicht stimmiger gewordene Urteil, diese Frauen hätten mit ihrem Phantasieerleben den unerfüllten Wunsch nach leiblichen Kindern kompensiert. Im Einzelfall – in vielleicht vielen Einzelfällen – mag das durchaus so gewesen sein. Dennoch ist das Argument nicht stichhaltig, da es die Vorstellung, mit Christus schwanger zu sein oder ihn zu säugen, auch bei männlichen Mystikern gab – bis hin zu entsprechenden körperlichen Begleiterscheinungen. Und die heilige Birgitta von Schweden, die acht Kinder geboren hatte, sagte von sich, sie fühle sich zu Weihnachten „wie schwanger".

Dass die Dominikanerinnen so intensiv mit dem Jesuskind lebten, dürfte sie, ihr inneres Leben, in einer Weise verändert haben, wie das auch ein erwünschtes, erwartetes leibliches Kind tut. Ein Kind spricht neue Seiten in uns an. Es will umsorgt, umhüllt sein, aber auch begleitet, angeregt, was immer seinem Alter und seiner Eigenart entspricht. Die so lebhaft erlebte Anwesenheit eines Kindes im Kloster, dürfte das Leben dort und die Spiritualität der Nonnen nachhaltig geprägt haben. Durch das Kind kam das Element des

Spielerischen ins Gemeinschaftsleben. Vielleicht konnten diese Frauen gerade deshalb tanzen und jubeln?

Ebenso intensiv jedoch hatten sie teil am Leiden Jesu. Auch hier wurde die Leiblichkeit bis ins letzte durchbuchstabiert. Die Passion Christi ging nicht auf in theologischer Spekulation, sondern wurde in einer Weise nachgelebt, die uns heute befremdlich erscheint. Auch hier gab es wieder manches wirklich Fragwürdige im selbstquälerischen Erleben, in exzessiven Martervisionen, regelrechter Leidenssucht oder Versuchen, durch das Mit-Leiden Gottesnähe zu erzwingen. Einzelne Nonnen trugen eiserne Ketten am Leib, geißelten sich täglich, marterten sich mit nagelgespickten Kreuzen und Gürteln ... Solche Praktiken waren jedoch nicht auf Frauenklöster beschränkt, Heinrich Seuse etwa begann seinen Weg mit ebenso grauenvollen Marterungen. Die Wüstenväter sollten sie bereits praktiziert haben, und deren Viten wurden in den Dominikanerklöstern als Tischlektüre (!) vorgelesen.

Aber es gibt, meine ich, auch eine ganz andere, uns durchaus nachvollziehbare Seite dieser Leidenserfahrung, wenn man voraussetzt, dass diese Frauen in einer wirklichen Liebesbeziehung mit Christus lebten. Wie würde ich reagieren, wenn ein mir sehr nahestehender Mensch auf grausame, brutale Weise ums Leben gebracht wird? Ich sehe mich in langen Nächten wachliegen, die Leidensstationen dieses Menschen nachempfinden – wieder und wieder. Nur durch die Beteiligung meines eigenen Leibes kann ich nachvollziehen, was geschehen ist – ebenso wie die Nonnen im eigenen Leid das Leid Christi nachvollzogen. Darin steckt Widerstand gegen eine Theologie, die es im Begriff verharmlost.

Doch haben Leiden und Tod nicht das letzte Wort. Einige Schwestern erfuhren Gott eben auch in der Wonne der Hervorbringung neuen Lebens – körperlich, seelisch und geistig, in ihren jubelvollen Gottes-Schwangerschaften. In der Ekstase bricht aus der Tiefe älteste Erfahrung der All-Einheit, als die Göttin alles in sich umschloss, Geburt und Tod und neues Leben. Obwohl der matriarchale Mythos von der Göttin, die den Sonnen-Heros gebiert und mit ihm einen Sohn zeugt, der im Grunde mit ihm identisch ist, nicht mehr tradiert wurde, taucht er in manchen Erscheinungen der mystischen Erfahrung schattenhaft wieder auf. So erlebte etwa Adelheid Langmann, wie der geliebte (erwachsene) Christus „in die Gestalt eines Kindes (mutiert), das an ihrer Brust gesäugt wird."[9]

Das tiefste Innere, in dem wir Gott begegnen, hat einen Ort in unserem Körper – wir empfinden es nicht irgendwo. Und es ist derselbe Ort, an dem auch Kinder ausgetragen werden. Eine ‚mystische Schwangerschaft' wäre damit nur eine ritualisierte, in Szene gesetzte Form des Gott-in-mir-Erlebnisses. Am ehesten lässt sich das (wenn ich es auch nicht gleichsetzen will) nachvollziehen durch die Erfahrung des eigenen inneren Kindes. Viele Menschen öffnen sich heute diesem Erleben und erkennen, dass das nicht bedeutet, sich auf eine naive, unverantwortliche Kindlichkeit zurückzuziehen, nicht ein selbstverliebtes Spiel in einer Welt, die unseren Ernst braucht, sondern dass es für eben diese Welt von größter Wichtigkeit ist, dass wir lernen, dieses unschuldige, göttliche Wesen in uns leben zu lassen, es aus dem Gefängnis alter Verletzungen zu befreien, damit unser Handeln nicht mehr davon bestimmt wird, mit allen Mitteln uns selbst zu schützen zu suchen – und damit beizutragen zum Potential an Kontrolle, Gewalt und Manipulation in unserem alltäglichen Zusammenleben. Das heißt: mich einlassen auf den ungeheuren Schmerz des Kindes in mir, das leben und lieben will und das für andere ein Leben in Liebe will – und immer wieder schmerzhaft abprallt an Mauern von Lieblosigkeit, Gewalt und Macht. Ich kann mich entscheiden, diesem Leid auszuweichen in eine der vielen Süchte etwa – nach Essen oder Alkohol, nach Arbeit oder Fernsehen oder auch nach sozialem oder politischem Engagement oder einer Spiritualität, in der sich ein Teil von mir in selige Höhen erhebt und das verletzte Kind in mir seinem Leid überlässt. Ich kann das leidende Kind und seine Bedürfnisse verteufeln als Ego oder Satan, die mich vom lichten Weg zurückhalten wollen – oder in ihm Gott sehen, der in mir leidet. Und ich habe die Macht, zu entscheiden, es in seinem Leid allein zu lassen oder mich seiner anzunehmen. Dann verbindet mich das Kind mit einer Macht, der ich mein ganzes Leben anvertrauen kann. Dann erlebe ich diese grandiose Umwertung aller Werte: dass gerade das Zarte, Weiche, Verletzliche, das was soviel Schmerz erleidet, mächtiger ist als alle protzige Macht der Welt.

Ich kann es auch anders sagen: Denkend lässt sich, wie Meister Eckhart es tat, erkennen, dass ein bestimmbarer ‚guter' Gott nicht Gott sein kann. Erlebend jedoch brauchen wir Bilder von Gott. Das Kind in uns will Geborgenheit – und die findet es nicht in Gotteserkenntnis, Wesensschau oder Vertröstungen. Es braucht Bilder, die es von der Liebe und Barmherzigkeit Gottes überzeugen, wie ja auch Jesus selbst Bilder verwendete, um das Unsagbare zu sagen. Das Gleichnis ist geeignet, den Verstand für tiefere Dimensionen der Ein-Sicht zu öffnen und unsere Logik aus ihren Beschränkungen zu treiben. Die Gestalt, die Gott für das Leben der Dominikanerinnen annahm, nicht Gott, aber sie ist auch nicht Nicht-

Gott. Auch wenn die Nonnen nicht in dieser Weise reflektierten, dürfte ihr intensives Leben und Leiden mit dem Kind ihnen – und damit auch uns – eine ganz besondere Gotteserfahrung erschlossen haben. Etty Hillesum erlebte das – auf ganz anderen Wegen erlangt – in unserer Zeit ähnlich: „Wenn ich bete, bete ich nie für mich selbst, immer für andere, oder aber ich führe einen verrückten oder kindlichen oder todernsten Dialog mit dem, was in mir das Allertiefste ist und das ich der Einfachheit halber als Gott bezeichne."[10] Gott ist ihr nicht der mächtige Übervater, der sie vor allem schützt. Sie will Gott helfen. Sie verspricht ihm: „Ja, mein Gott, ich bin dir sehr treu, durch dick und dünn..."[11] Ich glaube, auch sie hat das göttliche Kind in ihrem Inneren gefunden. Das Kind in ihr ist auch der Friede in ihr, diese tiefe, durch nichts, nicht einmal durch die Gräuel der Verfolgung und Vernichtung zu erschütternden Überzeugung, das alles gut ist.

Die Dominikanernonnen waren sich sicher nicht immer im Klaren darüber, dass das, worin sie lebten, Gott erlebten, Bilder und Gleichnisse waren. Zwar glaubten sie sich in der Abgeschiedenheit des Klosterlebens der Welt fern, doch ist es eine Illusion, zu meinen, eine solche Lebensweise trenne uns von der Welt. In der Klausur erwuchsen den Nonnen nicht nur Früchte ihres spirituellen Lebens. Auch was sie an „Welt" in dieses Leben hineingetragen hatten, machte sich geltend. Dann nahm – wohl auch durch entsprechende Bildwerke beeinflusst – ihre Beziehung zum himmlischen Bräutigam Züge des Habens und Festhaltens an wie in irdischen Beziehungen, sodass etwa Maria als böse Schwiegermutter beargwöhnt werden kann, oder die Erwartung entstehen, die Allerliebste und Bevorzugte des himmlischen Bräutigams zu sein. Dann mag vielleicht von einer einfältigen

Schwester auch einmal vergessen worden sein, dass der Jesus, den sie ans Herz drückte, aus Holz war. Und doch kann ein wohlwollender Betrachter wie Walter Nigg wohl mit Recht (im Hinblick auf das Leben der Schwestern in Töss) sagen: „Es war ein Leben in geheiligten Sphären, ein unendlich freudiges Gott-Haben und ein wirkliches Erleben der Gott-Nähe, das sich in all ihrem Schweigen und Beten, in ihrem Loben und Danken auswirkte.“[12]

In Freude und Schmerz lebten die Dominikanerinnen mit dem „kindli“. Sie liebten in ihm auch den Gemarterten und Gekreuzigten. Sie ließen es im Leiden nicht allein. Und sie erlebten, was Mystiker und Mystikerinnen aller Zeiten und Kulturen berichteten: dass das angenommene Leid umschlägt in die Erfahrung unaussprechlicher Gnade. Sie lernten zu jubeln. Von einer Nonne wird berichtet, sie sei imstande gewesen, den Jubel selbst in einem depressiven, selbstmordgefährdeten Menschen zu erwecken. Ungeahnte Kräfte wurden freigesetzt.

Wenn wir uns auf das Kind einlassen, lässt uns das sensibler werden für das Leid in der Welt, nicht nur das eigene. Wir empfinden stärker all das Lieblose, Grausame, Zerstörerische und Bedrohliche: „Wenn ich leide um die Wehrlosen, ist es dann nicht um das Wehrlose, das in mir selbst ist?“[13], fragt Etty Hillesum. Gerade in der Schwäche, der Ohnmacht, dem Leid wirkt Gott seine „Minnezeichen“. Ein neues Gottesbild scheint auf. Siegfried Ringler zeigt, wie bei Christine Ebner dem übernommenen Bild Gottes als zornigen Richters, als Verdammenden, die persönliche Gotteserfahrung gegenübertritt: Gott, der sich tief zu ihr hinabneigt als Heiler, „wie einer, ‚der von Minne trunken ist und seiner selbst unwissend‘. kann er seine ‚tobende, ungestillte Minne‘ nicht ‚verhehlen‘ und wählt sich einen Menschen, um an ihm die großen Werke seiner Barmherzigkeit zu üben ... Das andere Gottesbild, es wird zwar nicht negiert, aber immer deutlicher in die Distanz gerückt – in die persönliche Distanz: ‚Bin ich nun für meine Feinde ein strenger Richter, so bin ich für meine Freunde ein minniglicher Minner', und schließlich in die historische Distanz: ‚Im Alten Bund war ich ein Herrscher, aber nun, im neuen Bund, bin ich der Welt ein Minner.'"[14]

Christine Ebner war Chronistin ihres Klosters Engelthal. Sie berichtet von einer anderen Nonne, bei der ebenfalls die eigene Überzeugung sich gegenüber – diesmal sogar himmlischen – Autoritäten behauptet, Allheit von Trochaw. In einer Vision befindet sie sich im Himmel. „Da sprach der Herr zu den Engeln: ‚Sagt Allheit, sie soll nicht zu meiner rechten Hand stehen, sie ist nicht richtig getauft.' Da sprach (Allheit) zu den Engeln: ‚Euch ist nie wie mir Weh durch Gott geschehen. Ich will nicht euretwegen von meinem Herrn gehen.' Da sprachen die Engel zu unserem Herrn: ‚Herr, sie hat uns vorgehalten, uns sei nie ein Weh um deinetwillen geschehen, sie wolle durch uns nicht von dannen gehen.' Christus wendet sich mit derselben Aufforderung an Maria Magdalena. Ihr hält Allheit entgegen, dass er ihr sieben Teufel ausgetrieben habe, während sie selbst niemals eine Todsünde begangen habe. Paulus wirft sie vor, zunächst ein Verächter der Christenheit gewesen zu sein, Petrus, dass er Christus dreimal verleugnet hat, was sie niemals getan habe, Johannes dem Täufer schließlich fordert sie die Taufe ab."[15] Allheit ist eine eigenwillige Frau, eine mystische Schwärmerin und Schwelgerin, auch ein Hang zur Selbstgerechtigkeit ist nicht zu übersehen. Von ihren Mitschwestern wurde sie nicht immer ernst genommen. Aber ich will sie nicht nur von dieser Seite sehen. Sie ist auch die Frau, die eigenwillige spirituelle

Wege geht und erlebt, wie sich der innere Kritiker meldet. In der Vision nimmt er die Gestalt Christi an. Kein Wunder, denn immer wurde und wird Frauen vorgehalten, ihre besondere Erfahrung entspreche nicht Gottes Willen. Aber Allheit wehrt die Beschuldigung ab – sie lässt sich nicht so einfach verdammen. Sie beweist eine bemerkenswerte innere Stärke: Sind nicht diejenigen, die gegen sie ins Feld geführt werden, ebenfalls eigenwillige und manchmal zweifelhafte Wege gegangen? Welchen Grund sollte es geben, ihnen die Gnade zuzugestehen und sie ihr vorzuenthalten? „Du der andere Leute getauft hast, willst du mich denn verdammen?“, fragt sie Johannes den Täufer. Und ihr Argument siegt.

„Gottesbilder können nicht gemacht werden. Sie geschehen. Sie begegnen dem Einzelnen von innen her, ereignen sich, sind, im psychologischen Sinn, zu verstehen als archetypische Bilder, die vom Unbewussten her vermittelt sind, um erst in einem zweiten Schritt dem Bewusstsein assimiliert zu werden, das heißt, um durch bewusste Anstrengung erfasst, gestaltet, verstanden, möglicherweise auch verehrt zu werden.“[16] In diesem Sinne lässt sich das geistliche Leben dieser Nonnen als ein Ringen um ein neues Gottesbild verstehen. Das drückt sich auch darin aus, dass etwa Adelheid Langmann durch Gebet oder Opfer einer Mahlzeit dreißig- oder hunderttausend Seelen auf einmal aus dem Fegefeuer erlöst oder Christine Ebner sogar eine Million. Die enormen Zahlen zeigen, dass die Macht von Fegefeuer und strafender Gerechtigkeit eigentlich gebrochen ist. Margareta Ebner in Medingen spricht denn auch stets nur noch von Gottes Liebe, Güte und Barmherzigkeit.

Auch die Leiblichkeit ist nicht einfach etwas auf dem Weg des Geistes zu Überwindendes. Dafür sprechen die vielen eindeutig orgasmischen Erfahrungen, von denen berichtet wird. Für Katherina von Unterlinden etwa ist das Verhältnis von Leib und Seele „teils eine Frage von Entweder-Oder: Entweder dient der Mensch dem Fleisch und damit sich selbst, oder dem Geist und damit auch Gott. Dass aber körperliche Leiden zu geistigem Genuss führen, schließt nicht aus, dass geistige Genüsse körperliche Genüsse nach sich ziehen können, ja sogar sollten. Hier spricht Katherina von den ‚beiden Menschen' und meint damit die physische und geistige Seite, wechselseitig im faktisch existierenden Menschen verbunden."[17] Es ist ein hartnäckiges Vorurteil, dass Menschen, die Gott auch sinnlich, körperlich erfahren, zu einer geistigen Auffassung nicht fähig oder bereit wären. Von den Dominikanerinnen lässt sich sagen: Sie erleben Gottes geistige Wirklichkeit bis in ihre Körperlichkeit hinein. Oder: Sie öffnen Gottes Wirklichkeit alle ihre Sinne.

Originaltexte von Dominikanernonnen

„Als sie (Herburg von Herenkeim) dort (allein im Garten) sich ganz der brennenden Betrachtung hingab, entstand plötzlich in ihr eine wunderbare Seelenruhe, eine nichtgekannte himmlische Süße, eine innere Freude des Herzens, wie eine lebende Quelle, die ins Innerste ihres Körpers sprudelte, in die Seele überfloss und ihre beiden Menschen mit wundervoller Süße durchströmte. Danach fühlte sie auf wundersame und spürbare Weise, wie die Seele in ihrem Körper in jubelnde Bewegung ausbrach, ganz greifbar wie ein Adler, der seine großen Schwingen von neuem und mit aller Kraft ausbreitet."[18]

„Als sie (Hedwig von Lagelnheim) eines Tages allein in ihrer Zelle saß und über ihr Unglück und Elend nachdachte, erhob sich plötzlich ein Sturm von Klagen in ihrer Brust, gefolgt von einer gewaltigen Tränenflut, weil sie davon ausgeschlossen war, das heilige Amt in der Kirche und all das, wozu sonst noch Ordination nötig ist, auszuüben, wonach sie doch von Kind auf mit brennendem Herzen verlangt hatte. Im gleichen Moment erstrahlte in ihrer Zelle ein göttliches Licht, heller als die Sonne, und schien auf sie mit unsagbarer Klarheit, indem es sie mit großer Stärke traf. So fühlte sie gleichsam eine himmlische Kraft ganz greifbar in sich eingehen und süß das Innerste ihres Herzens salben. Da sie nun von dieser wunderbaren Süße gestärkt und gleichsam wiedergeschaffen war, war der gute Herr Jesus Christus plötzlich bei ihr und sagte ganz deutlich in ihre Ohren: ‚Sei standhaft, ich will mit dir sein und dich nicht verlassen, wenn du aber das Leben verlassen haben wirst, werde ich dich mit mir nehmen. In meiner ewigen Liebe habe ich dich zeitweilig geplagt, weil ich die züchtige, die ich liebe, aber in Zukunft werde ich dich nicht mehr plagen.“[19]

Während der Messe erscheint Christus als Kind auf dem Altar: „do sprank es herab und lief hintz allen den di sein freund woren und traut di“, und während der Priester die Messe einleitete, „do sprank ez wider uf den alter“, und als der Priester die Oblate aufhob, da verwandelte es sich in die Oblate „und strebet wider mit handen und mit füezzen.“ Doch empfängt es der Priester, und sein Herz wird lauter wie die Sonne, „und daz kindelein spilt in ihm.“ Während der Priester den Segen erteilt, läuft das Kind zu der berichtenden Schwester, Adelheid, und ist nun ein Kind von vier Jahren „und helset si und küsset si und lief hin zu dem alter und lif her wider und helset sie aber und küsset sie aber." Sie will sich nicht küssen lassen, denn vielleicht ist es ja nicht Christus. Da zeigt er ihr seine Wundmale und segnet sie.[20]

Nach dem Empfang des Herrn am Tag der Aufnahme Mariä in den Himmel: „do tet ir unser herre Jesus Christ gar güetlich. er sprach minneclich zu ir: ‚mein zukersüezzez und mein honigsüezzez lip, mein zarte, mein reine, du pist mein und ich bin dein, wir sein vereint und süllen vereinet ewiclichen sein. mein kint, du solt trinken uz mein henden und uz mein füezzen und uz meiner seiten des minneclichen prunnen, der do floz von wazzer und von pluet, do ich am kreutz verscheiden war.'"[21]

Anmerkungen

1 Weitlauff, Manfred: *„dein got redender munt machet mich redenlosz…". Margareta Ebner und Heinrich von Nördlingen.* In: Peter Dinzelbacher/Dieter R. Bauer (Hg.): Religiöse Frauenbewegung und mystische Frömmigkeit im Mittelalter. Köln/Wien 1988. S. 306f.

2 Weitlauff (1988), S. 310f.

3 Christine Ebner: *Büchlein von der Gnaden Überlast,* zitiert nach: Ringler, Siegfried, Christine Ebner, in: Thiele (1988). S. 157.

4 H. Grundmann zitiert nach: Langer, Otto: Mystische Erfahrung und spirituelle Theologie. Zu Meister Eckharts Auseinandersetzung mit der Frauenfrömmigkeit seiner Zeit. München/Zürich 1987. S. 11.

5 Dinzelbacher, Peter: *Kleiner Exkurs zur feministischen Diskussion.* In: Peter Dinzelbacher/Dieter R. Bauer: Frauenmystik im Mittelalter. Ostfildern 1985, S. 391f.

6 Vgl. Glente, Karen: *Mystikerinnenviten aus männlicher und weiblicher Sicht: Ein Vergleich zwischen Thomas von Cantimpré und Katharina von Unterlinden.* In: Peter Dinzelbacher/Dieter R. Bauer (1988).

7 Chronik Kirchberg zitiert nach: Beyer (1989), S. 205.

8 Vgl. Vavra, Elisabeth: Bildmotiv und Frauenmystik. Funktion und Rezeption. In: Peter Dinzelbacher/Dieter R. Bauer: Frauenmystik im Mittelalter. Ostfildern 1985.

9 Beyer (1989), S. 213.

10 Hillesum, Etty: Das denkende Herz. Die Tagebücher von Etty Hillesum 1941–1943. Herausgegeben und eingeleitet von J.G. Gaarlandt, aus dem Niederländischen von M. Csollány. Reinbek 1985. S. 154.

11 Hillesum, Etty (1985), S. 157.

12 Nigg, Walter: Vom beispielhaften Leben. Neun Leitbilder und Wegweisungen. Olten 1974. S. 54.

13 Hillesum, Etty (1985), S. 207.

14 Ringler (1988), S. 155.

15 Beyer (1989), S. 207.

16 Schweizer-Vüllers, Regine: Die Heilige am Kreuz. Studien zum weiblichen Gottesbild im späten Mittelalter und in der Barockzeit. Bern/Berlin/Frankfurt/New York/Paris/Wien 1997. S. 11.

17 Glente, Karen, Katherina von Unterlinden, in Thiele (1988), S. 187f.

18 Chronik von Unterlinden zitiert nach: Glente (1988), S. 188.

19 Glente (1988), S. 185.

20 Strauch, Philipp (Hg.): Die Offenbarungen der Adelheid Langmann, Klosterfrau zu Engelthal. Straßburg/London 1887. S. 18f.

21 Strauch (1887), S. 47.

Angela da Foligno

Angela da Foligno wurde Mitte des dreizehnten Jahrhunderts geboren, etwa zwei Jahrzehnte nach dem Tod des hl. Franziskus, dem sie später nachfolgte, ganz in der Nähe seines Geburtsortes Assisi im Tal von Spoledo. Sie entstammte einer wohlhabenden, wohl adeligen Familie und lebte auch als verheiratete Frau und Mutter vieler Kinder in Reichtum und Ansehen. Dann aber, im Alter von 37 Jahren, erfuhr ihr Leben eine vollkommene Wende. Sie fühlte sich angesprochen und aufgefordert durch die Armutspredigt des hl. Franz, die in ihrem Tal noch immer lebendig war. Angesichts des Leidens Jesu am Kreuz tat sie Buße und löste sich von ihren Gütern, soweit ihr das als Familienfrau möglich war. Sie legte Tücher, Kleider, feinere Speisen und Kopfbedeckung ab, was sie, wie sie sagt, „viel Scham und Mühe" kostete.

Zu Angelas Zeit war aus der relativ offenen charismatischen Bewegung um Franz von Assisi bereits in vielerlei Hinsicht das geworden, wogegen sie einst angetreten war: ein Orden wie andere. Und während andere Armutsbewegungen, die sich im Widerstand gegen Reichtum und Pracht der Kirche gebildet hatten, als Ketzer verfolgt und vernichtet worden waren, waren die Franziskaner und ihr weiblicher Zweig, die Klarissen, päpstlich anerkannt und in die Kirche integriert. Doch Angela scheint den ursprünglichen Geist der Bewegung gespürt zu haben. Jedenfalls fühlte sie sich berufen, in aller Unbedingtheit Franz nachzufolgen. Dabei aber war ihr die Familie ein Hindernis. Sie bat Gott, es von ihr zu nehmen. Und das geschah denn auch. Rasch hintereinander starben ihre Mutter, ihr Ehemann und ihre Kinder. Angela verteilte nun ihren Besitz an die Armen und widmete sich der Krankenpflege. Sie unternahm eine Wallfahrt nach Rom, wo sie den Apostel Petrus um die Gnade wahrer Armut bat. 1291 trat sie in den Dritten Orden der Franziskaner ein. Die Terziärinnen lebten im franziskanischen Geist, blieben aber in ihren Familien und verpflichteten sich deshalb auch nicht zu vollständiger Besitzlosigkeit. Im selben Jahr pilgerte Angela zur Grabeskirche des Franziskus nach Assisi. Unterwegs sprach der Heilige Geist mit ihr, und sie geriet in Verzückung. Beim Eintritt in die Kirche nahm sie das ‚Engelfenster' dort so wahr, als umarme Christus den hl. Franz liebevoll. Und sie hörte diesen zu sich sagen: „So werde ich dich festhalten und noch viel mehr, als man mit den leiblichen Augen wahrnehmen kann."[1] Die Audition war mit einer unbeschreibbaren Vision verbunden. Als die Ekstase nachließ, setzte sich Angela auf den Boden und schrie vor Schmerz, was die Franziskanerbrüder auf den Plan rief, unter ihnen ihr Verwandter und Beichtvater Arnaldo. Dass er sie zur Rede stellte, führte dazu, dass sie ihm von ihrem Weg, ihren Auditionen und Visionen erzählte. Er schrieb alles – ins Lateinische übersetzt – auf, manches direkt, manches anhand von Notizen, die er sich anfertigte, gelegentlich beauftragte er einen Stellvertreter. Daraus entstand das „Buch von der Erfahrung wirklich Gläubiger", gewöhnlich schlicht ‚das Buch' genannt. Mehrfach wurden ihre Mitteilungen auf ihre Rechtgläubigkeit hin begutachtet. Dem ersten Teil wurden nach dem Tod Arnaldos, wohl von Schülern und Verehrerinnen noch weitere Teile hinzugefügt, Briefe und Berichte über spirituelle Erfahrungen. Selbst nach Angelas Tod 1309 wurden dem Buch noch Texte hinzugefügt. Im Vorwort äußert sich Arnaldo über die Schwierigkeiten der Niederschrift. Das begann mit dem in der Mystik bekannten Problem, dass die Sprache und unsere gewohnten Vorstellungsbilder nicht ausreichen, um das Erlebte adäquat wiederzugeben. Angela wurde dann verwirrt und traurig. Aber auch für den Aufschreibenden war es schwer, das Gemeinte zu verstehen. Arnaldo sagt von sich, er sei sich vorgekommen wie „ein Sieb, welches die kostbare Substanz verschüttet und die gröbere zurückbehält.“[2] Las er ihr das Geschriebene vor, erkannte sie das von ihr Gesagte darin kaum wieder – es erschien ihr alles soviel fader und grober als das von ihr Erlebte. Arnaldo beteuert, dass er nichts eigenmächtig geändert habe, sondern mit Scheu und Ehrfurcht schrieb, es ihm aber nicht immer möglich gewesen sei zu begreifen, was Angela sagte, oder schnell genug zu schreiben.

Das ‚Buch‘ ist darauf angelegt, den mystischen Weg in dreißig Schritten darzustellen, von der Buße zur Gottesvereinigung. Doch sind es schließlich in der Niederschrift nur 26 Schritte, und die folgen keinem klaren Schema. Einmal etwa erlebt Angela, dass sie sich „auf erhabenere Art als sonst gewöhnlich“ inwendig in Gott befand und „höhere Güter als üblich empfing“. Worin sie sich sonst versenkte – und was in den vorausgehenden Schritten dargestellt wurde –, Leben und Menschheit Christi, die Armutsnachfolge, das Kreuz, Gott in der Finsternis, „überhaupt in allem, was Namen hat“ und den unaussprechlichen Wirkungen in ihrer Seele fand sie nichts mehr.[3] Sie hatte einen höheren Grad der Schau erreicht, die ihr jedoch nicht dauerhaft erhalten blieb. Immer wieder gab es Rückschläge. Dennoch systematisierte sie ihre Erfahrungen soweit, dass sie daraus andere Menschen belehren konnte. Sie reflektierte die geistliche Liebe, die sie erfuhr, und die damit verbundenen Irrtümer und Gefahren. Sie stellte die verschiedenen Weisen der Gegenwart Gottes in der Seele dar. Im ersten Fall offenbart Gott sich im Innern der Seele. Dann erkennt sie „seine Weise, in jeder Kreatur gegenwärtig zu sein, in allem, was Dasein besitzt, im bösen Geist, im guten Engel, in der Hölle, im Paradies, im Ehebruch, im Mord, in den guten Werken und jedem daseienden Ding, das eine Weise des Seins besitzt, mag es schön oder hässlich sein…, dass Er in einem bösen Geist nicht minder gegenwärtig ist als in einem guten Engel."[4]

Im zweiten Fall nimmt Gott die Seele ganz in sich hinein: „in dieser Offenbarung Gottes liegt jegliche Wahrheit; und in dieser Offenbarung Gottes begreife ich und besitze ich jegliche Wahrheit, die da ist im Himmel und in der Hölle und in der ganzen Welt und in jeglichem Ding, und jegliche Freude, die im Himmel ist und in jeglicher Kreatur mit soviel Wahrheit und Sicherheit, dass ich der ganzen Welt nichts anderes glauben könnte. Und wenn die ganze Welt widerspräche, ich würde mich keinen Deut darum kümmern."[5] Ulrich Köpf sieht bei Angela Ansätze zu einer „Theologie der Mystik" und wirft die Frage auf, woher Angela, die ja nicht im Kloster, sondern in der Welt aufwuchs, ihre beträchtlichen theologischen Kenntnisse hatte. Denn immer wieder wurde sie um Stellungnahme in theologischen Kontroversen gebeten, und zwar von ihrem Beichtvater und anderen theologisch gebildeten Männern, die sich wie ein Schülerkreis um sie sammelten.

Angela hat auf Mit- und Nachwelt großen Einfluss ausgeübt und fand große Verehrung auch bedeutender Persönlichkeiten. Einmal wurde sie „Lehrmeisterin der Theologie" genannt. Ihr ‚Buch' wanderte in mehrere Sprachen übersetzt durch halb Europa und wirkt noch bis in die Neuzeit hinein.

„Und meine Seele begriff vollkommen, dass ER nur Liebe sei …“[6]

Unzählige Menschen wurden und werden in unserer Zeit auf Wüstenwege getrieben, ihrer Wohnung beraubt, ihres Lebens, in Folterkeller gepfercht, ins Niemandsland der Diffamierung und Diskriminierung, ins Lager wie Etty Hillesum. Sie erliegt der Wüste nicht. Verwundert schreibt sie in ihr Tagebuch: „Wie kommt es, dass mein Geist dort nicht düster, sondern vielmehr erhellt und erleuchtet wurde? Hier an diesem Schreibtisch zwischen meinen Schriftstellern und Dichtern und Blumen habe ich das Leben so sehr geliebt. Und dort, in den Baracken voll aufgeregter und verfolgter Menschen habe ich die Bestätigung für meine Liebe zum Leben gefunden.“[7] Sie konnte das, weil sie zuvor schon erfahren hatte, dass Liebe, wirkliche Liebe die Welt unserer Vorstellungen und Bewertungen auf den Kopf zu stellen vermag, weshalb sie denn auch denen, die ihr entgegenstehen, gefährlich erscheint.

In Ingeborg Bachmanns gleichnamigem Hörspiel ist das der „gute Gott von Manhattan“, dessen Glaubensbekenntnis heißt: „Ich glaube an eine Ordnung für alle und für alle Tage, in der gelebt wird jeden Tag.

Ich glaube an eine große Konvention und an ihre große Macht, in der alle Gefühle und Gedanken Platz haben, und ich glaube an den Tod ihrer Widersacher. Ich glaube, dass die Liebe auf der Nachtseite der Welt ist, verderblicher als jedes Verbrechen, als alle Ketzereien. Ich glaube, dass, wo sie aufkommt, ein Wirbel entsteht wie vor dem ersten Schöpfungstag. Ich glaube, dass die Liebe unschuldig ist und zum Untergang führt; dass es nur weitergeht mit Schuld und mit dem Kommen vor alle Instanzen.“[8] Deshalb entspricht es der Gerechtigkeit, die Liebenden, deren Liebe alle Grenzen überschreitet, zu töten. Denn, wie Dorothee Sölle es formuliert: „Indem sie aus der Welt stürzen, … stören sie die Ordnung eben dieser Welt." Und: „Die Mystik der Liebe scheint hier … nicht lebbar."[9]

Angela da Foligno war auch so eine, die die Liebe aus der Welt stürzt, eine Herausforderung an die ‚gesunde' fromme Wohlanständigkeit wie ihr Vorbild und Begleiter Franziskus, von dem ein Kirchenhistoriker des 19. Jahrhunderts schrieb: „ein Mann, dem man alle Ehre anthut, wenn man glaubt, es habe ihm im Kopf gefehlt. In der Jugend lebte er unordentlich, und da ihm einmal in einer Krankheit die Nähe des bevorstehenden Todes alle Schrecken der Zukunft zeigte, so verfiel er in eine moralische Schwärmerey, die sich nach damaliger Denkart durch völlige Verleugnung aller Bequemlichkeiten des Lebens äußerte, Proselyten suchte, und unter dem großen Haufen bald Proselyten fand."[10]

Wie Franziskus verließ Angela die Welt des Wohlstands, der Vornehmheit, des Ansehens. Sie brach aus allen Bildern aus. Sie ging ihren „Wüstenweg". Angelas Gott ist nicht der der Anpassung, der Vernunft, der Konvention. Sie kannte auch – wie Dorothee Sölle es nennt – „den anderen Gott der mystischen Entgrenzung". Die Liebe zum himmlischen Bräutigam war ihr der Lebensraum, in dem sie atmen konnte, und in der Abkehr von jeglicher irdischer Sicherheit lebte sie in Ihm, mit Ihm, für Ihn und nach dem Vorbild Seines Lebens, Leidens und Sterbens – und das mit einer Konsequenz, die Bewunderung hervorzurufen vermag. Auf den zweiten Blick dann jedoch auch Bestürzung. Da ist ihre unverhohlene Freude über den Tod ihrer Familie: „Und weil ich den Weg des Kreuzes betreten und Gott gebeten hatte, mich von ihnen frei zu machen, schöpfte ich aus ihrem Tod großen

Trost. Obgleich ich ihnen etwas nachtrauerte, so dachte ich doch, dass, weil Gott mir diese Gnade erwiesen hatte, fortan mein Herz immerdar im Herzen Gottes sein werde und in seinem Willen, und der Wille Gottes und sein Herz in meinem Herzen."[11] Natürlich, sage ich mir, waren die Menschen jener Zeit mehr als wir heute damit vertraut, dass die Pest und andere Krankheiten viele Menschen dahinraffte. Vielleicht war sie auch nie gefragt worden, ob sie ein Leben als Ehefrau und Mutter überhaupt wollte, oder es gab keine Alternative für sie, und das Sterben ihrer Angehörigen war der einzige Weg, um wieder frei zu werden, frei für ihren Weg mit Gott. War sie nicht immerhin verantwortungsvoller als viele Männer, die ihre lebenden Angehörigen unversorgt zurückließen, um sich den Kreuzzügen anzuschließen oder ins Kloster zu gehen? Und doch bleibt ein Unbehagen. Hat nicht vielleicht Simone de Beauvoir Recht, die sie (wie auch andere Mystikerinnen) für eine Narzistin hält, deren Seele trunken wurde, wenn Jesus etwa zu ihr sagte, er liebe sie mehr als andere Frauen im Tal von Spoledo? Ihre offenbare Gefühllosigkeit gegenüber dem Geschick ihrer Familienangehörigen spricht ebenso dafür wie ihr Bemühen, Franziskus an Selbsthingabe zu übertrumpfen. Und hätte sie nicht ihren Weg auch mit und in ihrer Familie gehen können – das Leiden annehmen, dass diese Gebundenheit für sie bedeutete, statt sich anderes zu schaffen?

Oder werfe ich all diese Fragen auf, werfe sie wie Wurfspieße um mich, um zu verhindern, mich selbst in Frage stellen zu lassen?

Angelas Weg ist allein von ihrer einzigen großen wahren Liebe her zu verstehen, die sie in die unabdingbare Nachfolge rief, denn „das erste Zeichen der wahren Liebe besteht darin, dass der Liebende seinen Willen dem des Geliebten unterstellt". Und dazu gehört „das Aufgeben jeder anderen Freundschaft, die ihr schaden könnte und dringt darauf, Vater und Mutter, Bruder und Schwester und jede Neigung zu lassen, die dem Willen des Geliebten entgegen ist".[12] Das heißt, wenn schon jemandem ein Vorwurf zu machen wäre, müsste der sich gegen Jesus selbst richten, dem Angela getreulich zu folgen sucht: „Denn den Weg, den das Haupt einhielt, müssen notwendigerweise auch die Glieder einhalten."[13]

Den meisten von uns dürfte es schwer fallen, sich vorzustellen, die Worte der Bibel einfach wörtlich zu nehmen, sie direkt in Lebensregeln umzusetzen, so wie etwa die ersten Nachfolger des Franziskus nur ein Kleidungsstück besaßen, weil es auch Jesu Jüngern verboten war, mehr als einen Rock zu besitzen. Jesus selbst folgte nicht der Ethik des ‚guten' Gottes der Ordnung. Er setzte andere Prioritäten, wie Susanne Krahe es formuliert. Was zählt ist nur die Bereitschaft, sich auf Jesu Sache einzulassen. „Dem ‚Himmelreich' kommt man in der ungeschützten Nachfolge entgegen, nicht mit ethischem Handeln, der üblichen Sittlichkeit oder Frömmigkeit." Echte Nachfolge „erfordert nicht bloß Gehorsam, Artigkeit und Disziplin, sondern Spontaneität und Mut zum Risiko. Sie ist der Schritt über die Wohlanständigkeit hinaus hin zu Gott und wird zuweilen reicher belohnt als die Befolgung von Regeln und Geboten: Und wer Häuser oder Brüder oder Schwestern oder Väter oder Mütter oder Kinder oder Äcker verlässt um meines Namens willen; der wird's hundertfach empfangen und das ewige Leben ererben. (Mt 19,29)

In dieser bedingungslosen Hinwendung zu Jesus erfährt der Glaubende die Gegenwart Gottes und die Fülle der Zeit, die alle anderen Werte aufhebt."[14] Jesus bezeichnet diejenigen als Brüder und Schwestern, die den Willen des Vaters im Himmel tun, Franziskus jene, die den gekreuzigten Christus lieben und ihm nachfolgen. Das ist die neue ‚Familie', in die Angela eintrat, und Franziskus selbst wurde ihr himmlischer Begleiter. Wohl kaum der Weg einer selbstverliebten Narzisstin. Bei näherer Betrachtung zeigt sich auch, dass sie sich durch das Wort Jesu, er liebe sie mehr als die anderen Frauen in ihrem Tal, keineswegs aufblähen ließ. Im Gegenteil entgegnete sie ihm: „Wie soll ich das glauben, da ich voll Bedrängnis bin und mir fast von Gott verlassen zu sein scheine?" Worauf Gott ihr sagt: „Je mehr du dir verlassen vorkommst, um so mehr wirst du von Gott geliebt und um so näher ist ER dir."[15]

Angela erzählt, wie sie in einer Zeit großer innerer Trockenheit Gott bat, ihr etwas von sich selbst zu geben. Und sofort sah sie die Liebe auf sich zukommen, dergestalt, dass sie es nur im Gleichnis einer Sichelform auszudrücken vermochte: Indem sie sich zeigt, biegt sie sich sogleich zurück, indem sie sättigt, erzeugt sie unermesslichen Hunger und noch größere Sehnsucht.

Angela ist eine leidenschaftlich Liebende und Geliebte. Und doch misstraut sie der Liebe – wenn auch aus anderen Gründen als der „gute Gott von Manhattan": „Es gibt auf der Welt weder Mensch noch Teufel noch sonst ein Ding, das mir so verdächtig ist wie die Liebe. Denn die Liebe durchdringt die Seele besser als ein Schwert und besser als sonst etwas, und es gibt nichts, was das Herz so in Anspruch nimmt, so anzieht und so bindet wie die Liebe. Und wenn man keine Waffen hat, um sie in Schranken zu halten, so überwältigt sie die Seele leicht und richtet sie zugrunde."[16]

Das wäre denn wohl auch heute einer allzu vorbehaltlosen Verherrlichung der großen ekstatischen Liebe entgegenzuhalten. Mit beinahe psychologischer Akribie beschreibt Angela, wie zwei Menschen in den Sog einer solchen Liebe geraten: Zunächst lieben sie sich mit vollkommener geistiger Liebe, ganz in Gott. Die Liebe wächst und wachsend sucht sie die Gegenwart des Geliebten. Fehlt sie, wird man krank. Man offenbart sich, man berührt sich, man verliert in der Leidenschaft die Kraft zu widerstehen. Man entzieht sich dem Gebet und anderen geistlichen Übungen, und die ganze Liebe zu Gott wird in die zu einem Menschen verkehrt. „Darauf wächst und brennt seine Liebe so sehr, dass die Worte und die Gegenwart des Geliebten nicht mehr wie früher genügen, sondern der Liebende zu wissen verlangt, ob der Geliebte ebenso von Liebe verzehrt werde wie er selber. Wenn er das erfahren kann, so ist das eine Gefahr für beide, denn nachher genügen Worte und Gegenwart vollends nicht mehr und beide neigen zu allen schlimmen Taten. Daher behaupte ich, dass die Liebe mehr als alles verdächtig ist, da sie alles Schlimme in sich schließen kann."[17]

Auch wenn unsere Sexualmoral liberaler ist und wir die „schlimmen Taten" akzeptabel finden, so ist doch das süchtige Abhängigwerden gut beschrieben, bei dem der geliebte Mensch allmählich an die Stelle Gottes gesetzt wird. Sodass denn auch für uns Angelas Mahnung Gewicht haben könnte: „Solange einer also noch nicht vollkommen in der Liebe ist, möge er allem, was mit Liebe zu tun hat, misstrauen."[18] Etty Hillesums Tagebuchaufzeichnungen fallen mir dazu ein: „Das Leben selbst muss immer die Urquelle sein, niemals ein anderer Mensch."[19] Der Mann, mit dem sie eine starke erotische Anziehung verbindet, und sie sind sich bewusst, einander Aufgabe zu sein: „Unter Qualen lerne ich, mich damit abzufinden, dass man seine Liebe mit der ganzen Schöpfung, mit dem gesamten Kosmos teilen muss. Aber dadurch erhält man selbst auch Zugang zum Kosmos. Doch der Preis für die Eintrittskarte ist hoch, und man muss lange mit Blut und Tränen dafür sparen."[20] Sie lernt, die egohafte Liebe, die auf das Haben aus ist, zu überwinden zugunsten einer höheren und wahreren Liebe, die der ganzen Schöpfung gilt. Die höchste Liebe beschreibt wiederum Angela da Foligno so: „Die beste und makellose Liebe besteht aber darin, dass die Seele zur Schau des Seins Gottes zugelassen wird. Geschieht dies, so sieht die Seele, wie jedes Geschöpf ihr Sein von Ihm hat, der das höchste Sein ist, wie auch die Seele selber und jegliches Seiende. Und sie sieht, dass es kein anderes Sein gibt, nichts das Sein hätte, außer von diesem Sein. Aus dieser Schau gewinnt die Seele eine unaussprechliche Weisheit, eine ernste, reife Weisheit. Sie gewinnt aus dieser Schau des höchsten Seins das eine Beste; und sie kann Ihm nicht widersprechen, weil sie sieht, dass alles, was von Ihm stammt, aufs beste getan ist; schlecht wird es dann, wenn wir es zerstören. Diese Schau des höchsten Seins ruft aber eine Liebe hervor, die jenem Sein angemessen ist. Denn das höchste Sein lehrt uns, alles zu lieben, was von Ihm her sein Sein hat, also alles überhaupt Seiende, jedes Geschöpf, das unvernünftige und vernünftige, und zwar mit der Liebe dieses höchsten Seins."[21]

Ganz eins werden mit dem Geliebten, das heißt für Angela, ihm in der Armut nachfolgen. Sie gibt alles her, hat nichts mehr, wohinter sie sich verbergen könnte, keinen Besitz, keine Familie, keine Standeszugehörigkeit, nichts das ihr Vorwand gäbe, ihren Weg denn doch nur halb zu gehen, den Weg, der ihrer eigenen inneren Wahrheit entspringt und entspricht. Sie lässt sich voll ein auf ein Leben, das keine andere Sicherung kennt als nur das Vertrauen in Gottes Liebe, die völlige Hingabe. Hände, die nichts halten, sind offen zu empfangen und frei, für den Nächsten zu wirken. Angela ist ausgestiegen aus der Welt des Habens und Festhaltenwollens. Und wieder meldet sich der ‚gute Gott der Ordnung' zu Wort: Ist es denn recht, sich auf diese Weise selbst das Kreuz zu zimmern?

Die fruchtbarere Frage scheint mir, ist die, was Angela dazu treibt und befähigt, diesen Weg zu gehen, welchen Schatz sie entdeckt hat, der ihr als wertlos erscheinen lässt, woran wir anderen unser Herz hängen, ohne das zu leben uns unmöglich erscheint. Sicher gilt auch für sie, was Walter Nigg über Franziskus sagt: „Der Poverello hatte die Fesseln gesprengt, mit welchen das Besitztum alle Menschen umklammert hält und das Reich der herrlichen Freiheit erreicht. ‚In sich und außer sich war er frei von allem', berichten seine Gefährten (...) Jegliche Lebensangst, welche die Menschen so oft terrorisiert, war von ihm abgefallen. Kein Stäubchen belastete ihn noch. Er hatte alles von sich geworfen und damit auch alles gewonnen. Armut war für ihn keine harte Bitternis, unter deren würgendem Griff er stöhnte, sondern ein überglückliches Dürfen, welches ihn aufjauchzen machte. Nie war ein Mensch freier und reicher als dieser Habenichts in dem Moment, da er ganz arm wurde."[22]

Brauchte unsere Welt, die den Gottheiten Karriere, Macht und Geld dient, deren Evangelium der Erhalt und die Verbesserung des Lebensstandards ist, und die durch ihre ‚Götter' in Krankheit, Sucht, Gewalt getrieben wird, nicht dringlichst solche Weisheit?

Mögen mittelalterliche Mystiker und Mystikerinnen einen solchen Weg auch aus uns eher fremden Motiven wie Höllenfurcht oder Leidenssehnsucht gegangen sein – das Ziel, das sie erreichten, die über alle irdischen Güter und Sicherheiten gehende Seligkeit in Gott, ist die gleiche, wie sie überall und immer wieder von Menschen bezeugt wurde, auch wenn ihre Wege, der Zeit, der Kultur und der persönlichen Lebensumstände entsprechend, ganz unterschiedliche waren. Können wir es uns noch länger leisten, die Erfahrung solcher Menschen außer Acht zu lassen? Es ist nicht weniger als die totale Umkehrung unserer Prämissen: Wenn wir loslassen, was wir eisern festhalten wollen oder süchtig begehren, werden wir nicht ärmer, sondern reicher.

Wir wollen Glück. Wir wollen Lust. Doch in der Liebe sein bedeutet nicht, immerwährende Glückseligkeit zu genießen. Auch Angela wurde nicht ständig himmlischer Tröstungen teilhaftig. Wahre Liebe erweist sich darin, dem Willen des himmlischen Geliebten auch dann zu folgen, wenn er die Seele auf Wüstenwege führt, wenn sie Durststrecken zu bestehen hat. Nur sie kann durch die Strapazen tragen, die dunklen Zeiten schmerzhafter Ernüchterung, die die Wüstenreisenden ebenso kennen wie diejenigen, die auf spirituellen Pfaden unterwegs sind. Erinnert sei an Achill Moser, der von sich erzählt, wie er sich in der Einsamkeit der Wüste zuweilen wie ein gottestrunkener Mystiker fühlte: „Doch mit einem Male offenbarte sich die unermessliche Einsamkeit als tiefer Abgrund: Die enorme Weite ließ mich so stark schrumpfen, dass ich mich wie eine Ameise fühlte, die über ein ewiges Nichts kroch. Die Welt um mich herum wurde zu einem qualvollen Hindernis und meine Schritte erschienen mir wie ein Auf-der-Stelle-treten."[23] Und Angela, die Pilgerin auf dem mystischen Pfad, beschreibt es so: Da ist der Zustand, von dem sie nichts sagen kann, „so abgründig ist seine Tiefe, seine Freude, seine Seligkeit. In diesem Zustand will ich nichts vom Leiden hören, und es soll mir nichts genannt werden außer Gott, denn ich fühle Ihn dann mit solcher Wonne, dass mir alles andere zur Last fällt, weil es weniger ist als Er. Und ein Nichts scheint es mir zu sein, was im Evangelium oder in irgendwelchen Ansprachen gesagt wird, und ich sehe noch Größeres als das.

Und die Erfahrung dieser Liebe entlässt mich so zufrieden, so engelhaft, dass ich selbst Kröten und Schlangen, ja selbst die Dämonen liebe, und alles, was ich geschehen sehe, sogar Todsünden, missfallen mir nicht, das heißt: ich empfinde keine Abneigung dagegen, glaubend, Gott lasse das in seiner Gerechtigkeit mir zustoßen. Wenn mich auch ein Hund zerfleischte, ich würde mich darum nicht kümmern und wohl auch nicht klagen und Schmerz verspüren. Dieser Zustand ist höher als das Stehen zu Füßen des Kreuzes, obwohl die Seele oft den einen und den andern Grad erlebt. Dann sieht sie zwar jenen Leib, der für uns gestorben ist, und will ihn sehen und zu ihm gelangen, aber sie empfindet dabei nur höchste Liebeswonne und keinen Passionsschmerz."[24] Der abgründigen Liebe und Seligkeit entgegen steht jedoch der Abgrund tiefster seelischer Qual, in dem sie ihre Seele den bösen Geistern derart ausgeliefert fühlt, „dass sie sich wie ein Gehängter ohne den geringsten Halt vorkommt".[25] Ohnmacht, Schmerz und Zorn erfassen sie bis hin zu dem Drang, sich selbst zu zerreißen. An anderer Stelle beschreibt sie den depressiven Zustand der Gottferne so: „Und alles Gute ist mir so verschlossen und verborgen, dass ich in unbeschreiblicher Weise ganz Zorn, ganz Trostlosigkeit, voll Bitterkeit, Überheblichkeit und Qual bin. Wollten mich dann alle Tröstungen, alle Weisen der Welt und alle Heiligen des Paradieses zu trösten versuchen und mir alle nennbaren Tröstungen und Güter versprechen, ja wollte Gott selbst sprechen: wenn Er mich nicht änderte oder anders in meiner Seele wirkte, so hätte ich davon keinen Trost, keine Heilung und würde ihnen nicht glauben. Ja, sie wären mir im Gegenteil eine Vermehrung der Übel und bewirkten noch größeren Zorn, Jammer und Schmerz und noch größeres Befremden."[26]

Wieder in einem besseren Zustand erkennt Angela, dass das Durchlebte zu einem notwendigen Prozess gehörte, in dem sie gereinigt und geläutert wurde, um höher erhoben zu werden. Felsenfesten Glauben, sichere Hoffnung und unerschütterliches Vertrauen auf Gott aber erlangt sie, als sie Ihn in der Finsternis schaut: „Und in diesem höchst wirksamen Gut, das in der Finsternis geschaut wird, ist nun meine ganze zuversichtliche und feste Hoffnung gesammelt und gesichert."[27]

Der Weg der Liebe ist der Weg des Kreuzes, denn es ist der Weg der Nachfolge, konsequenter Nachfolge, die beinhaltet, Lob und Ehre zu fliehen und Verachtung und Erniedrigung zu suchen, wozu nur die vollkommene Liebesvereinigung mit Christus befähigt, die unerschütterlichen inneren Frieden verleiht. Aus der Erkenntnis, dass Gott das höchste, vollkommenste Gut ist, entsteht die Sehnsucht, aus der Sehnsucht, es zu besitzen, die vollkommene Hingabe, aus der Wonne fließt und schließlich die Verwandlung des Liebenden in den Geliebten und des Geliebten in den Liebenden durch die Kraft der Liebe, die Verwandlung der Seele in Liebe, denn Gott ist Liebe. Wer nur einen Überfluss an Tröstungen will, folgt nicht wirklich Dem, der der Weg des Schmerzes ist. Soweit Angela. Wenn ich es mir zu übersetzen versuche: Es geht nicht um Verdrängung oder billigen Trost, nicht ums Wegleugnen von Mangel, Not, Konflikten und Belastungen. Das unerschütterliche, freudige Vertrauen ist auch nicht herbeizuzwingen, indem man Wut, Zorn, Trauer, Schmerz und Angst mit „positiven" Gefühlen zu übertünchen versucht. Tröstungen – das sind Augenblicke der Seligkeit. Dann ist das tiefe Wissen in uns, dass alles gut ist. Dann gibt es Grund zu jauchzen, wie manche Mystikerin es tat. Vielleicht ist es gut, dass solche Zustände flüchtig sind. Würden sie andauern, könnten wir sie in Besitz nehmen, würden wohl rasch Illusionen daraus, bequeme Schleier, die wir vor die Nöte der Welt und unserer Mitgeschöpfe hängten. Oder wie Angela sagt: Gott wirkt oft Wunderbares in der Seele, so dass sie „plötzlich voll Freude in Gott erhoben wird. Würde diese andauern, so verlöre wohl der Leib den Gebrauch aller Sinne und Glieder. Und so treibt Gott in der Seele und mit ihr oft dieses Spiel, dass Er sich gleich entzieht, wenn sie Ihn festzuhalten wünscht. Doch bleiben dann in der Seele größte Freude und Sicherheit zurück."[28]

Der Weg am Leid vorbei führt in Illusionen und Süchte. Leidverdrängung gibt es nicht erst in unserer Zeit, wie das Beispiel des hl. Franz zeigt, der von sich sagt, dass er sich vor seiner Bekehrung geweigert habe, Krankheit, Tod und Armut anzusehen. Vielleicht neigen wir jedoch in unserem Konsumbewusstsein in besonderem Maße dazu, anzunehmen, die Welt sei einzig dazu geschaffen, dass wir in ihr glücklich sind. Dass es Leid in ihr gibt, können wir nur schwer mit unserem Glauben an die Güte Gottes vereinbaren. Mittelalterliche Gläubige waren vor allem darum besorgt, den Willen Gottes auszuführen, seinen Ruhm zu mehren. Christi Leiden mitzuerleben kann so zu einem brennenden Wunsch werden, denn sein ganzes Leben wird von Schmerz und Kreuz überschattet gesehen.

An einem Karsamstag findet sich Angela „mit Christus zusammen im Grab. Zunächst bedeckt sie seine Brust mit Küssen, dann den Mund, dem ein wunderbarer Geruch entströmt ... Schließlich legt sie ihre Wange an die Wange Christi, und während dieser, den sie doch mit geschlossenen Augen und Lippen vor sich sieht, sie mit der Hand an sich drückt, offenbart er ihr, dass er sie schon vor seinem Begräbnis so umarmt gehalten habe."[29]

Bevor ich mich befremdet abwende, will ich mich doch einmal versuchsweise auf dieses Erleben einlassen. Was geschieht? Angela bleibt nicht dabei stehen, das Leiden Christi als Betrachtende zu meditieren, es zu verharmlosen oder mit Selbstmitleid zu vermischen. Sie verherrlicht es auch nicht. Sie sucht den tiefsten, dunkelsten Ort auf und erlebt das natürliche Grauen verwandelt in zärtliche Liebe. Es ist nicht eine Meditationsübung, in der gelernt werden soll, Abscheu und Angst vor dem Tod loszulassen, um Gelassenheit zu erreichen. Angela ist an diesem Ort als Liebende und kehrt zurück voller Gotteslust, die sich aus nichts Irdischem mehr speist, voller Liebe auch für die Aussätzigen und Ausgestoßenen.

Ich stelle mir vor, an einen anderen dunklen Ort zu gehen, zu dem Mädchen, das, mit falschen Versprechungen von der Familie fortgelockt, in einem Schlafsaal dreißig bis vierzig Vergewaltigungen am Tag über sich ergehen lassen muss. Zu dem Jungen, dem man im Alter von sieben Jahren eine Waffe in die Hand gedrückt, den man im Töten geschult und in den Krieg geschickt hat. Zu einer Person, von der niemand weiß in einem der Folterkeller der Welt ... Es gibt viele Arten, in „die dunkle Nacht der Seele" hinabzusteigen. Immer aber ist es der Ort, an dem die Wandlung geschieht, die Transformation von hoffnungslosem Leid in unausrottbare Liebe. Sie wird jedoch nur geschehen, wenn ich mich wirklich einlasse, nichts beschönige, das Leid und die Leidenden an mich heranlasse, nicht zuletzt als Aufforderung zum Handeln. Das wäre von Angela zu lernen. Auch wenn ich nicht wie manche mittelalterliche Mystikerin das Leiden direkt aufsuche, begegnet es mir doch überall. Es ist eine der größten Herausforderungen unseres menschlichen Lebens, mit Leiden und Sterben umzugehen. Ich kann nicht daran vorbei. Meine Ausweichmanöver, die mich das Leid – eigenes und fremdes – vergessen machen sollen, funktionieren nicht, schaffen nur neues Leid. Angelas extremes Bild – lasse ich mich darauf ein – kann tief in meinem Inneren etwas aufbrechen, mich der Wandlung öffnen. So auch ein anderes:

In einer Vision ruft Jesus Angela zu sich und sagt ihr, sie solle ihren Mund an seine Seitenwunde legen: „Und es schien mir, als täte ich das und tränke das frisch aus seiner Seite rinnende Blut, und es ward mir die Einsicht, dass er in demselben mich reinige, und ich schöpfte daraus großen Trost, obgleich die Betrachtung seines Leides mir Traurigkeit verursachte."[30] Angela hat eine Begegnung mit Christus, der ihr sein Blut nicht aus einem ziselierten Kelch, sondern direkt aus seinem geschundenen Leib darbietet – übrigens ein zu ihrer Zeit verbreitetes Vorstellungsmotiv.

Könnte das Bild mir heute noch etwas sagen? Mir ein neues Verständnis erschließen? Oder ist hier das Befremdliche einfach unüberwindbar – wie auch bei jenem anderen Erlebnis: Angela berichtet, wie sie an einem Gründonnerstag mit einer Gefährtin ins Krankenhaus ging und, nachdem sie die Kranken, insbesondere Aussätzige, gespeist und ihnen die Hände und Füße gewaschen hatte, das Waschwasser trank. Es ist leicht, darin ein Zeichen von Überspanntheit zu sehen, zumal sie nach eigener Aussage dabei eine solche Süße empfanden, dass sie auf dem ganzen Heimweg in großer Seligkeit dahinging als hätten sie kommuniziert. Doch wer von uns geht dahin, wo die ‚Aussätzigen' – im wörtlichen Sinne und im übertragenen – unserer Zeit sind, arbeitet unter Bedingungen wie zu Angelas Zeit, setzt sich einem erheblichen Infektionsrisiko aus, und bleibt dabei fröhlich und gesund, hat noch etwas zu geben? Nur ein Mensch, in dem die Gottesliebe kräftig brennt, wird wohl dazu in der Lage sein. Es kann sich einfach nicht nur um eine großartige Gebärde gehandelt haben.

Auch heute noch gibt es Menschen, die auf der Suche nach Gott alles, jede weltliche Bindung, Wohlstand, Karriere usw. aufgeben. Sie finden Gott in dieser völligen Hingabe. Vielleicht sind die begeistertsten unter diesen Menschen diejenigen, die viel hinzugeben haben: Geld, Ansehen, Ruhm! Die Liebe, die sie finden, entflammt sie, brennt alles aus, was nicht Liebe ist. Sie sind wie Angela wirkliche Enthusiasten – der Wortbedeutung nach: solche, die in Gott sind. Sie finden in Gott alles und brauchen deshalb von der Welt fast nichts. Sie sind verliebt in Gott, und ihre Seele möchte nichts anderes als die endgültige Vereinigung, Verschmelzung. Alle anderen Ziele erscheinen daneben wertlos. Ein solcher Mensch unserer Zeit ist Andrew Harvey, der in der Inderin Mutter Meera die „Göttin“ fand. Er gab seine akademischen Ambitionen auf, gab sich ihr ganz hin – ebenso wie Angela sich Jesus hingab. Er wurde ergriffen von dem Licht, der Kraft, die von ihr ausging, und emporgehoben in eine andere Wirklichkeit. Eines Nachts sah er im Traum „Ma“ vor zwei Gefäßen mit dunkler, blutiger Flüssigkeit: „Ich erkannte, dass diese Gefäße das ganze Übel und das ganze Leiden der Welt enthielten, alles, was in der Menschheit das Göttliche hasste und dem Licht widerstrebte.

Ruhig, den Blick auf mich gerichtet, hob sie beide Gefäße an die Lippen und trank. Ich war entsetzt. Ihr Körper veränderte seine Farbe, fiel ein, krümmte sich und wurde rissig unter dem Grauen, das sie in sich aufnahm. Ich wollte zu ihr, aber meine Füße waren wie festgenagelt.

‚Ma‘, schrie ich, ‚Ma‘, und schloss die Augen.

Als ich sie wieder öffnete, stand sie ebenso ruhig vor mir wie zuvor und ebenso schön. Sie deutete auf die Schalen, die noch immer vor ihr standen. Darin war eine Flüssigkeit, wie ich sie nie gesehen hatte, golden und leuchtend.

‚Trink selbst davon', sagte sie, ‚und gib diesen Wein dann allen anderen. Er wird jetzt nie versiegen.'"[31]

Ein Traum, der mir hilft, Angelas Visionen und inneren Erlebnisse zu deuten, mir jenseits der zeitbedingten Leidenssehnsucht ihren Kern zu erschließen. Trank nicht auch sie mit dem Waschwasser das Leiden der Welt, und war das dann nicht Kommunion? Wurde nicht sie selbst zum Gefäß der Transformation, von Tod in Leben von Leid in Lust?

„Und (Gott) sagte: ‚Meine Tochter, die mir so viel lieber als ich dir! Mein geliebter Tempel! Das Herz des allmächtigen Gottes ist jetzt auf deinem Herzen.' Und sogleich nach diesen Worten erfasste mich ein Gefühl von Gott, wie ich nie zuvor erlebt hatte. Selbst alle Glieder meines Leibes empfanden dieses Wohlgefallen, und ich war versunken in diese Worte."[32] Und an anderer Stelle erklärt sie: „Auch bringt Gott eine so überströmende Fülle an Freude mit sich, dass die Seele nichts weiter verlangen kann. Würde dieser Zustand dauern, so wäre er das Paradies. Und diese Freude teilt sich dem Körper mit und verteilt sich in alle Glieder, sodass alle Bitterkeit und alles Unrecht, das ihm zustößt, sich in Süße verwandelt."[33]

Wie sie im „Sakrament der Liebe", der Eucharistie, „den unaussprechlichen, tödlichen Schmerz" Christi sieht und er sich ihr und ihr sich einverleibt, so trinkt sie in dem Waschwasser das Leid der Mitgeschöpfe. Gott lebt in ihr, wandelt in ihr – metaphorisch gesprochen – die dunkle, ekelerregende Flüssigkeit um in leuchtend-goldenen Wein.

Lust durchströmt sie. Der ‚gute Gott der Ordnung', repräsentiert durch die Kirche, hat sie selbst in der Ehe verboten. Das Feuer der körperlichen Lust, das ihr bisweilen stark zusetzte, bekämpfte Angela dadurch, dass sie wirkliches Feuer dagegen hielt, bis ihr Beichtvater es ihr verbot. In ihrem Visionsbericht äußert sie einmal den Wunsch, nackt durch die Straßen und Städte zu gehen, „an meinem Hals Fische und Fleischstücke", und zu sagen: „Seht da das erbärmlichste Weibsbild, voll Bosheit und Heuchelei, eine Kloake aller Laster und Übel ..."[34] Manche Biografen meinen, daraus ableiten zu können, Angela habe vor ihrer Bekehrung einen besonders unsittlichen Lebenswandel gehabt. Doch merkwürdig: Jesaja läuft drei Jahre lang nackt durch Jerusalem, ohne dass wir auf den Gedanken kämen, er wolle sich als sündiger Mann bezichtigen. Im Gegenteil: Seine Nacktheit soll anderen eine Mahnung sein. Von Franziskus wird erzählt, er habe öffentlich alle seine Kleider ausgezogen und sie seinem Vater zurückgegeben, um sich von ihm loszusagen. Die Nacktheit ist hier ein Freiwerden von allem materiellen Besitz, von der Etabliertheit des Elternhauses, um sich ganz dem Dienst Gottes hingeben zu können. In der Schöpfungsgeschichte ist die Nacktheit Ausdruck der Sündlosigkeit der ersten Menschen. Anderswo in der Bibel steht sie für Armut, Hilflosigkeit und Entbehrung. Aber die nackte Frau weckt ganz andere Assoziationen, ein Zeichen, wie die Gleichsetzung und Verteufelung von Leib und Weib subtil weiterwirkt. Dass das Nacktsein Angelas Selbstbezichtigung dienen kann, funktioniert nur dadurch, dass es schon das von der Kirche und Theologie heraufbeschworene Bild der verdorbenen Frau gibt, der bösen Eva: sinnlich, fleischlich, unzüchtig und zur Unzucht reizend. Fleisch und Fisch um den Hals verstärken noch den Eindruck. Seltsam ist nur, dass sie, gerade indem sie dieses Bild zur Selbstanklage verwendet, es zugleich entschärft. Ein subtiler Widerstand steckt darin, sich das Bild der verruchten Frau selbst ‚anzuziehen'. Und ich glaube keineswegs, dass sie ihrer Lust wegen die Schilderung ihrer inneren Erlebnisse bisweilen „Blasphemien" nennt. Denn, so exaltiert sie auch bisweilen erscheint, so ist sie doch auch die nüchterne Lehrerin des Weges, auch die Pflegerin der Kranken. Blasphemisch sind ihr, der geistigen Visionärin, die Worte, in denen sie von Gott spricht, deshalb, weil sich von Gott nicht sprechen lässt: „Und wenn ich sage, Gott zieht mich an sich durch Huld oder Liebe oder durch irgend etwas, das man nennen, denken oder sich vorstellen kann, so ist das völlig falsch. Denn Er zieht mich nicht durch etwas, das jemand, und wäre es der Weiseste der Welt, nennen oder bedenken kann. Und wenn ich sage, es sei das Allgute, so zerstöre ich es."[35]

Mir scheint, dass das Teilen des Leidens Angela so tief im Irdischen verwurzelte, dass ihr Lebensbaum auf der anderen Seite seine Zweige in weite Himmelshöhen hinausstrecken konnte, ohne dass sie sich im Rausch verlor. Sie glühte in spiritueller Lust. „Er sprach zu mir: ‚Ich gebe dir ein viel besseres Zeichen, als du verlangen kannst, eins, das dauernd bei dir im Innern deiner Seele sein wird und wodurch du stets Gottes Nähe fühlen und aus Liebe zu ihm brennen wirst. Auch wirst du erkennen, dass niemand solches wirken kann außer ich (...). Und die Liebe wird so glühend sein, dass du es für eine Gnaden halten wirst, wenn einer schlecht von dir redet, und dass du ausrufen wirst, du seist einer solchen Gnade nicht würdig, weil ich solches ertrug und in übergroßer Liebe zu euch alles geduldig auf mich nahm. Daraus wirst du erkennen, dass ich in dir bin."[36]

Originaltexte von Angela da Foligno

Eines Tages wird Angela in göttlicher Rede folgendes gesagt:„ ,Ich, die ich zu dir spreche, bin die göttliche Macht und bringe dir Gnade. Und die Gnade besteht darin, dass Du nach meinem Willen allen Menschen helfest und nützest, die dich sehen, und nicht nur diesen, sondern auch jenen, die an dich denken oder dich nennen hören. Je näher sie mir sind, um so mehr wirst du ihnen nützen.' Da sagte meine Seele, obwohl sie größte Freude verspürte: ,Ich will diese Gnade nicht, denn ich fürchte, sie werde mir schaden, so dass ich mich ihretwegen in eitlem Ruhm überheben könnte.' Darauf antwortete sie (die göttliche Macht) sofort: ,Du kannst darüber nicht verfügen, denn die Gnade gehört nicht dir; du bist nur ihre Hüterin. Bewahre dieses Gut und gib es dem zurück, dem es gehört.' Da begriff meine Seele, dass es mir auf diese Weise nicht schaden könne. Und die göttliche Macht fügte hinzu: ,Mir ist es recht, dass du diese Furcht kennst.'"[37]

„Ein ander Mal sprach Gott: ,Ich will dir etwas von meiner Macht offenbaren.' Und sofort wurden die Augen meiner Seele geöffnet und ich erblickte eine göttliche Fülle, in der ich die ganze Welt erfasste, was jenseits und diesseits des Meeres ist und den Abgrund und das Meer selber und alles. Aber in all dem Genannten konnte ich nichts erschauen als nur die göttliche Macht und diese auf völlig unbeschreibliche Weise. Da rief meine Seele in übergroßem Staunen: ,Diese Welt geht schwanger von Gott.' Und ich begriff, dass die Welt mit allem, was jenseits und diesseits des Meeres ist, mit dem Abgrund und dem Meer selber und allem gleichsam eine Kleinigkeit sei, dass aber Gottes Macht alles übersteige und

erfülle. – Und Er sagte: ‚Eben habe ich dir etwas von meiner Macht gezeigt.' Und ich begriff, nun sei ich fähig, etwas Weiteres umso besser zu verstehen. Und Er sagte: ‚Nun sieh meine Demut.' Da schaute ich eine so tiefe Erniedrigung Gottes zu den Menschen, dass die Seele in der Erkenntnis sowohl der Macht wie der tiefen Demut Gottes staunte und sich für überhaupt nichts mehr erachtete und sozusagen nichts mehr in sich erblickte außer Stolz."[38]

Der nachfolgende Text stammt ausnahmsweise einmal nicht von Angela da Foligno, sondern einer anderen Terziärin Camilla Battista Varani, und gibt lyrisch der in diesen Kreisen gepflegten Minnemystik Ausdruck:

„Wo ich auch weile, eins nur kann ich denken:
Wer gibt mir Frieden für mein armes Herz?
In harten Fesseln soll ich mich verrenken,
Und allen meinen Schritten folgt der Schmerz.
Ich möchte in der Erde Luft mich senken,
Mein Sinnen, Minnen drängt mich erdenwärts:
Und doch, ich weiß, ich kann allein erwarmen
An einer Stätte, Herr, – in deinen Armen."[39]

Anmerkungen

1 Zitiert nach: Köpf, Ulrich: Angela von Foligno. Ein Beitrag zur franziskanischen Frauenbewegung von 1300. In: Peter Dinzelbacher/Dieter R. Bauer (1988). S. 245.
2 Zitiert nach: Beyer (1989), S. 220.
3 Angela von Foligno. Zwischen den Abgründen. Ausgewählt, übertragen und eingeleitet von Berthe Widmer. Einsiedeln 1955. S. 45.
4 Angela von Foligno (1955), S. 45f.
5 Angela von Foligno (1955), S. 47.

6 Angela zitiert nach: Beyer (1989), S. 228.

7 Hillesum, Etty (1985), S. 181.

8 Bachmann, Ingeborg: Der gute gott von manhattan. München 1958. S. 74.

9 Sölle, Dorothee: Mystik und Widerstand: „Du stilles Geschrei". München 1999. S. 168f.

10 L.T. Spittler zitiert nach: Dieterich, Veit-Jakobus: Franz von Assisi. (= Rowohlts Monographien) Reinbek 1995. S. 143.

11 Angela zitiert nach Beyer (1989), S. 222.

12 Angela von Foligno (1955), S. 86.

13 Angela von Foligno (1955), S. 105.

14 Krahe, Susanne: Ermordete Kinder und andere Geschichten von Gottes Unmoral. Würzburg 1999. S. 116f.

15 Angela von Foligno (1955), S. 28.

16 Angela von Foligno (1955), S. 73f.

17 Angela von Foligno (1955), S. 81.

18 Ebd.

19 Hillesum, Etty (1985), S. 40.

20 Hillesum, Etty (1985), S. 117.

21 Angela von Foligno (1955), S. 81f.

22 Walter Nigg zitiert nach: Dieterich (1995), S. 145.

23 Moser (1992), S. 27.

24 Angela von Foligno (1955), S. 33f.

25 Angela von Foligno (1955), S. 35.

26 Angela von Foligno (1955), S. 38.

27 Angela von Foligno (1955), S. 40.

28 Angela von Foligno (1955), S. 29.

29 Köpf, Ulrich: Angela *von Foligno*. In: Thiele (1988). S. 131.

30 Angela zitiert nach: Beyer (1989), S. 224.

31 Harvey, Andrew: Der Pfad in Herz. Eine spirituelle Reise. Reinbek 1994. S. 208.

32 Angela von Foligno (1955), S. 22f.

33 Angela von Foligno (1955), S. 34.

34 Angela von Foligno (1955), S. 51.

35 Angela von Foligno (1955), S. 41.

36 Angela von Foligno (1955), S. 23f.

37 Angela von Foligno (1955), S. 26f.

38 Angela von Foligno (1955), S. 27f.

39 Camilla Battista Varani zitiert nach: Beyer (1989), S. 219.

Hadewijch

Sehr wenig ist bekannt über Hadewijchs äußeres Leben. Zweihundert Jahre lang war sie überhaupt vollständig vergessen. Sie lebte im dreizehnten Jahrhundert, vermutlich im Herzogtum Brabant. Offenbar war sie eine gebildete Frau, die mit dem höfischen Diskurs und dem Minnesang ebenso vertraut war wie mit der lateinischen Sprache. Ihrer eigenen Angabe zufolge war sie bereits vom zehnten Lebensjahr an von herzlicher Gottesliebe bezwungen. Auch erzählt sie von sich: „Ich aber habe sehr wenig die Gewohnheiten der Menschen mitgemacht in ihrem Essen, in ihrem Trinken und ihrem Schlafen, und ich habe mich nicht mit ihren Kleidern geziert, noch auch mit ihren Farben und ihrem äußeren Schein; auch genoss ich niemals die Freuden, an denen Menschenherzen sich erfreuen, und die sie überhaupt erlangen und empfangen können, – sondern ganz allein in kurzen Stunden die Empfindung der Minne, die alles übersteigt."[1] Irgendwann schloss sie sich der Beginenbewegung an. Wenn der kirchlichen Obrigkeit auch die Beginen als bedrohlich für die etablierte Ordnung erschienen, hatten sie doch andererseits auch einflussreiche Beschützer. Einer von ihnen, Jakob von Vitry, beschreibt in einer Predigt ihre Lebensführung – und damit das Milieu, in dem Hadewijch lebte und wirkte – so: „Sie leben in ein und demselben Haus ... und unter der Leitung von einer von ihnen, welche die anderen an Tugend und Vorsicht übertrifft, wird ihnen – sowohl durch das gute Vorbild wie durch Schriften – Wachen und Beten, Fasten und allerlei Abtötungen, Handarbeit und Armut, Demut und Selbstverleugnung gelehrt."[2]

Hadewijchs Freundeskreis muss sehr groß und weit verbreitet gewesen sein. Viel mehr lässt sich über ihr äußeres Leben nicht sagen, aber vermutlich war ihr das innere Leben ohnehin viel wichtiger. Davon zeugt ihr Werk, das, in der Landessprache verfasst, die flämische Literatur begründete: Briefe, Visionen, Gedichte. Es sind mystagogische Texte, die den Freundinnen, an die sie gerichtet sind, den Weg der wahren Gottesminne weisen wollen – in der Radikalität, die sie selbst ihnen vorlebte, wobei mir „Freundinnen" eigentlich keine geglückte Bezeichnung zu sein scheint (leider weiß ich keine bessere), handelte es sich doch um mehr als nur ein intimes Verhältnis unter Frauen. Die Adressatinnen ihrer Briefe wussten sich auserwählt, mehr oder weniger eingeweiht in die tieferen Geheimnisse des Minneweges. Auch ihr Visionenbuch schrieb sie vermutlich für diesen Personenkreis. Sie beschreibt darin den Weg von einer erst noch ‚kindischen' Haltung bis zur erwachsenen, reifen Gottesgeliebten. Dabei bleibt auch für Hadewijch das Letzte, Eigentlichste unsagbar, weil die Worte fehlen oder weil nur die ebenso vergeistigte Seele sie recht verstehen könnte. „Aber ach, mehr darf ich hiervon nicht schreiben, weil mein Unglück es will, dass ich immer gerade vom Besten am meisten verschweigen muss, und weil wohl fast niemand an sich selber ermessen kann, was er von Gott nicht weiß. Den Leuten zwar erscheint es leicht genug, und hören sie etwas, was sie nicht verstehen, so bezweifeln sie es. Darum quält es mich, dass ich Menschen gegenüber nicht sagen und nicht schreiben kann, was die Mühe lohnt, nämlich Worte aus meiner Seele Grund."[3] Das Verlangen, aus dem Berührtwerden der Seele durch Gott „Worte aus ihrer Seele Grund" fließen zu lassen, machte Hadewijch zur Poetin. Ihre Gedichte sind stark von der weltlichen Minnelyrik beeinflusst, heben sich andererseits aber vor allem dadurch davon ab, dass sie ihr Publikum direkt ansprechen und zum Minnedienst bewegen wollen. Die Verwundung des Herzens durch den Minnepfeil ruft einen Hunger und Durst hervor, den die Welt nicht stillen kann. Nur die Gegenwart der Minne selbst kann das verwundete Herz heilen. Von Sehnsucht getrieben geht die Seele auf „avontuere". Wie Hadewijch in ihren Briefen darlegt, gibt der Affekt den Antrieb dazu, kann aber den Weg nicht zeigen. Die Braut des Hohenliedes, Archetyp für das Verwundetsein von der Liebe, sucht ihren Bräutigam nicht nur mit Begierde, sondern auch mit Weisheit. Um den Weg zu finden, bedarf es der Vernunftkräfte, womit sie jenen Seelenteil anspricht, in dem sich die natürliche Erkenntnis vollzieht, der aber auch in der Kontemplation gnadenhafter Erleuchtung zugänglich ist.[4] Die Vernunft lässt die Seele erkennen, dass sie nach dem Bilde Gottes erschaffen, dieses aber durch die Sünde entstellt ist. Der ursprüngliche Zustand kann wiederhergestellt werden, indem die Seele ein Leben nach Jesu Vorbild führt. Hadewijch selbst bekennt, dass ihr Gefühl sie manchmal glauben ließ, Christus habe niemand je so herzlich geliebt wie sie, die Vernunft ihr aber sagte, dass das nicht so sei. In der Kontemplation immer auf den Geliebten zu sehen, befriedigt das Verlangen der Seele, Gott nah zu sein. Die Vernunft aber zeigt der Seele auch die grundlegende Distanz zwischen dem unendlichen, allmächtigen Schöpfer und dem endlichen Geschöpf. Die erleuchtete Vernunft erkennt sich selbst als klein und die Minne als unendlich groß. Die Treue schließlich ist es, die den Aufstieg vollbringen lässt bis zum vollständigen Hineinsterben des Eigenwillens in Gottes Willen hinein. Doch sehnt sich nicht nur die Seele nach Gott, auch er sehnt sich nach ihr: „Die Seele ist ein Weg für den Durchgang Gottes in seine Freiheit aus der Tiefe; und Gott ist ein Weg für die Durchfahrt der Seele in ihre Freiheit.“[5]

Menschen, die dem mystischen Wirken der Beginen misstrauisch begegneten und sie davon abzubringen suchten, bezeichnet Hadewijch als „die Fremden“, die den eigenen Willen über den der Minne stellen und gern Nesseln pflanzen, wo Rosen stehen sollten: „Große Vollkommenheit ist es, alles von den Leuten zu ertragen, aber Gott weiß: die größte Vollkommenheit ist es, die falschen Brüder zu ertragen, die Hausgenossen des Glaubens scheinen!“[6] Hadewijch übte großen Einfluss auf den Mystiker Jan van Ruysbroeck aus; dessen Schüler Jan van Leeuwen nannte sie „‚eine sehr heilige Frau‘ und ‚eine wahrhaftige Lehrerin‘, … deren Lehre genauso wahr sei wie die des Apostels Paulus.“‘[7] Im Mittelalter war ihr Werk recht verbreitet, in unserer Zeit wird es allmählich wiederentdeckt.

„Liebe ist alles!“[8]

Was brauchen die dürstenden Seelen? Was heilt die verdorbene Welt? Wasser des Lebens. Im Märchen sind es drei Köngissöhne, die sich aufmachen, es zu beschaffen, Gefahren und Versuchungen begegnen. Ein solches ‚Wasser des Lebens‘ ist Hadewijch die Minne, und ihr jagt sie nach wie die Gralsritter dem wundertätigen Kelch, der Christi Blut aufnahm.

Dreizehntes Jahrhundert. Das ritterliche Leben blüht. Durch die Kreuzzüge gelangen östliche Kunstfertigkeit und Weisheit nach Europa. Und die Minnesänger verfeinern ihre erotische Dichtkunst. So mancher Ritter vollbringt kühne Taten in dem Bewusstsein, seiner ‚Herrin' zu dienen. Frauen aus höher gestellten Familien, die eine gute Ausbildung genossen haben, sind vertraut mit der höfischen Lebens- und Dichtkunst. Das „Ich" des Minneliedes aber ist gewöhnlich der Mann. Dort wo Frauen zu Wort kommen, erscheinen sie eher als Projektionen des männlichen Dichters. Ich weiß nicht, inwieweit sich reale Frauen dem tatsächlich angepasst haben, Hadewijch jedenfalls tat es entschieden nicht. Im Gegenteil: Wie ein Ritter wählt sie sich selbst die Minne zu ihrer ‚Herrin' und zieht aus zu den Abenteuern eines von ihr entdeckten spirituellen Weges. Wie ‚der Ritter' in diesem Fall eine Frau ist, eine weibliche Seele, so ist die Minne auf Christus, den Geliebten gerichtet, der selbst die Minne ist. Gerade und klar ist sie ausgerichtet auf ihr Ziel, auf das höchste Ziel, ohne Wenn und Aber und mit Geist, Seele und Leib. Das Erleben von Leid und Unrecht in der Welt lässt sie Gott nicht als unberechenbaren Herrn sehen, unter den sie sich sklavisch ducken müsste. Es gibt bei ihr kein grämliches Befolgen von Geboten und Richtlinien, kein ängstliches Kalkül, ob schon genug getan ist, um der Höllenqual zu entgehen, sondern nur hochgestimmten Minnedienst. Es ist deshalb nie genug getan, weil sie dem Geliebten nie genügen kann. Wenn ihr ‚Minneherr' unerreichbar und wechselvoll ist, so ergeht es ihr mit ihm wie dem Ritter der Dichtung mit der angebeteten Dame. Aber gerade die Unerreichbarkeit fordert die besten Kräfte heraus, bringt dazu, die eigenen Grenzen zu übersteigen. Liebe drängt sie, den Willen des Geliebten zu erfüllen. Was aufzugeben ist auf dem Weg kann sie leicht hinter sich lassen, denn was zählt schon angesichts des hohen Preises, der am Ende auf sie wartet?

Eine fremde Welt. Doch wenn ich in mich hineinblicke, finde ich da auch eine Sehnsucht, die nichts Irdisches befriedigen kann. Das Verlangen nach Augenblicken reinen Seins, vollkommener Liebe, die ich nicht herbeiführen kann, die mich aber, einmal erlebt, stärker leiden lassen an den dunklen Verstricktheiten der Welt – all die Gewalt, all der Wahnsinn der Machtkämfe im Kleinen wie im Großen ... Und ist nicht solche Sehnsucht das Agens, das hinter vielen unserer Bemühungen steht, die Verhältnisse in der Welt zu verbessern? Die Sehnsucht nach der Einen Liebe, die da und dort aufscheint und doch nicht zu halten ist, aber für viele Menschen Motivation, standzuhalten in einer aussichtslos erscheinenden sozialen oder politischen Arbeit. Andererseits: Wie resigniert sind heute oft gerade die Wohlmeinenden, wenn sie merken, wie ihr Einsatz weitgehend verpufft: Während einem Menschen irgendwo geholfen wird, werden anderswo bereits wieder die Weichen dafür gestellt, dass neues Elend über Tausende hereinbricht. Wir beginnen zu ahnen, dass sich all das nur dann nachhaltig ändern könnte, wenn sich das Denken der Menschen auf breiter Basis änderte, wenn es in Liebe gründete.

Wenn in meinem persönlichen Leben die Probleme überhand nehmen, dann stimmt etwas nicht auf der seelisch-geistigen Ebene. Ich muss andere Gedanken denken, und zwar nicht nur im Kopf, sondern sie müssen tief aus dem Innersten kommen, ich muss erst Hindernisse überwinden, durch Schmerz gehen, Widerstand aufgeben. Wie wenn es für die Menschheit als ganze in ähnlicher Weise eine höhere Ebene gäbe, von der her sich das konkrete, materielle Leben entwickelt, und wenn wir dadurch, dass wir persönliche Entwicklungswege gehen, auf dieser Ebene zu positiven Änderungen beitragen? Dass Nächstenliebe hier nicht mehr nur das bedeutet, was ich einzelnen Menschen Gutes tue, sondern eine Kraft ist, die sozusagen eine Tür öffnet, durch die heilende, göttliche Kräfte ins Leben der Menschheit einziehen können, durch die das „Reich der Liebe“ Einzug halten kann? Ich weiß, das ist die Denkweise derer, die mit dem Etikett „esoterisch“ versehen werden und wird manchmal zu schal, zu flach, zu einfach. Dann fließt alles so schön, und man fühlt sich wohl und möchte die ganze Welt umarmen, und alle Probleme sind weit weg – auch die der anderen. Offenbar leben wir in einem Paradies – und der Fehler derer, die noch leiden, ist es, dass sie es noch nicht gemerkt haben ... Ein Rausch, eine Ausflucht, um nicht auch konkret etwas tun oder sich mit etwas auseinandersetzen zu müssen. Aber in vergleichbarer Weise haben Menschen durch Jahrhunderte hindurch das Klosterleben missbraucht: als Flucht vor der Welt, vor Verantwortung, als Garantie, den richtigen Weg zum eigenen Heil zu gehen. Im einem wie im anderen Fall ist es sinnlos, die Sache als solche von solchem Missbrauch her zu beurteilen. Heute wie damals gibt es Menschen, die ernsthaft nach dem „Wasser des Lebens“ dürsten, nach wahrer, heilender Liebe.

Zwei Jahre lang, berichtet Hadewijch von sich, wollte sie immer wissen und grübelte und fragte in all ihrem Tun: „Was ist Minne und wer ist Minne?“[9] In ihren ‚Visionen‘ stellt sie den Weg dar, der sie schließlich zur Antwort führte, der sie selbst in der Vereinigung mit Gott zur Minne werden ließ. Er umfasst drei Stufen. Die erste, das ist die Zeit, die der Niederschrift ihrer Visionen vorausging, die zweite und dritte sind dargelegt in je sieben Visionen. So jedenfalls stellt es sich mir beim Studieren und Meditieren ihrer Texte dar.

In seinen Predigten zum Hohen Lied, die die mittelalterliche Frauenmystik so sehr beeinflussten, entwickelt Bernhard von Clairvaux die Vorstellung, dass die Seele die Liebe Christi durch drei Arten von Liebe beantwortet. Indem Christus Mensch wurde, liebte er uns süß (dulcito). Entsprechend sollen wir ihn „süß", von Herzen, lieben. Er liebte uns aber auch verständig (sapienter) und stark (fortiter), und entsprechend sollen auch wir ihn mit Vernunft und Kraft lieben. Ich will das vorsichtig als Gliederung von Hadewijchs Weg verwenden.

Der Weg der Herzensliebe

Das ist der Teil des Weges, über den Hadewijch und ihre Freundinnen eigentlich schon hinaus sind, als sie ihre Visionen niederschreibt, denn bereits in der ersten setzt sie das „Zielen nach innen", den Drang, „mit Gott im Genusse Eins zu sein" als vertraut voraus. Sie bezeichnet sich zwar als „unreif und zu kindlichen Gemütes", doch bezieht sich das wohl nur auf die Erkenntnis, weiterer Schulung zu bedürfen. Insbesondere aber hat sie sich bereits einen Seelenführer erworben: „Und der mich führte war ein Engel von den Thronen, die die Unterscheidungskraft besitzen. Gerade an jenem Tage hatte ich ihn in meinem Wachstum erreicht, und ich hatte ihn als Schutz und Gesellen aller meiner Wege erhalten."[10] Um ihres stürmischen Verlangens nach dem Einswerden und ihrer klugen Werke wegen wird er ihr gesandt. Der Engel erklärt ihr, was sie sieht, tritt für sie ein, schützt sie und führt sie der Vollendung entgegen.

Das Gesagte lässt bereits erkennen, dass Hadewijchs ‚Visionen' keine spontanen Niederschriften ihrer ekstatischen Schauungen sind, sondern ein gezielt ausgearbeitetes Werk darstellen. Trotz der bewussten Gestaltung setzen die Texte aber wirkliche innere Gesichte voraus. Das Eigentliche ist in

Bildern und Symbolen gesehen und gesagt, die sich dem Verständnis nur in dem Maße erschließen können, wie ich mich darauf einlasse, etwas in mir darauf antwortet. Hadewijch leitet die Schilderungen ihrer Visionen gewöhnlich damit ein, dass sie die Situation beschreibt, in der sie sie empfangen hat, den kirchlichen Feiertag, an dem das geschah, wie ihr Befinden war, wie sie in den Zustand der Entrücktheit geriet, und endet häufig mit der Klage, mit großer Pein in ihr Leid zurückkehren zu müssen.

Die erste Vision, die mir Rückblick auf den bereits zurückgelegten Weg und Ausblick auf den künftigen zu umfassen scheint, führt in die „Weite der vollkommenen Tugend", eine baumbestandene Ebene. Ein Baum darin hat eine verfaulte, morsche Wurzel, aber festes Kernholz. Eine wunderschöne Blume wächst darauf, hat aber keinen Halt – jeder Sturm kann sie herunterwehen und verdorren lassen. Er symbolisiert die Selbsterkenntnis. In ähnlicher Weise stellen die folgenden Bäume Demut, Willenskraft und Unterscheidungskraft dar. Ein wunderschöner Baum mit dreierlei Zweigen (je drei oben, in der Mitte und unten) mit Blättern in Weiß und Gold mit einem Herzen darauf repräsentieren die Weisheit. Auf den fünften Baum folgt ein „Kelch ganz voll von Blut" und die Aufforderung, aus ihm, dem Kelch der Geduld zu trinken. Fünf ist die Zahl der Wundmale Christi. Der sechste Baum streckt die Wurzeln himmelwärts, die Krone zur Erde – es ist die Erkenntnis Gottes, die im Himmel wurzelt. Daneben steht noch ein anderer, der siebente, und Hadewijch wird wie ein Ritter im Minnedienst aufgefordert, als seine Gefangene zu bleiben, da er ihrer genießen wolle. Was sie nun erlebt, erinnert an alte Mysterienkulte. Zunächst die Aufforderung: „Kehre dich um, und du wirst denjenigen finden, den du stets gesucht hast."[11]

Was sieht sie? Ein Kreuz, heller und klarer als Kristall, durch das man ferne Welten sehen kann. Davor ein Sessel, der einer Scheibe gleicht, heller als die Sonne in ihrer stärksten Kraft. Die Scheibe ruht auf drei Säulen wie brennendes Feuer, Topas und Amethyst. Mitten unter dieser Scheibe dreht sich erschreckend schnell ein Rad: der Abgrund göttlichen Genießens in seinen verborgenen Stürmen. Hadewijch findet den, mit dem sie „im Genießen Eins zu sein begehrt hatte". Sie gibt ihm keinen Namen. Sie versucht zwar eine Beschreibung, beteuert aber zugleich, das Erlebte nicht in Worte fassen zu können, denn „die unsäglich hohe Schönheit und die wonnevollste Wonne des edlen, wunderbaren Antlitzes nahm mir alle bildliche Vorstellung davon". Sie fällt ihm zu Füßen, denn sie erkennt, „dass ich mich auf dem Wege zu ihm befand, auf dem noch so viel zu erleben war". Der Geliebte lässt sie wissen, was er von ihr verlangt: „Willst du die Minne in ihrer hochgemuten Natur erjagen, so wie meine Allheit es erheischt, so musst du so fremd, so unbekannt und so unselig unter den Menschen werden, dass du nicht weißt, wo du des Nachts dein Haupt hinlegen sollst. Alle Menschen sollen dich aufgeben und verlassen, und niemand soll in deiner Not und in deiner Qual bei dir aushalten."[12] Ja, dass diese Begegnung möglich wurde, dass sie auf diesen Weg geführt wurde, scheint seinen Grund überhaupt nur darin zu haben, dass sie Wunder und Gnadengeschenke, die ihr zuteil wurden, fahren ließ, weil sie nichts anderes wollte als die vollkommene Minne. Zum Abschied schließlich reicht der Geliebte ihr wie die Dame dem Ritter ein Minnepfand: „so nimm Blätter von diesem Baume, das ist die Erkenntnis meines Willens. Und wenn du leidest, so nimm von dem Wipfel eine Rose, und von dieser nimm ein Blatt, das ist die Minne; und wenn du es gar nicht aushalten kannst, so nimm das Innerste der Rose, das bedeutet, dass ich dir das Gefühl meiner eigenen Nähe gebe. So wirst du immer die Erkenntnis meines Willens besitzen, Minne empfinden und in der Not mich selber im Genusse fühlen. So tat auch mein Vater mit mir, da ich sein Sohn war. Er ließ mich in der Not, aber er gab mich nie auf. Ich fühlte ihn im Genießen, während ich der Aufgabe diente, zu der er mich gesandt hatte."[13]

Der Weg der verständigen Liebe

In der zweiten Vision, an deren Ereignisse sie sich nicht mehr erinnert, hat Hadewijch eine erste unmittelbare Erfahrung der Minne. An einem Pfingsttag erlangt sie durch den Heiligen Geist die Gabe, „all den Willen der Minne in Allem" zu verstehen. Seitdem fühlt sie „die Liebe in Allen, die da waren". In der dritten Vision wird sie mitten ins Antlitz der Trinität geführt. Aus dem „Wesen des Antlitzes" empfängt sie Einsichten und Urteile. Eine „schreckliche" Stimme – wie in der Apokalypse – tönt daraus: „Sieh her und empfange meinen Geist der Allerkenntnis, denn darin bin ich die Minne. Bringst du aber auf all den Wegen der reichen Minne dich selbst als reinen Menschen in mich hinein, so sollst du mich genießen, der ich die Liebe bin."[14]

In der vierten Vision begegnet Hadewijch einem Engel, „ganz von inbrünstigem Feuer erfüllt", der mit sieben Schlägen seiner mächtigen Flügel den ganzen Kosmos zum Stillstand und Schweigen bringt. Sie selbst wird von seinen Flügeln umfasst „und in die Mitte seines Reiches gestellt, das er selber war". Sie versinkt „in ihn wie von süßer neuer Hingabe umfangen, die war voll von Erkenntnissen in der Empfindung wahrer Liebe".[15]

Ich denke, bereits diese wenigen Zitate lassen erkennen, dass das Unaussprechliche, das Hadewijch erlebt, ein Ineinander von Erkenntnis und Liebe ist. Die Vision ist viel zu komplex, um sie hier näher darzustellen, angesprochen wird darin jedenfalls ihre Unterscheidungskraft: Sie soll zwischen zwei Königreichen wählen, deren vollkommene Einheit sie erkennt. Und sie erfährt, durch welche vier Werke sie sich höher hinauf entwickeln könne, von denen das vierte das schwerste ist: den zu entbehren, den sie über allem liebt. In ihren Briefen klagt sie bisweilen ihr Leid: „Was er ist, das verzehrt er selbst in seinem süßen Genießen; so lässt er mich fern von diesem Genusse umherirren und nach liebendem Genusse verlangen, und er lässt mich unerleuchtet von all den Freuden, die mir zugute kommen sollten. Ich Arme, was er mir selbst zum Genusse rechter Liebe gegeben hatte, das hat er nun fahren lassen ..."[16] Und: „Es ist ein schreckliches Leben, das die Minne von einem verlangt: ihres Genügen soll man entbehren, um ihr Genüge zu tun."[17]

Die Tugenden aber sind zu wirken, ohne damit einen himmlischen oder irdischen Gewinn erlangen zu wollen, „sondern allein der höchsten Allmacht Gottes zu Gefallen". Denn „ehe die Minne so überwältigend erscheint, ehe sie den Menschen sich selbst entreißt und so mit ihrem Innersten trifft, dass er ein Geist und ein Wesen mit ihr und in ihr sein muss, muss ihr der Mensch mit schönem Dienst, mit elendem Leben die Stätte bereiten (...) Das heißt, mit Christus am Kreuz stehen und mit ihm sterben und auferstehen."[18]

In der fünften Vision wird jene Liebe als falsch, als luziferisch erkannt, die Seelen aus dem Fegefeuer und der Hölle befreien oder ihre Pein mindern will, statt zu erkennen, dass Gott in einem Wesen hasst und liebt – so dass nur bleibt, alles mit ihm zu hassen und zu lieben. Mit Gott eins sein heißt, mit seinen hellen und dunklen Seiten eins sein, statt über seine Gerechtigkeit zu urteilen.

Was für eine Herausforderung für uns, die wir mystische Wege betrachten und beschreiten in einer Welt voll brutaler Gewalt und schreiender Ungerechtigkeit! Der Gott, der tiefste Seligkeit in uns bewirkt und den Henkern und Folterern nicht in den Arm fällt. Und die Seelen im Fegefeuer? Bei all ihrer Kühnheit stellt Hadewijch die kirchliche Lehre nicht so in Frage, wie es etwa einige Dominikanerinnen taten, die von Gott eine so riesige Zahl von Seelen aus dem Fegefeuer freibaten, dass man dahinter geradezu den Wunsch sehen kann, Gott von seiner dunklen Seite zu befreien.

Hadewijchs Gottesvorstellung ist eine, die nach Auschwitz nicht abzudanken hätte. Doch wer wäre in der Lage, diese entsetzliche Seite mit zu Gott zu denken? Schon während ich das schreibe, merke ich, dass hier der wesentliche Punkt liegt: Es geht nicht ums Zusammendenken. Das Denken gehört immer noch dem Reich der Dualitäten an. Ein eiskaltes Zusammenfügen in Begriffen würde nur den Holocaust ins Mentale verlegen, könnten wir doch dann Gott selbst für die Ungeheuerlichkeiten verantwortlich machen. Die Einheit, die Hadewijch erringt, liegt weit höher auf einer Ebene, die unser Denken nicht mehr erreichen kann.

In ihrer sechsten Vision begegnet Hadewijch dem Geliebten in seiner Macht, auf einer hohen, gewaltigen Stätte thronend, „unsichtbar und unerkennbar in der Hoheit des Amtes, dessen er da zu walten hatte … unbegreiflich für Himmlische und Irdische“.[19] Wer wollte angesichts solcher Übermacht noch dem eigenen Urteil trauen? „Hiernach“, wird ihr gesagt, „sollst du niemanden mehr verurteilen oder segnen ohne meine Einwilligung. Einem Jeden sollst du nach seinem wahren Werte Recht widerfahren lassen.“[20]

Es ist nicht einfach eine ins Überirdische projizierte Herrschergestalt, die Hadewijch erlebt und die ich mir einfach in partnerschaftlichere Vorstellungen „übersetzen“ könnte, sondern die All-Macht selbst, für die uns auch heute die Begriffe und das Begreifen fehlen, auch wenn wir das immer wieder zu ignorieren versuchen. Wir sind nicht einmal in der Lage, uns die Multidimensionalität der Wirklichkeit vorzustellen, fühlen uns aber durchaus berechtigt, Urteile abzugeben über die göttliche Wirklichkeit, die doch in unermesslicher Weise komplexer ist.

Hadewijch sagt es in Paradoxen: „Ich sah seine Länge unter Allem erdrückt. Ich sah seine Kleinheit über Allem erhoben. Ich sah seine Verborgenheit alle Dinge begreifend umfließen; ich sah seine Weisheit in Allem beschlossen.“[21] In ähnlicher Weise schreibt sie in einem ihrer Briefe: „Erleuchtete Vernunft zeigt den innigen Sinnen ein klein wenig von Gott; daraus können sie ahnen, dass Gott eine furchtbar und überschrecklich herrliche Natur ist und wunderbar anzuschauen; dass er das All in allem und ganz in jedem Dinge ist. Gott ist über allem und unerhoben. Gott ist unter allem und ungedrückt. Gott ist in allem und uneingeschlossen. Gott ist außer allem und allumfasst.“[22]

Mit der siebenten Vision ist der Höhepunkt des Vernunftweges erreicht: Ich kann einen Weg gehen, an mir arbeiten, ich könnte wie Hadewijch das Begehren in mir nähren, zu wachsen, um Gott mit Gott zu sein – die Erlösung aber kann ich mir nicht selbst verschaffen. Während der Pfingstmesse sieht Hadewijch den Geliebten vom Altar kommen in der Gestalt eines Kindes. Das Kind wandelt sich in den Mann und kommt zu ihr und gibt sich ihr in der Gestalt des Sakraments: „Dann aber kam er selbst zu mir, nahm mich ganz in seine Arme, drückte mich an sich; und alle meine Glieder fühlten die seinen in vollem Genügen nach dem Herzensbegehren meiner Menschheit. So ward ich von außen gesättigt mit voller Befriedigung."[23] Doch ist damit noch nicht die letzte Einigung erreicht.

Der Weg der Stärke

In der achten Vision wird Hadewijch über alles Bisherige hinausgeführt zu einem breiten hohen und unsäglich schönen Berg, auf dessen Spitze fünf Wege führen. In einem „Antlitz in ewiger Wonne" enden die Wege und werden diejenigen, die sie vollendeten, Eins. Der „Kämpe", der sie hinaufgeführt hat, kennt nur vier der Wege, der fünfte ist ihm verschlossen, weil er, als er noch als Mensch lebte, dem „scharfen Rat des Geistes" folgte und „zu wenig Liebe mit Inbrunst" hatte, diese Inbrunst den Menschen vorenthielt. Hadewijch aber soll diesen Weg nicht nur gehen, sondern selbst der Weg sein. Der Weg ist die Minne, und sie selbst soll Minne werden. Deutlich ist es ein von Leidenschaft getragener und begleiteter Weg.

Die Acht gilt auch als Zahl ‚weiblicher' (Wenn hier von ‚männlich' und ‚weiblich' die Rede ist, so ist vorausgesetzt, dass wir alle, Männer und Frauen beides in uns tragen.) Magie, was ja nichts anderes heißt als weibliche Kraft, Energie, Macht …, aber nicht in die finsteren Abgründe führen muss, die der ‚männlichen' Vernunft verschriebene Menschen gewöhnlich am Ende eines Weges sehen, den Frauen mit Leidenschaft gehen. Denn, wie Luise Rinser einmal sehr schön darstellt, hat jeder Weg sein „oben“ und „unten“. Die ‚männliche‘ „Linie nach ‚oben‘ weitergedacht, führt in das Reich des Geistes, in die ‚Noosphäre‘ des Teilhard de Chardin, nach unten weitergedacht zum Verlust der Wirklichkeit (des Bodens, der Mitte), zum Sich-Verrennen in ‚Ideale‘ wie Ehre und Heldentum, zum Militarismus, zu narzisstischen Männerbünden, zu sterilen Ordnungsstrukturen ohne Beziehung zu dem, was geordnet wird, zur unmenschlichen Versachlichung, zur Lebensfeindlichkeit, zum Kriege, zum Töten und Zerstören, zur Nekrophilie, zur Welt der furchtbaren Väter.“ Die ‚weibliche‘ „Linie nach oben weitergedacht, führt zum ‚Reich Gottes‘, wo Liebe herrscht und Friede. Nach unten weitergedacht, führt sie ins anarchische Dunkel, in die Gesetzlosigkeit, die geistferne Natur, in der Magie, Unwissenheit, Furcht herrschen und in der das Leben sich selbst verschlingt: die Welt der furchtbaren Mütter.“[24]

Hadewijch, scheint mir, geht die ‚weibliche‘ Linie hinauf zum ‚Reich Gottes‘, wo Liebe herrscht und Frieden, das alles wettmacht: Leid, Schmach, Anzweiflung und Verurteilung durch Menschen, Trostlosigkeit in Gebrechen, Jammer und Qualen. Der erste Schritt, den sie auf dem neuen Weg geht, konfrontiert sie in der neunten Vision mit ihrer eigenen Vernunft. Die erscheint ihr als prächtige Königin in einem Kleid voller Augen, „durchdringend wie feurige Flammen“, aber sonst wie Kristall mit tausend Kronen auf dem Haupt und begleitet von drei Jungfrauen. Hadewijch erkennt, dass es ihre eigenen Seelenkräfte sind, mit denen die Vernunft sich ziert und die ihr Macht verleihen. In den Jungfrauen erkennt sie ihre heilige Furcht, die sie nach dem Wesen der Minne suchen ließ, ihre Unterscheidungskraft zwischen Vernunft und Minne und die Weisheit, durch die sie Macht und Werke der Vernunft „kraft der Minne“ untersucht hat, „durch die ich

Gott allein als Gott erkannte, und in Gott alle Dinge als Gott, und als Gott jedes Ding, so wie ich im Geiste mit ihm geeinigt bin." Durch diese Erkenntnis hat sie sich die Vernunft untertan gemacht: „sie räumte das Feld, und Minne kam und umfing mich".[25] Es geht also nicht darum, die Vernunft einfach wegzuschicken, um nur noch auf den Wolken der Minne zu schweben. Wichtig ist es, Vernunft und Minne im rechten Verhältnis zueinander zu sehen. Wie Hadewijch es in einem Brief erklärt: „Die Vernunft kann Gott nur in dem erblicken, worin er nicht ist; die Minne ruht nur in dem, worin er ist. (...) die Vernunft lehrt die Minne und die Minne erleuchtet die Vernunft."[26]

Mit der zehnten Vision kündigt sich die Hochzeit, die letzte Vereinigung an: Eine neue Stadt wird bereitet „gleich der, die man Jerusalem nennt und von gleichem Aussehen". In ihr dienen „die Allerschönsten des Himmels", „alle die in Minne Geheiligten". Der Seher der Apokalypse schaute das Neue Jerusalem „bereitet wie eine geschmückte Braut ihrem Mann" (Offb 21,2) Hadewijch wird in ihrer Vision die Stadt gedeutet als ihr freies Gewissen, ihr Zierrat als ihre im Leid gereiften Tugendkräfte, der Mantel der Braut als ihr feuriger Fleiß. Ihre „genussbereite Seele" sei die Braut in der Stadt.

Der Hochzeitsmantel lässt an kultische Bräuche der Heiligen Hochzeit denken, bei denen die Braut mit einem Mantel bedeckt wurde. Bemerkenswert ist es, dass Hadewijch ihn sich selbst geschaffen hat und zwar, wenn ich ihre Worte richtig deute, indem sie mit ritterlichem Mut den Weg der allgemein anerkannten Tugenden verließ und ernsthaft um neue, höhere rang. Zu erinnern ist auch daran, dass ein Mantel im Mittelalter ein sehr kostbarer Besitz war.

Nun also wird sie empfangen als „die Braut, die durch Minne alle himmlischen und irdischen Nöte durcherlebt hat!", die „in der Landschaft der Finsternis herangereift ist".[27] In ihrer Hochzeit werden alle – im Himmel und auf Erden – ihr Leben erneuern. Und auch für die im Fegefeuer gibt es Hoffnung. Doch noch ist es nicht so weit – es bleibt ihr noch zu Ende zu dulden.

In der elften Vision gerät sie in unvorstellbare und nicht darstellbare Welten, die sie aber mit ihrem in der Minne aufgenommenen Geist „durch und durch" „erkennt, empfindet, schaut und hört": Ein abgrundtiefes, dunkles Rad, in dem alle Dinge eingeschlossen sind – Hadewijch deutet es als die Macht unseres Geliebten –, ein Phönix, der einen Adler verschlingt, einen jungen grauen und einen „blonden mit neuen Federn, der alt war", „Gestalten aller Arten von Geistern" … Deutlich erscheint sie hier wieder als stolzer Ritter, der es nicht nötig hat, seine Verdienste zu schmälern, all das Leid, das sie um der Nächstenliebe und um der Minne willen trug: „So fühlte ich Minne nie, sondern allzeit einen neuen Tod."[28] Durch all das aber hat sie erlangt, was ich All-Weisheit nennen möchte. Und nur wer sie auch hat, kann wohl im letzten die verwirrenden Bilder und das rätselhafte Sprechen entschlüsseln.

Wieder die große weite Stadt in der zwölften Vision. Hadewijchs Brautkleid, in dem sie vor den Bräutigam geführt wird, ist mit zwölf Tugenden geziert, auf der Brust trägt sie „eine Spange mit dem göttlichen Insiegel, durch das sie mit der einigen göttlichen Einheit vertraut ist", ein Zeichen, „dass sie das verborgene Wort von ihm selbst aus der Tiefe vernommen hatte".[29] Sie fällt nicht nieder vor ihm. Auf dem Antlitz liegend wäre es unmöglich zu sehen, sie aber erlangt mit der Vereinigung auch eine tiefere Gottesschau. Ein neuer Himmel wird ihr aufgetan in der dreizehnten Vision, in der sie inmitten des göttlichen Antlitzes die Minne in Gestalt der

Himmelskönigin schaut, kein liebliches Bild, denn Schwerter voll feuriger Flammen fahren aus ihren Augen, Blitze und Donner aus ihrem Mund. Hadewijch aber hat sich das Recht erworben, das die Minne besitzt, ist selbst die ‚Minne' oder ‚Mutter der Minne'. Aber sie erlebt, dass auch diejenigen, die nicht ihren Grad an Vollendung erreicht haben, von der Flut der Liebe verschlungen werden: „Wir alle werden Eins werden, und Einer Alles."[30] Auf dem neuen Thron der ‚Erhabenheit' besitzt sie in der letzten Vision neue Gewalt. Unmöglich, adäquat und hier auch noch zusammenfassend auszudrücken, wie neu Gottes Kraft und Macht sie durchfließt, sie in Gott ist und ihre Werke und ihr Wille hochgemut in dem gegründet hat, den sie mit ‚Geisteswut' und stürmischem Begehren liebte. Sie empfängt darin die Macht, alle Arten von Gemütsbewegungen zu erleben, ohne ihre Gelassenheit zu verlieren, und Menschen aus Sünden und Verzweiflung zu erlösen. Drei Tage und Nächte bleibt sie „in der Aufgenommenheit des Geistes beim Anblick unseres Geliebten". Danach erklärt sie: „Dem Geist entrückt und in ihm zu sein, das übersteigt alles, was man von ihm haben und was er selbst gewähren kann; und dann ist man nicht weniger, als er selbst ist."[31]

Durch den Nachvollzug des uralten Mythos der Heiligen Hochzeit hat Hadewijch übermenschliche Fähigkeiten erlangt – oder besser gesagt: sie ist offen dafür geworden, dass Gott durch sie wirken und sie verwandeln kann. Hier werden Dimensionen der Liebe erschlossen, die alles, was wir gewöhnlich damit verbinden, und erst recht alles, was Frauen im Namen der Liebe über Jahrhunderte hinweg ins Gewissen gelegt wurde, bei weitem überschreiten und auf heilsame Weise in Frage stellen. Liebe ist für Hadewijch nicht eine Würze, die den Ernst des Lebens erträglicher macht, kein Almosen, keine nur vernunftgemäße Fürsorge und Akzeptanz, keine illusionäre Verschmelzung, sondern im Sinne des Evangeliums das Höchste überhaupt, die wahre Wirklichkeit. Als solche setzt sie sie in kompromissloser Weise an die erste Stelle in ihrem Leben, und sie wird auch dann nicht schwankend darin, wenn sich ihr – im äußeren wie im inneren Leben – bedrohliche Widrigkeiten entgegenstellen. Sie übt zwar die Tugend der Demut, aber das bedeutet für sie nicht falsche Selbstverleugnung, wie sie Frauen so oft als ‚frommer Lebenswandel' anempfohlen wurde. Ihre Liebe wurzelt in Selbstachtung. Sie ist auch nicht reines Gefühl, sondern öffnet den Weg zu höchster Erkenntnis. Statt braver Sittsamkeit ist es ‚Orewoet', was sie treibt, ein kaum übersetzbarer Begriff, eine Art Geisteswut – sie selbst findet nur schwer ein passendes Wort dafür. Wenn sich ihre Spannung in der ekstatischen Schau löst, so ist das Antwort auf ihr existenzielles „Darben an Minne", das sie letztlich auf den „obersten Weg" bringt. Es ist die harterrungene Ernte der „in der Landschaft der Finsternis" Herangereiften, die alle himmlischen, irdischen und höllischen „Krieger" überwunden hat, indem sie unbeirrbar ihren Weg ging, auch wo sie von anderen keine Bestätigung bekam oder Angriffen ausgesetzt war. Ihr Leiden eröffnet ihr den Weg. Ich weiß, die Vorstellung, dass Leid uns für die göttliche Wirklichkeit, die Liebe Gottes, öffnet, hat eine unheilvolle Wirkungsgeschichte gehabt, weil sie in zynischer Weise angewendet wurde, um Unterdrückung und Gewalt zu rechtfertigen. Es hat schon seine Gründe, wenn viele von uns dem heute skeptisch gegenüberstehen. Es ist sicher gut, dass wir, gerade als Frauen, gelernt haben, uns aus Opferrollen zu befreien, die andere uns auferlegen, dass wir für seelisches Leiden ebenso Genesung suchen wie für körperliches, und dass wir gelernt haben, auch in und mit innerer Freude wachsen zu können.

Doch gibt es, wie bereits in anderem Zusammenhang angesprochen, gerade in unserer Zeit, auch das andere: Leid vermeiden wollen um jeden Preis, dieses strenge Gebot: Sei glücklich, sei erfolreich, habe Spaß und leide nie, die (implizite) Botschaft, Gott sei uns nur dann nah, wenn wir einen guten Energiefluss spüren und fast alles uns gelingt, deren Kehrseite es ist, dass wir dann, wenn wir leiden – was letztlich unvermeidlich ist – uns auch von Gott verlassen fühlen müssen. Da hinein klingt es als frohe Botschaft, dass Leiden uns Gott näherbringt, es uns öffnet für Gottes Liebe. Und wenn manche mittelalterliche Mystikerin ums Leiden geradezu gebetet hat, war sie schlichtweg unerreichbar für jede nur denkbare irdische Bedrohung. Schließlich stimmt dann wieder, was oft zu kurzschlüssig behauptet wird: dass wir in Gott immer froh sind. Das bezeugen die Erfahrungen vieler Mystiker und Mystikerinnen. Und das ist es, was auch Hadewijch sich erwünschte: „Denn das ist die vollkommenste Bewährung: zu wachsen, um Gott mit Gott zu sein. Das aber heißt Pein und Elend leiden und in immer neuem Seelenschmerz leben; alles aber ohne Seelenschmerz kommen und gehen lassen und nichts anderes dabei zu empfinden als süße Minne, Herzen und Küssen. So wünschte ich, sollte mir Gott sein, damit ich ihm genug wäre."[32]

Auch der „gute Energiefluss" also gehört dazu, aber er wird nur derjenigen zuteil, die sich auch dem „Grauen der Minne" stellt. Genuss an sich ist kein Beweis für vollkommene Liebe, die eben nicht nur immer ein seichter, sanfter Strom ist. Hadewijch kennt auch die „Ungnade der Minne": „Denn ich war Mensch; die Gottheit aber ist ohne Unterlass so schrecklich und ohne Gnade zehrend und brennend. Die

Seele ist in einem kleinen Bache eingeschlossen; aber schnell läuft seine Flut über und bald sind die Deiche zerrissen. So hat auch die Gottheit die Menschheit bald heimgesucht."[33] Und sie kennt, wie bereits erwähnt, schwere Zeiten, in denen sich der Geliebte ihr ganz entzieht.

Hadewijch ist nicht stehen geblieben bei der Erfahrung eines ‚lieben' Gottes, der sich ihrer annimmt und Wunder für sie wirkt. Etwas drängt sie weiterzugehen, immer weiter, auf Wegen, auf denen sie nur noch der eigenen inneren Führung vertrauen kann. Gottes- und Liebeserfahrung ist ein fortschreitender Prozess, bei dem sich ihr immer neue Dimensionen erschließen. Das Leben in und mit unserer heutigen Welt stellt mich vor Aufgaben, die genau dasselbe herausfordern: Ich will mir nicht angesichts von Gewalt und Unrecht mit Gottes Hilfe eine bequeme Nische schaffen. Wieder einmal muss ich an Etty Hillesum denken, eine ähnlich kühne Seele wie Hadewijch, die darauf verzichtete, sich vor der Vernichtung zu retten. Sie genoss die Gaben des Lebens voller Freude und Dankbarkeit, aber sie sah sehr klar, dass es nicht ihr Weg war auszuweichen, auch nicht, aktiv Widerstand zu leisten, sondern einen inneren Weg zu gehen, an sich zu arbeiten, was für sie unter anderem heißt, Feindesliebe zu erarbeiten: „Der Frieden kann nur dann zum echten Frieden werden, ... wenn jedes Individuum den Frieden in sich selbst findet und den Hass gegen die Mitmenschen, gleich welcher Rasse oder welchen Volkes, in sich ausrottet, besiegt und zu etwas verwandelt, das kein Hass mehr ist, sondern auf weite Sicht vielleicht sogar zu Liebe werden könnte." Und sie erlangt eine so tiefe Gotteserfahrung, dass sie sagen kann: „Man darf durchaus manchmal traurig und niedergeschlagen über das uns Angetane sein; das ist menschlich und verständlich. Und dennoch: den größten Raubbau an uns treiben wir selbst. Ich finde das Leben schön und fühle mich frei. Der Himmel ist in mir ebenso weit gespannt wie über mir."[34]

Ihren Schicksalsgefährten und -gefährtinnen mag sie damit „furchtbar" erschienen sein, so wie Hadewijch es von denen sagt, die sie als „Unwissende" bezeichnet. Am Ende aber ist sie eine, die etwas zu geben hat, die es versteht, Gott in den Herzen der Menschen zu erwecken, ein „denkendes Herz", an dem sich unzählige Menschen im Lager aufrichten.

Es geht mir mit Hadewijch wie mit Caterina. In ihrer Unbedingtheit ist sie wie eine Flutwelle, die mit sich fortzureißen droht, worauf ich mein Leben und meine Zuversicht baue, und mich nachhaltig von der Illusion befreit, der innere Weg sei ein beschaulicher Spaziergang in angenehmer Selbstgenügsamkeit. Dadurch aber fordert sie mich auch heraus, die Wurzeln meines Lebensbaums tiefer in die Erde zu versenken, um ihm festeren Halt zu geben und manches Fragwürdige, allzu bequeme und nachlässig Mitgeschleppte davontragen zu lassen.

Originaltexte von Hadewijch

„Das ist ein größerer Gegensatz als zwischen einer Nadelspitze und der ganzen Welt. Ja, so viel kleiner ist das, was man von Gott hat, gegen das, was man von Gott haben könnte, vertraute man auf ihn und wollte man es annehmen. Ach, wie ungenährt bleiben und wie wenig kosten von ihm viele von denen, die ihn wie von Rechts wegen essen und trinken! – Er neigte die Zeit, nämlich in Erwartung unseres guten Lebens, wenn wir nur wollen. Seinen Mund sieht man

geneigt, um zu küssen, wer es verlangt. Seine Arme sind aufgetan; laufe hinein, wer umarmt sein will! Ja, um es kurz zu sagen, so hat Gott sich in der Zeit herniedergeneigt in allem, was man besitzen kann, was man besitzen will und erkennen kann, soviel man will und so innig man will, auf dass er im Genusse der Liebe Eins sei mit uns."[35]

„Was ist mir außer Gott? Gott ist mir gegenwärtig, Gott ist mir fließend, Gott ist mir allseiend, Gott ist mir im Sohne gegenwärtig in Wonne, Gott ist mir im heiligen Geiste überfließend von Reichtum, Gott ist mir mit dem Vater allumfassend in Seligkeit. So ist mir Gott mit drei Personen ein Herr und ein Herr mit drei Personen, und mit drei Personen ist er meiner Seele in mannigfaltigem göttlichen Reichtum. Und so spricht sie weiter. Die Seele, die mit Gott in seiner Gegenwart wandelt, die spricht gerne von seiner Gefälligkeit, von seiner Wonne und von seiner Größe. Die Seele, die mit Gott weiterwandelt in seine Fließendheit, die spricht gerne von seiner Minne, von seiner Herrlichkeit und seiner Edelkeit. Die Seele, die mit Gott noch weiter wandelt in seine Allheit, die spricht gerne von himmlischer Fülle, von himmlischer Freude und himmlischer Entzückung. Die selige Seele, die mit all diesen wandelt in Gott, und mit Gott wandelt in allen diesen, die kennt aller Arten Gnade, sie ist Meister und mit solcher Glückseligkeit beseligt, wie es Gott in göttlichem Reichtum ist, der ein ewiger Herr ist, der ganz gut und der Gott ist, und der alle Dinge gemacht hat. Gott ist Größe, Gewalt und Weisheit. Gott ist Güte, Gegenwärtigkeit und Wonne. Gott ist durchdringende Feinheit, Edelkeit und Glückseligkeit. Gott ist erhaben in seiner Größe, vollkommen in seiner Gewalt und verklärt in seiner Weisheit. Gott ist wunderbar in seiner Güte, allumfassend in seiner Gegenwart und Freude in sei-

ner Wonne. Gott ist wahrhaftig in seiner durchdringenden Feinheit, entzückt in seiner Edelkeit und ganz überfließend in seiner Entzückung. (…)

Zwischen Gott und der seligen Seele, die Gott geworden ist mit Gott, besteht eine geistige Liebeskraft. Wenn Gott diese geistige Liebeskraft in der Seele offenbart, so geht eine empfindungsreiche Freundschaft darin auf. Das heißt, sie fühlt in sich, wie Gott ihr befreundet ist vor allem Leid, in allem Leid und über allem Leid, ja über alles Leid hinaus bis in die Treue seines Vaters. In dieser empfindungsreichen Freundschaft geht ein hohes Vertrauen auf. In diesem hohen Vertrauen geht eine wahrhaftige Wonne auf. In der wahrhaftigen Wonne geht eine aufrichtige Freude auf. In der aufrichtigen Freude geht eine göttliche Klarheit auf. So sieht sie und sieht nicht. Sie sieht eine in sich abgeschlossene, eine fließende, eine allumfassende Wahrheit, die Gott selbst ist in Ewigkeiten. Sie steht, Gott gibt und sie empfängt. Was sie dann an Wahrheiten, an Vergeistigung, an Empfindungen und an Wundern empfängt, das kann keiner nachempfinden. Und in der Freiheit dieser Entzückung muss sie in der Stille verharren. Was ihr Gott dann an hohen geistigen Wundern mitteilt, das weiß niemand außer Gott, der es ihr gibt, und der Seele, die geistig ist wie Gott über alle Geistigkeit.“[36]

„Ach, ich Arme: nach dem Wohlgefallen der Minne will mir selten jemand leben, wohl aber nach seinen eigenen Wünschen! Und viel verlangt man von der Minne, aber wenig will man ihr zu Ehren leben. Denn schwach sind wir im Dulden und eifrig im Genießen. Im Leide brauchen uns nur geringfügige Kleinigkeiten zu hemmen, dann legen wir die Minne beiseite und vergessen, uns mit ihr zu beschäftigen. Denn man sollte zu jeder Zeit der Minne zu Gefallen leben, um in

der Wonne der Minne verloren zu sein oder um nach ihrem hohen Wert und ihrem Wohlgefallen in quälender Sehnsucht zu sein.

Das höchste Leben und das stärkste Wachsen ist das Vergehen und Verderben in Minneschmerzen; in der süßen Empfindung aber liegt öfter Minderwertigkeit. Denn leicht wird man davon beherrscht, und dann erlischt die Kraft der Minne und des Verlangens. Was sie empfinden, das ist für sie so überwältigend, dass sie der Minne Größe und ihr vollendetes Wesen nicht erkennen können. Denn wenn das Herz und die niederen Sinne, die leicht zu erfüllen sind, unserem Affekt gemäß berührt werden, so sind sie wie die Himmel in allen Himmeln – so kommt es ihnen vor. Und in dieser Befriedigung vergessen sie die drängende Forderung, die allzeit in der Mahnung liegt, in der die Minne die Minne mahnt.“[37]

Anmerkungen

1 Die Werke der Hadewych. Herausgegeben und übersetzt von J.O. Plassmann. Hannover 1923. S. 59.
2 Zitiert nach: Willaert, Frank: *Hadewijch.* In: Thiele (1988). S. 114.
3 Die Werke der Hadewych (1923), S. 45.
4 Vgl. Heszler, Esther: *Stufen der Minne bei Hadewijch.* In: Peter Dinzelbacher/Dieter R. Bauer (1985). S. 107f.
5 Heszler (1985), S. 118.
6 Die Werke der Hadewych (1923), S. 13.
7 Willaert (1988), S. 121.
8 Die Werke der Hadewych (1923), S. 53.
9 Die Werke der Hadewych (1923), S. 80.
10 Die Werke der Hadewych (1923), S. 73.
11 Die Werke der Hadewych (1923), S. 76.
12 Die Werke der Hadewych (1923), S. 77.
13 Die Werke der Hadewych (1923), S. 79.

14 Die Werke der Hadewych (1923), S. 80.
15 Die Werke der Hadewych (1923), S. 81.
16 Die Werke der Hadewych (1923), S. 8.
17 Die Werke der Hadewych (1923), S. 28.
18 Die Werke der Hadewych (1923), S. 19.
19 Die Werke der Hadewych (1923), S. 84.
20 Die Werke der Hadewych (1923), S. 85.
21 Die Werke der Hadewych (1923), S. 84f.
22 Die Werke der Hadewych (1923), S. 44.
23 Die Werke der Hadewych (1923), S. 86.
24 RINSER, Luise: Unterentwickeltes Land Frau. Frankfurt/M. 1992. S. 59f.
25 Die Werke der Hadewych (1923), S. 90.
26 Die Werke der Hadewych (1923), S. 37.
27 Die Werke der Hadewych (1923), S. 90.
28 Die Werke der Hadewych (1923), S. 94.
29 Die Werke der Hadewych (1923), S. 97.
30 Die Werke der Hadewych (1923), S. 101.
31 Die Werke der Hadewych (1923), S. 104.
32 Die Werke der Hadewych (1923), S. 86.
33 Die Werke der Hadewych (1923), S. 93.
34 Hillesum, Etty (1985), S. 114f.
35 Die Werke der Hadewych (1923), S. 46.
36 Die Werke der Hadewych (1923), S. 55ff.
37 Die Werke der Hadewych (1923), S. 61.

Mechthild von Magdeburg

Es gibt nur wenige historisch verbürgte Nachrichten über Mechthild von Magdeburg. Ihre Lebensumstände sind nur indirekt über ihr Werk und Angaben ihrer Zeitgenossen zu erschließen, etwa über ihre Sprache, die nahelegt, dass sie im Umfeld des ritterlichen und höfischen Lebens aufwuchs. Ihre Bildung war groß, aber nicht im geistlichen Studium erworben. Sie beherrschte auch nicht die lateinische Sprache, besitzt aber eine auffallende geistige Souveränität. Wahrscheinlich wurde Mechthild etwa 1207 in einer adligen Familie in der Erzdiözese Magdeburg geboren. Ihr Bruder Balduin war später Subprior im Dominikanerkloster Halle. Im Alter von zwölf Jahren wurde sie zum ersten Mal vom Heiligen Geist „gegrüßt", ein Erleben der Erleuchtung, das sich über 31 Jahre hinweg täglich verstärkte. Sie erzählt von sich selbst, dass sie den weltlichen Freuden keinen Geschmack mehr abgewinnen konnte, sondern nur noch alles von Gott erhoffte, nichts mehr von sich selbst, irdischen Gütern oder anderen Menschen. Ihrem göttlichen Lehrmeister und Geliebten folgend verließ sie im Alter von zwanzig bis fünfundzwanzig Jahren etwa alles, was ihrem Leben Sicherheit gab: Eltern und Verwandte, Reichtum und Ehre und begann in dem ihr fremden Magdeburg das ungesicherte Leben einer Begine, das sie über dreißig, vielleicht vierzig Jahre lang führte. Eine solche Ablösung von der Familie war im Mittelalter ein ungeheurer Vorgang. Wie Margot Schmidt es ausdrückt, begab Mechthild sich damit „aus der geschützten wohlhabenden Umgebung in den unsichtbaren Abgrund Gottes". Sie vertauscht den adligen Namen mit dem ihr viel edleren geistlichen. „Vor der Absolutheit ihres inneren Anrufes, der sie in beseligende Ekstasen emporreißt, erkennt sie ihren eigentlichen Adel und ihre Würde. Vor dieser Höhe bricht nicht nur ihr gewohntes höfisches Leben als eine Scheinwelt zusammen, auch die ganze Schöpfung tritt bei ihr zurück und verblasst zu einer Kulisse, vor der die Glut ihres Herzens ‚mit der Begierde des Adlers' aufsteigt."[1]

Die Beginen standen unter der geistlichen Leitung der Dominikaner, die Mechthild hoch verehrte, wenn der Zustand des Ordens ihr auch nicht mehr der ursprünglichen Reinheit zu entsprechen schien. Um 1250, im Alter von 43 Jahren, begann sie, von ihrem Beichtvater Heinrich von Halle ermutigt, ihre ekstatischen Erlebnisse und Visionen niederzuschreiben, das ihr selbst unbegreifliche Wirken Gottes in ihrer Seele zu schildern – womit sie übrigens die Verfasserin des ersten deutschsprachigen mystischen Werkes wurde. Zu dieser Zeit hatten bereits strenge Askese und das häufige Überwältigtwerden durch die göttliche Minne stark an ihren Kräften gezehrt. Obwohl sie von ihrem „Geheimnis mit Gott" lieber schweigen wollte, stand sie unter dem unausweichlichen Zwang zu schreiben, fürchtete dabei Gott, wenn sie schwieg, und die unverständigen Menschen, wenn sie schrieb. Sie sah auch die Gefahr, dass ihr Buch auf dem Scheiterhaufen verbrannt werden könnte, war es doch voll von eben jenen theologischen Spekulationen, derer man die Beginen bezichtigte und die ihnen verboten waren. Aber nach innerer Zwiesprache mit Gott wendete sie sich gegen alle Warnungen, denn Gott hatte ihr gesagt: „Meine Liebe, betrübe dich nicht zu sehr, die Wahrheit kann niemand verbrennen."[2] Sie blieb bei ihrer Wahrheit, der Wahrheit einer

Frau, die es, wie sie selbst sagt, im Gegensatz zu manchem klugen, gebildeten Mann wagt, sich in „die Gewalt der nackten Minne“ zu legen, nämlich ungeschützt durch distanzschaffende Begrifflichkeit und Methodik.

Heinrich von Halle sammelte ihre Aufzeichnungen und fasste sie in sechs Büchern zusammen. Als unbequeme Mahnerin gegenüber kirchlichen Missständen und mit ihren kritischen Worten an adlige Damen auf den Burgen erregte sie mit ihrem Buch Aufsehen. Kritik und Mahnrufe gegenüber dem Welt- und Ordensklerus – so nennt sie etwa einmal die Domherren Böcke, deren Fleisch vor Unkeuschheit stinke, und beanstandet die unzureichende Befähigung und Ausbildung der Priester – aber auch den mit ihr lebenden Beginen schufen ihr Anfeindungen. Man verspottete die Niederschrift ihrer besonderen Gotteserfahrung als Phantasterei, ihr begegneten Misstrauen, Verdächtigungen und Verleumdungen. Zeitweise wurde sie sogar vom Gottesdienst ausgeschlossen. Doch ihr Vertrauen in Gottes Schutz blieb unerschütterlich: „Niemand ist so schnell in seinem Laufe, niemand ist so stark mit seinem Wurfspieß, niemand ist so hinterhältig mit seinem Pfeile, niemand ist so schlimm in seinem Zorne, als dass er meinen Himmel, in dem ich wohne, zerstören, zerbrechen oder schädigen könnte.“[3] Doch hatte sie auch viele Freunde und Verehrer, die sie um Rat und Trost angingen. Ihr Buch – das in seiner Endfassung aus sieben Büchern besteht – wurde Mechthild zum Symbol der unergründlichen göttlichen Weisheit, sie verstand es im höchsten Maße sakral, als ein „himmlisches“ Buch, das Gott selbst in ihr und durch sie schrieb. Auch der Titel wurde ihr, nach ihren Angaben, von Gott eingegeben: „Das fließende Licht meiner Gottheit“. „Der inspiratorische Charakter steigert sich im Laufe der Bücher zur prophetischen Rede. So haben es ihre zeitgenössischen Bewunderer verstanden, die in der lateinischen Vorrede ... Mechthild mit den Prophetinnen des Alten Testaments, Deborah und Olda, verglichen."[4]

Die Anfeindungen, denen sie ausgesetzt war, möglicherweise aber auch die Beschlüsse einer Magdeburger Domsynode von 1261 gegen das Beginentum, mögen der Anlass gewesen sein, dass Mechthild ihren Lebensabend im Zisterzienserinnenkloster in Helfta bei Eisleben verbrachte, wo sie 1270 aufgenommen wurde. Unter der Leitung der Äbtissin Gertrud von Hackeborn stand das Kloster als Mittelpunkt der Frauenbildung und der mystischen Literatur in höchster Blüte. In der jüngeren Mechthild von Hackeborn und der Klosterschülerin Gertrud (später „die Große") fand Mechthild Frauen, die ihre Bestrebungen verstanden, und Schülerinnen, deren spätere Werke sie durch das ihre beeinflusste. Bis zu ihrem Tod schrieb sie ihr siebentes Buch. Erblindet diktierte sie die letzten Kapitel ihren Mitschwestern. Rückblickend erkennt sie sich in ihrer Kindheit als Gefährtin des Heiligen Geistes, in ihrer Jugend als Braut der göttlichen Menschheit, in ihrem Alter nun als Ehefrau seiner Gottheit. 1282 (oder 1294) starb sie in Helfta, sehr gerühmt von ihren Mitschwestern. Ihr Buch fand nach ihrem Tod keine große Verbreitung, wenn es auch hier und da gewürdigt wurde und Einfluss nahm. Die ursprünglichen Aufzeichnungen ihrer Schriften gingen verloren, erhalten blieb eine Übertragung ins Alemannische, die Heinrich von Nördlingen angefertigt hatte, und eine mittellateinische Bearbeitung. Heinrich von Halle hatte bereits so in den Text eingegriffen, die Anordnung der Kapitel geändert, dass kein Rückschluss auf die zeitliche Reihenfolge und die innere Entwicklung von Mechthilds Eingebungen mehr möglich ist. Dennoch bleibt es ein einzigartiges Werk, dessen überwältigende Kraft daraus entspringt, dass nichts darin nur angelesenes Wissen oder reine Spekulation ist, sondern alles ihrer eigenen lebendigen Erfahrung entspringt: „Ich will und kann nicht schreiben, wenn ich es nicht mit den Augen meiner Seele erkennen und mit den Ohren meines ewigen Geistes hören und in allen Gliedern meines Leibes die Kraft des Heiligen Geistes empfinden würde."[5] Es ist zugleich ein höchst poetisches Werk, das im Grunde nur für sich selbst sprechen kann, was, wie ich hoffe, die im Text folgenden Zitate zeigen werden. Wie Marguerite Porètes „Spiegel" ist es nicht einfach zu verstehen, zunächst steckt es ebenso voller Widersprüche. Auch Mechthild fordert deshalb, sich intensiv darauf einzulassen: „Alle, die dieses Buch verstehen wollen, müssen es neunmal lesen."[6]

„Er liebt sie mit aller Macht auf dem Lager der Minne"[7]

Manchmal ist der Schmerz einfach unerträglich, mit anzusehen, wie Menschen die Welt und sich selbst zugrunderichten, zerstören, was zu heilen sie nicht imstande sind, Krisen und Katastrophen auslösen, denen gewöhnlich nicht die Verantwortlichen zum Opfer fallen, sondern gerade die Schwachen, die Armen, die Ungeschützten. Wir wissen, dass die in der Genesis gegebene Aufforderung, sich die Erde untertan zu machen, in verhängnisvoller Rezeption zu dieser Entwicklung beigetragen hat. Dazu die jüdisch-christlichen Hierarchien: In Psalm 8 ist Gottes Werk den Menschen unter die Füße getan und dieser die Schöpfung beherrschende Mensch dürfte als Mann gedacht sein. Im Epheserbrief wird die Frau dem Mann als ihrem Haupt untergeordnet. Da traditionell Geist und Ratio dem Mann, Leiblichkeit und Gefühl der Frau zugeordnet wurden, liegt es auf der gleichen Linie, wenn in der christlichen Geschichte der Geist weit höher bewertet wird als der Körper, es geradezu, wie Elisabeth Moltmann-Wendel es nennt, eine „christliche Fluchtgeschichte vom Körper in den Geist" gibt. Der Kopf, der den Körper beherrscht, die Seele, die Natur, der aber, ohne Rückbindung an den Leib, die Seele, die Gefühle, nicht verantwortlich umgehen kann mit seinem Herrscheramt.

Was im eigenen Inneren nicht leben darf, verdrängt, dämonisiert wird, wird nach außen projiziert und da bedrängt, verfolgt und vernichtet: die ganzheitlicheren religiösen Kulte der ‚Heiden' und diese selbst, das in der Tiefe der Weisheit wurzelnde Wissen der ‚Hexen' und diese selbst, um nur zwei Beispiele zu nennen. Natur wird ‚gezähmt', die Göttin zur jungfräulichen Mutter Maria domestiziert, zu einem idealisierten Bild der Reinheit, während zugleich eine sadistische Phantasie eine Höllenpein ausdachte, die man dann in unserer Zeit ganz praktisch Juden und Sinti und Roma und Homosexuellen und politisch Andersdenkenden im KZ bereitete.

Der Zusammenhang zwischen der Spaltung im eigenen Inneren und zerstörerischem Wirken nach außen wird zunehmend gesehen. Seit Jahrzehnten deshalb der Ruf nach dem Ganz- und Heilwerden. Elisabeth Moltmann-Wendel macht den Eros als die Kraft aus, die imstande ist, Kopf und Körper wieder zusammen zu bringen, damit auch Geist und Körper und schließlich Gott und Leib. Hier wäre auch Walter Schubart zu hören, der bereits 1941 konstatiert: „Das Religiöse und das Geschlechtliche sind die beiden stärksten Lebensmächte. Wer sie für ursprüngliche Widersacher hält, lehrt die ewige Zwiespältigkeit der Seele. Wer sie zu unversöhnlichen Feinden macht, zerreißt das menschliche Herz. Und es ist zerrissen worden!"[8]

Aus solcher Perspektive betrachtet erscheinen mir viele Texte Mechthild von Magdeburgs zukunftweisend. Eros verbindet ihr alles, die Seele mit Gott und Gott und die Welt, das Dunkel und das Licht. Gott und Seele sind ineinander verliebt, begehren einander. So spricht die Seele zu Gott:

„Herr, Du bist mein Geliebter,
meine Sehnsucht,
mein fließender Brunnen,
meine Sonne,
und ich bin Dein Spiegel."[9]

Krank vor Liebe harrt sie des Geliebten auf dem Lager. Inbrünstig wendet sie sich ihm zu. Gott seinerseits kommt zur Seele „wie der Tau auf die Blume" und liebkost sie:

„Du bist mein überaus sanftes Lagerkissen,
mein innigstes Minnebett,
meine heimlichste Ruhe,
meine tiefste Sehnsucht,
meine höchste Herrlichkeit.
Du bist eine Lust meiner Gottheit,
ein Durst meiner Menschheit,
ein Bach meiner Hitze."[10]

Es liegt in der „Natur" Gottes, die Seele überaus zu lieben, da er die Liebe selber ist. Die Gottheit ist „ein heißer Brand". Gott und Seele begegnen einander:

„Da leuchtet Aug in Auge,
und da fließt Geist in Geist,
und da greifet Hand zu Hand,
und da redet Mund zu Mund,
und da grüßet Herz zu Herz.“[11]

Gott und Seele vereinen sich:

„Da geschieht eine selige Stille,
und es wird ihrer beider Wille.
Er gibt sich ihr, und sie gibt sich ihm.“[12]

Mechthilds Erfahrung mit Gott ist, dass er Entrückung und Ekstase der Seele teilt. Sie „lehrt uns einen Gott sehen, den wir so noch nicht wahrgenommen haben in all unseren anämischen Gottesbildern und kläglichen Sprechversuchen: einen Gott, der sich berühren, umarmen, lieben lässt mit allen Fasern des Leibes, aller Kraft der Phantasie und der Intellektualität“.[13]

Der begnadeten Erkenntnis zeigt sich die liebende Seele als mannhafter Mann, herrlich geschmückte Jungfrau und süße Braut auf dem Minnelager. Da sie dreifaltig ist, kann sie Gottes Bild sein. Aber nicht zu allem, was die Seele erlebt, erhält die Erkenntnis Zugang: „Die Bräute dürfen nicht alles sagen, was ihnen widerfährt“, teilt ihr die Seele mit, „selig halbtrunken vor Liebe“ erschließt sich ihr eine tiefere Wahrheit als dem klaren Verstand. Mechthild spricht zwar auch von dem herrscherlichen Gott, aber die Erfahrung Gottes als des Geliebten überwiegt bei weitem. Alles ist bei ihr in immerwährender Kommunikation: Gott, Seele, Pein, Gottvater und Sohn und Heiliger Geist untereinander. Das Licht der Gottheit ist ein fließendes. Nichts ist festgehalten, festgeschrieben, wie es der Kopf braucht und möchte. Die Bilder wechseln. Das Erleben ist immer wieder neu, wächst, weitet sich. Nichts wird aus dem Leben gerissen, um auf den Begriff gebracht zu werden. Im Gegenteil haucht sie dem bereits durch die Theologie auf den Begriff Gebrachten neues Leben ein, etwa wenn sie die Trinität körperlich erfährt.

„Herr, himmlischer Vater, du bist mein Herz!
Herr, Jesus Christus, du bist mein Leib!
Herr, Heiliger Geist, du bist mein Atem!
Herr, Heilige Dreifaltigkeit, du bist meine einzige
Zuflucht und meine ewige Ruhe!“[14]

Oder wenn sie von der „spielenden Flut“ spricht, die in der Hl. Dreifaltigkeit fließt, und der „süßen Lust des Hl. Geistes“. Mechthild beweist ganz existenziell, dass das Mysterium der Trinität nicht, wie Bernhard von Clairvaux meinte, außerhalb des Erfahrbaren liegt. „Die Entrückung wird zu einem berauschenden Leben trinitarischer Liebe, in dem ‚Gott Vater der selige Schenke, Gott Sohn der Kelch, der Heilige Geist der lautere Wein ist und die ganze Dreifaltigkeit der volle Kelch und die Liebe die gewaltausübende Kellermeisterin.‘ … Der Macht der Liebe unterstehen Gott und der Mensch. Sie ist das Wesen und die Wirkkraft des trinitarischen Gottes, das Prinzip der Schöpfung und der Erschaffung des Menschen, ist ferner Ausgangspunkt für die Inkarnation und das Erlösungsleiden Christi.“[15]

„O du gießender Gott in deiner Gabe!
O du fließender Gott in deiner Minne!
O du brennender Gott in deiner Sehnsucht!
O du schmelzender Gott in der Einung mit deinem Lieb!

O du ruhender Gott an meinen Brüsten!
Ohne dich kann ich nicht mehr sein.“[16]

In einem Seminar, bei dem dieser Text vorgelesen wurde, war man sich schnell einig: nicht ausgelebte Sexualität, die ins Himmlische projiziert wird. Wie aber, dachte ich mir, wenn es nun umgekehrt wäre? Wie wenn uns Menschen ein tiefes Bedürfnis nach spiritueller Verbundenheit eigen wäre, und wenn das nicht befriedigt wird, projizieren wir die Wünsche und Bedürfnisse, die uns nur eine Höhere Macht erfüllen könnte, auf Menschen, suchen Erfüllung im sexuellen Ausleben, finden sie dort nicht, unsere Sehnsucht bleibt unerfüllt, Leere stellt sich ein – und da wo uns Liebe verbinden sollte, entsteht Sucht? Allein die Tatsache, dass uns dieser Gedanke ungewohnt erscheint, spricht nicht gegen ihn. Mechthild jedenfalls erlebt sich „von Natur“ Gott zugehörig:

„Der Fisch kann im Wasser nicht ertrinken,
der Vogel in den Lüften nicht versinken,
das Gold ist im Feuer nie vergangen,
denn es wird dort Klarheit und leuchtenden Glanz empfangen.
Gott hat allen Kreaturen das gegeben,
dass sie ihrer Natur gemäß leben.
Wie könnte ich denn meiner Natur widerstehn?
Ich muss von allen Dingen weg zu Gott hingehn,
der mein Vater ist von Natur,
mein Bruder nach seiner Menschheit,
mein Bräutigam von Minnen
und ich seine Braut ohne Beginnen.“[17]

Es ist der göttliche Eros, der diese Verbindung schuf, seit der Hl. Geist sie im Alter von zwölf Jahren „grüßte", und der fernerhin über ihr Leben bestimmt. Um gar nicht erst wahrgenommene leibliche Lust kann es sich nicht handeln, denn die ‚Fleischeslust' ist ihr nicht fremd, nur die göttliche Lust in ihrer Seele ist viel stärker, so dass die Beziehung zu Gott in ihrem Erleben die wesentlichste überhaupt ist. Johannes Thiele erweist sich ‚Das Fließende Licht der Gottheit' geradezu als „Frucht unverdrängter Liebe, gerade weil es sich nicht genug tun kann in den Bildern irdischen Liebesspiels".[18]

„Wenn ich mich reinige, muss ich mich schämen,
wenn ich mich begieße, muss ich weinen,
wenn ich bette, muss ich hoffen,
wenn ich Blumen breche, muss ich minnen.
Wenn mein Herr kommt, gerate ich außer mir.
Denn er bringt mir manchen süßen Saitenklang
und nimmt mir meines Fleisches Drang.
Und sein Saitenspiel ist voller Süßigkeit,
damit nimmt er mir alles Herzeleid."[19]

Kann ich das auch erleben? Etwas seltsam ist es mir, danach auf die Suche zu gehen. ‚Glaubenssätze' aus der Zeit der sexuellen Befreiung stellen sich entgegen, verinnerlichte Geister jener Zeit lassen aus den Falten meiner Seele ihr höhnisches Gelächter hören: Du willst nun also gegen die ‚Fleischeslust' zu Felde ziehen? Nein, das will ich keineswegs. Es hat sein Gutes gehabt, die Sexualität aus dem Gefängnis von Verleugnung und Verdammung, die Menschen zum freudigen und unbefangenen Umgang mit ihr zu befreien. Es geht nur um den Stellenwert, den wir ihr einräumen, und die Art, wie wir sie leben. Vor allem geht es darum, ihr nicht zu gestatten, die ursprüngliche Gottesliebe womöglich bis zu völliger Verdunkelung zu überlagern. Oder darum, diese selbst als ihre andere, nicht offenkundige Seite zu erkennen.

Wenn wir sexuelle Energie einfach ganz frei fließen lassen, verbindet sie sich mit dem Ego und hat die Tendenz, die feineren Regungen der Seele zu überfluten, ‚Lärm' zu machen, der die leise Stimme Gottes übertönt, Illusionen und ein übersteigertes Selbstgefühl zu erzeugen, uns im Habenwollen festzuhalten, und kann so zur treibenden Kraft eines Verhaltens werden, mit dem wir andere und uns selbst verletzen. Eifersuchtsdramen bis hin zur Gewalttätigkeit speisen sich aus ihr, Ehebrüche, Vergewaltigungen. Unsere Sexualität ist eine schwer zu handhabende Kraft, die dem spirituellen Streben zunächst eher entgegensteht. Manchmal mag es so scheinen, dass es nur die Alternative gibt, sie verkümmern zu lassen oder ängstlich in Schach zu halten oder sich von ihr davontragen zu lassen. Mechthild zeigt mir, wie es sein kann, wenn die Transformation in spirituelle Liebe gelungen ist. Und das geschieht nicht dadurch, dass man einen leiblich-sinnhaften Liebesrausch einfach auf Gott überträgt – wenn dieser vielleicht auch eine Ahnung zu geben vermag von der Vereinigung mit Gott. Wie Simone de Beauvoir feststellt: „Es gibt zunächst kein uneingestandenes sexuelles Begehren, das die Gestalt einer göttlichen Liebe annimmt."[20] Und Mechthild rät zu folgendem Gebet:

„Herr, diese Stunde ist dein und mein.
Hilf mir, Jesus, mein Herzenslieb,
dass meine Seele und Sinne so tief in dich dringen,
dass mich irdische Begierden nicht verschlingen."[21]

Der Weg zu einer Gottesliebe, die so inbrünstig ist, dass sie die Wonnen leiblicher Lust weit übersteigt, geht durch Demut, Reue, Buße, Widerstand gegen die Verlockungen des ‚Fleisches' und die Versuchungen des Teufels und das Aufgeben des Eigenwillens in der völligen Hingabe an Gott, die vollkommene Selbstentäußerung. Und wenn wir, sagt Mechthild, auch noch soviel hingeben und wenn wir unser Wertvollstes geben, das, woran unser Herz am meisten hängt, es ist doch nur wertloses Kupfer, das wir für kostbares Gold geben. Trotzdem entschließen wir uns zu diesem doch eigentlich wunderbaren Tausch gewöhnlich nur schwer. So klagt die Seele:

„O weh, wo bin ich gewesen, ich unselige Blinde,
dass ich solange lebte ohne große Minne,
mit der ich wahrlich meine Not überwinde
zum Trotz meiner Feinde?"[22]

Durch die Hingabe wird gleichsam Raum geschaffen für Gottes Wirken in uns, dass wir durchströmt werden können von der göttlichen Liebe. Wer ganz leer geworden ist, das eigene Nicht erfahren hat, kann dieses Durchströmtwerden so stark und feurig erfahren, dass es nur noch in Begriffen des irdischen Liebesrauschs zu beschreiben ist, diesen aber bei weitem übersteigt.

„Du sollst minnen das Nicht,
du sollst fliehen das Icht.
Du sollst alleine stehen
und sollst zu niemand gehen.
Du sollst nicht sehr geschäftig sein
und dich von allen Dingen befrein.
Du sollst die Gefangenen entbinden

und die Freien überwinden.
Du sollst die Kranken laben
und doch selber nichts haben.
Du sollst das Wasser der Pein trinken
und die Liebesglut mit dem Holze der Tugenden
entzünden:
Dann wohnst du in der wahren Wüste."[23]

In der Seele und Christus begegnen sich Frau und Mann und Vieles an ihrem Liebesspiel lässt mich trotz offenkundiger und wesentlicher Unterschiede an Tantra denken. Die nicht an ihr Ziel kommende sexuelle Energie verursacht einen Stau, der den Strom der Lebenskraft freisetzt und zur spirituellen Ebene aufsteigen lässt, wo Seligkeit und Erleuchtung zu finden sind. Ich muss die Lust erst einmal in mich zurücknehmen, um ein ‚Kleinod' zu haben, das ich Gott bringen kann, dieses Kleinod heißt:

„... *meines Herzens Lust.*
Die hab ich der Welt entzogen,
in mir selber erhalten
und allen Geschöpfen vorenthalten.
Nun kann ich mich ihrer nicht länger erwehren.
Herr, wohin soll ich sie kehren?"

Und die Antwort:

„*Deines Herzens Lust*
leg allein in mein göttliches Herz
und an meine menschliche Brust.
Da nur wirst du getröstet
und von meinem Geist geküsst."[24]

Die Größe der Seele entfaltet sich nach Mechthild in der Liebe, denn es gibt nichts Höheres als diese: „Darum betrügen die sich selber sehr, die mit ungeheurer unmenschlicher Anstrengung die Höhe zu ersteigen wähnen und dabei doch in ihrem Herzen lieblos sind, weil sie die heilige Tugend der Demut nicht haben, die die Seele in Gott hineinführt."[25] So wird ja denn auch nicht mit übermäßiger Willensanstrengung die fleischliche Lust abgetötet, sondern durch die größere Gotteslust überwunden: „Die wahre Liebe aus göttlicher Weisheit bringt Sättigung und verzehrt unrühmliche Begierlichkeit."[26] So kann denn die Erkenntnis zur Seele sagen:

„Gottliebende Seele, in Kampf und Härte
bist du gewappnet mit unermesslicher Stärke
und mit so großer Sammlung deines Gemütes,
dass dich alle Vielheit der Welt
und alle Lust deines Fleisches
und alle Scharen der Teufel
und alle Kräfte der Hölle
nicht vermögen von Gott zu fällen.
Des vermag sich auch niemand mehr zu rühmen.
Du wehrst dich wie mit Blumen:
Dein Schwert ist die edle Rose Jesu Christ,
damit wehrst du dich.
Dein Schild ist die weiße Lilie Maria."[27]

Der Weg, den Mechthild geht, ist hart, aber führt nicht zu ängstlich-verbissener Abwehr, nicht zu einer Verspannung gegenüber den Lockungen der Welt und des Fleisches: „Du wehrst dich wie mit Blumen." Was für eine Poesie! Auch die Sünde muss nicht angestrengt ferngehalten werden, denn:

„Wer je im heißen Feuer der Liebe brannte, kann es nicht ertragen, dass er durch irgendwelche Sünden stark erkalte."[28] Gott kommt der liebenden Seele entgegen, ist er doch selbst ‚liebeskrank' nach ihr, bedarf ihrer. Und selbst die Gebetszeiten können zu Stufen des Liebesweges werden.

„Mette:	*Minneverzückt, in Süße beglückt!*
Prim:	*Minneverlangen, süßes Bangen!*
Terz:	*Minnelust, ein süßer Durst!*
Sext:	*Minnefühlen, ein süßes Kühlen!*
Non:	*Minnetod, eine süße Not!*
Vesper:	*Minnefließen, ein süßes Gießen!*
Complet:	*Minneruhen, süßes Freuen!"*[29]

Inmitten von drastischen Fegefeuer- und Höllenvorstellungen, die auch sie plagen, und allen Leiden ausgesetzt, die das mit sich bringt, praktiziert Mechthild letztlich einen überaus lustvollen Weg der Gottesvereinigung. Dabei gerät sie in die Spannung zwischen der überwältigenden Gewalt der göttlichen Minneflut und ihren menschlichen Grenzen. Der Mensch muss deshalb lernen, „die sprengende Gewalt der Liebe in das ihm von Gott gesetzte Maß einer ‚geordneten Liebe' zu bringen."[30] Ich kann und mag Mechthild nicht darin folgen, in ihrer Weise Jesus als Liebespartner meiner Seele zu erleben, aber ihr Weg bestärkt mich darin, dass nur eine angenommene, bejahte Sexualität zu höherer spiritueller Kraft transformiert werden kann, nicht eine verdrängte.

Aber wie geschieht die Verwandlung in eine höhere Kraft? Kann ich davon eine Ahnung bekommen? Ich mache mich auf den Weg, um dem im eigenen Inneren nachzuforschen, und erlebe schon bald: Es ist ein Wüstenweg: dürr, hart, schmerzhaft. Zunächst nur endlose Öde um mich ohne Anhaltspunkt, der mir die Richtung weist, wenn mich die Dämonen überfallen und mir die Sinne verwirren. Zurück will mich alles drängen, nur zurück. Alle Möglichkeiten zu Lust und Glück scheine ich bei meinem Aufbruch für immer zurückgelassen zu haben, kein Leben hier auf dem Weg, der vor mir liegt. Steine, wo ich Geborgenheit suche, Eiseskälte, wo ich mich wärmen möchte. Zugrundegehen werde ich, mich auflösen. Bedauernd denke ich an die sichere Behaglichkeit, die ich zurückließ, und die nun unerreichbar erscheint. Gut, dass ich auf meinen bisherigen Wegen schon gelernt habe, dass jeder entschiedene Schritt voran eine solche Gegenwirkung hervorruft, Gegenkräfte auf den Plan lockt, dass ich das verlockende Bild da vorn als Fata Morgana, als Illusion erkennen kann, die mir vorspiegelt, die wahre Seligkeit zu verpassen, wenn ich nicht umkehre und meine Lust im Leibe suche, mit der verglichen alles andere schal und wertlos erscheint. Vergebens versuche ich, meine doch ganz anderen Erfahrungen dem entgegenzusetzen. Was mir sonst wert und wichtig war, erscheint völlig unbedeutend und glanzlos.

Mich nicht beirren lassen. Was sagt Mechthild dazu, wie die wahre Gottesliebe zu erlangen wäre?

„Drei Dinge machen den Menschen würdig, diesen Weg zu erkennen und zu beschreiten:

Erstens, dass der Mensch sich selber fügt unter Gott ohne jede menschliche Überlegenheit und die Gottesgnade heiligmäßig bewahre und zustimmend annimmt im Verzicht auf alle Dinge nach des Menschen eigenem Willen.

Das zweite hält den Menschen auf dem Weg, dass ihm alle Dinge willkommen sind, ausgenommen die Sünde.

Das dritte macht den Menschen vollkommen auf dem Weg, wenn er alle Dinge in gleicher Weise Gott zu Ehren tut. Selbst meine geringsten Dienste will ich vor Gott so hoch ansehen, als ob ich in der höchsten Schau wäre, in die ein Mensch zu kommen vermag.

Warum? Tu ich es aus Liebe, Gott zu Ehren, so ist alles eins. Wenn ich aber sündige, halte ich mich nicht auf diesem Weg."[31]

Also: Auf Eigenwillen verzichten, alle Dinge willkommen heißen und alles in gleicher Weise aus Liebe zu Gottes Ehre tun. „Dein Wille geschehe", wird dann also mein Herzensgebet. Soll es werden. Ruft wieder die Wüstendämonen auf den Plan. Und um mich nur diese Weite – kein Anhaltspunkt für ein Ziel, das irgendwie erstrebenswert sein könnte. Warum nur bin ich hierher gekommen?

Dein Wille geschehe. Jede grundlegende Transformation verursacht Schmerz: um umgeschmolzen zu werden, musst du durchs Feuer. Mechthilds Weg, der so viel mehr ist als meine tappenden Versuche, beinhaltet nichts weniger als die Leidensnachfolge Christi, des Geliebten. Die unwiderrufliche Übergabe an Gott durch ihr Minnegelübde vergleicht sie mit der Kreuzannagelung. Nichts mehr, das sie davon entbinden könnte, den eingeschlagenen Weg wirklich zu gehen. Als Kreuzestod erfährt sie die Trennung von Leib und Geist in der Ekstase als hohe Stufe der Vereinigung. Versuchungen des Teufels reinigen die Seele. „Die Nagelprobe der Liebe aber ist ihre Erniedrigung und ihr Absinken in Nacht und Finsternis (...) Erst in der radikalen Ablegung der letzten Stützen bis zur Gottverlassenheit, allein gestützt auf Gottes Treue, auf welcher die eigene Treue steht, geschieht die letzte Übereinkunft mit der Unergründlichkeit göttlicher Liebe als Nachfolge Christi." (...)

Der „Station der Geißelung entspricht eine hohe Stufe der Schau, deren starkes Licht Mechthild wie ohnmächtig machende Schläge empfindet".[32]

Doch ist das Leid an sich nichts Gutes und nicht unser Ziel: „Die paradoxe Gestalt der ‚Frau Pein' veranschaulicht eine Gewalt, ‚die alles verzehrt und verschlingt', ohne jedoch mit den zerstörenden Aspekten von Panik und Chaos behaftet zu sein, wie bei den Gestalten der griechischen Rachegöttinnen oder bei der im Schmerz rasenden, alles zerstörenden Medea. Sie ist mit den positiven Zeichen der ‚weisen Sinne' und der Heiligkeit ausgestattet für die Verwandlung vom Tode zur Wiedergeburt ...“[33] in entsprechender Weise versinnbildlicht im Tantrismus Kali sowohl Tod und Zerstörung als auch neue Schöpfung. Sie befreit – selber nackt – von allen Schleiern der Illusion. Was von Mechthild erst als Geißeln, Kreuzannagelung, Tod oder völlige Finsternis erlebt wird, verwandelt sich in Seligkeit und – das lässt sich angesichts ihres Werkes wohl auch sagen – schöpferische Kraft.

Manchmal erlebe ich, wie sich das Herz öffnet – und dann ist da ein wunderbares Strömen und Fließen. Dann verstehe ich, warum der vollständige Titel von Mechthilds Werk heißt: „Ein fließendes Licht meiner Gottheit in alle Herzen, die da leben ohne Falschheit“. Doch dann wieder Wüste. Dürre. Sie ist nicht irgendwo außen, sie ist in meinem Herzen. Sie wartet auf den Regen göttlicher Liebe und Gnade, um fruchtbar zu werden. Ich muss mich ihm nur öffnen. Aber da ist dieser Stein auf der Brust, diese innere Qual. Wenn doch ... Wenn doch dieses Ereignis einträte, jener Mensch sich anders verhielte, mein lang gehegter Wunsch sich erfüllte...

Dann merke ich: Es ist reine Illusion, zu glauben, dass das mir den Druck nehmen würde, der mich so beklommen und der göttlichen Gnade verschlossen sein lässt. Der Druck selbst ist es, der mich so unglücklich macht, so verzweifelt nach einer Lösung, einem Ausweg suchen lässt, mich zu angestrengten Aktivitäten und wütenden Anklagen führt. Einhalten. Umkehren. Mitten hinein in die Dunkelheit des Herzens, um dort ‚den Geliebten' zu erwarten. Mit Mechthild klagen:

„Wie lange soll ich so dürre sein?
Eine Stund ist mir viel zu lang.
ein Tag dünkt mich tausend Jahre.
Wenn du dich mir entfremden willst,
und währte es gar acht Tage:
Ich würde lieber zur Hölle fahren,
in der ich doch schon bin.
Wird Gott der liebenden Seele fremd,
das ist Pein über menschlichen Tod."[34]

Ich beginne zu ahnen, wie das, was sich bei mir im eigenen Erleben bisweilen andeutet, anschwellen kann zu einer solchen Klage:

„Ich suche dich in Gedanken
wie eine Jungfrau verhohlen ihr Lieb.
Ich werde schwer erkranken,
weil ich an dich gebunden bin.
Dies Band ist stärker als ich allein,
drum kann ich mich nicht von der Minne befrein.
Ich rufe nach dir in großem Verlangen
mit klagender Stimme.
Ich harre dein in Herzensbangen;
ich kann nicht ruhen; ich brenne
unauslöschlich in der Glut deiner Minne."[35]

Doch hört hier eigentlich die Möglichkeit zu experimentieren auf. Mich Gottes Willen öffnen heißt eben, alle Möglichkeiten offen lassen, Ja zu sagen zu dem Weg, den Gott mit mir geht, bedingungslos, und mein Weg als der einer Frau des 21. Jahrhunderts ist sicher ein anderer als der einer mittelalterlichen Begine. Aber es gibt auch Gemeinsamkeiten. Etwa wenn ich mich widersetze da, wo der Weg anstrengend, mühsam oder sogar leidvoll wird. Doch ich widersetze mich manchmal auch, wenn Gott mir Fülle schenken will, weil tief in mir die Überzeugung sitzt, das stehe mir nicht zu oder das könne mir Gott einfach nicht zugedacht haben. Da könnte ich von Mechthild lernen, die sich Gottes Willen ganz hingibt. Sie nimmt das Leid an, aber sie lässt sich auch von Christus die Autorität verleihen, als sein Sprachrohr zu wirken, auch wenn das die Einschränkungen sprengt, die ihre Zeit ihr als Frau auferlegt. Sie fühlt sich berechtigt, ein authentisches Leben zu leben. Sie bejaht freudig ihre Sexualität. Sie vertraut ihrer Erfahrung, ihrer Wahrnehmung, ihrer Erkenntnis und teilt sie als wertvolles Gut im Schreiben und Lehren mit anderen. „Dein Wille geschehe", das kann auch heißen, die Einschränkungen in mir aufsprengen lassen, die mich daran hindern, wunderbare Wege zu gehen, die Gott für mich vorgesehen hat. Namenlose Ängste stellen sich ein, Mechthilds Erwartung von Verfolgung und Vernichtung nicht unähnlich. Welch ein Mut muss für sie dazu gehört haben, trotz aller ja auch real erlebten Anfeindung an ihrer Erfahrung von Fülle und Weite in der Liebesbeziehung mit Gott festzuhalten! Auf der anderen Seite will ich mich nicht zu vorbehaltlos davontragen lassen auf der Woge einer Erlebensweise, von der mich Jahrhunderte entscheidender Bewusstseinsbildung trennen. Viel näher als in dem inneren Druck oder der Leere in mir die ‚Abwesenheit des Geliebten' zu erfahren, läge mir doch, zurückgedrängte Angst darin zu finden, oder aufgestaute Schuldgefühle, mein aufbegehrendes Ego, das seine Herrschaftsansprüche nicht aufgeben will... So wie Mechthild sagt: „Minne ohne Erkenntnis dünkt die weise Seele Finsternis“[36], könnte ich analog sagen: Ich kann den Weg der Gottesliebe nicht an meinem heutigen Bewusstsein vorbei gehen. Auch das ist nötig, dass ich psychologisches und anderes Wissen einbeziehe, mir die vorhandenen Methoden zunutze mache, um meinen Leib durchlässiger zu machen für den Strom der Lebenskraft. Doch erlebe ich hier auch eine Grenze: Ich kann den Boden bereiten, die Saat und der Regen, der sie aufgehen lässt, muss von einer höheren Wirklichkeit her kommen. Das kann ich nicht selbst machen. Wie Mechthild sagt: „Herr, mein irdisches Wesen steht vor meinen Augen gleich einem dürren Acker, auf dem wenig Gutes gewachsen.

Eia, liebster Jesus Christ, nun sende mir den süßen Regen deiner Menschheit und die heiße Sonne deiner lebendigen Gottheit und den reichen Tau deines Heiligen Geistes, dann verwinde ich mein Herzeleid.“[37] Nicht aus eigener Anstrengung erreicht die Seele die Vereinigung mit Gott, sie bedarf der Führung:

„Ich tanze, Herr, wenn Du mich führest.
Soll ich sehr springen,
musst Du anfangen zu singen.
Dann springe ich in die Minne,
von der Minne in die Erkenntnis,
von der Erkenntnis in den Genuss,
vom Genuss über alle menschlichen Sinne.“[38]

Und das Glück, das Mechthild aus der Gottesbegegnung erwächst, genügt nie sich selbst: Es geht ihr „an keiner Stelle ihres Buches nur um den Genuss der intimen Innerlichkeit, um das Wohlbefinden in privater Abgeschiedenheit, um die Befriedigung sinnlicher Leidenschaften. Sie drängt auch, wie jede authentische Mystik, wieder nach außen, in das erbarmende, Frieden und Gerechtigkeit schaffende Handeln."[39]

Originaltexte von Mechthild von Magedeburg

„Herr, du bist die Sonne aller Augen,
du bist die Wonne aller Ohren,
du bist die Stimme aller Worte,
du bist die Kraft aller Frommen,
du bist die Lehre aller Weisheit,
du bist das Leben aller Lebenden,
du bist die Ordnung alles Seienden!

Da rühmte Gott die liebende Seele wohlgefällig; dies erfreue ihn von Herzen also:

Du bist ein Licht vor meinen Augen,
du bist eine Harfe meinen Ohren,
du bist ein Klang meiner Worte,
du bist ein Gedanke meiner Heiligkeit,
du bist ein Ruhm meiner Weisheit,
du bist ein Leben in meiner Lebendigkeit,
du bist eine Verherrlichung in meinem Sein!"[40]

„Herr, die Sehnsucht, die ich nach dir habe von deinem Zuge,
Herr, die Weisheit, die ich dann empfange im Liebesfluge,
Herr, die Vereinigung, die ich dann erfasse in deinem Willen,
Herr, die Beständigkeit, die ich dann behalte in deiner Gnade,
Herr, die süße Erinnerung, wenn ich deiner gedenke,
Herr, die zärtliche Liebe, die ich zu dir habe,
die ist in sich selbst so reich
und vor deinen göttlichen Augen so groß:

Wenn du es nicht wüsstest, Herr, so könnten es dir alle Sandkörner, alle Wassertropfen, alles Gras und Laub, Stein und Holz, alle toten Kreaturen, dazu alle lebenden Kreaturen, Fische, Vögel, Tiere, Würmer, Fliegendes und Kriechendes, Teufel, Heiden, Juden und alle deine Feinde, darüber hinaus alle deine Freunde, Menschen, Engel und Heilige, selbst, wenn alle diese Personen sprechen könnten, wollten und ohne Unterlass bis an den Jüngsten Tag riefen, wahrlich, Herr, du weißt es wohl –, sie vermöchten dir nicht halb zu offenbaren die Absicht meiner Sehnsucht und die Not meiner Qualen und das Jagen meines Herzens und das Emporgerissenwerden meiner Seele nach dem Dufte deiner Salben und nach dem ungeschiedenen Anhangen ohne Unterlass."[41] (Die Aufzählung: ‚Teufel, Heiden, Juden, Feinde…' zeigt eine problematische Seite der mittelalterlichen Auffassung, die über allem Großartigen auch nicht übersehen werden sollte. D.M.)

„Der Mensch, der die Wahrheit liebt, bittet von Herzen so: Eia, lieber Herr, vergönne mir und hilf mir, dass ich dich ohne Unterlass mit allen meinen fünf Sinnen in allen Din-

gen heilig suche, da ich dich über allen Herren und über allen Fürsten als meiner Seele Bräutigam erkoren habe.
Gib mir auch, Herr, dass ich dich in meinem brennenden und unauslöschlichen Sehnen finden möge. Ich begehre auch, dass ich dich in fließender Liebe deiner vollen Gnade verkosten darf.
Gib mir, Herr, in Fülle von deinem Gegenfluss, der erfülle mein Gemüt, dass mir Leid und Schmach und Bitternis immer sanft erscheinen.
Das möge mir durch deine Gnade immer geschehen. Gütiger Gott, nun gewähre es mir!
Hilf mir auch, Herr, dass ich dich im Verzicht auf meinen Willen nach deinem Verlangen behalte: dann verliere ich die unauslöschliche Gottesliebe nie. Amen.“[42]

Anmerkungen

1 Schmidt, Margot: *Mechthild von Magdeburg.* In: Thiele (1988) S. 75.
2 Mechthild von Magdeburg. Das fließende Licht der Gottheit. (FL) Zweite, neubearbeitete Übersetzung mit Einführung und Kommentar von Margot Schmidt. Stuttgart/Bad Cannstatt 1995. Die Zahlenangaben bezeichnen der Reihenfolge nach: Buch/Kapitel/Seite. FL II/26/S. 71.
3 FL VI/38/S. 257.
4 Schmidt (1988), S. 71.
5 FL IV/13/S. 139.
6 FL/I/S. 9.
7 FL II/23/S. 62.
8 Schubart, Walter: Religion und Eros. München 1966. S. 7.
9 FL I/4/S. 14.
10 FL I/19/S. 19.
11 FL IV/14/S. 141.
12 FL I/44/S. 34.
13 Thiele, Johannes: *Mechthild von Magdeburg.* In: Luise Schottroff/ Johannes Thiele (Hg.): Gotteslehrerinnen. Stuttgart 1989. S. 76f.
14 FL V/6/S. 170.

15 Schmidt (1988), S. 79f.
16 FL I/17/S. 19.
17 FL I/44/S. 33.
18 Thiele (1989), S. 78f.
19 FL II/2/S. 42.
20 Beauvoir (1975), S. 633.
21 FL V/11/S. 174.
22 FL II/23/S. 63.
23 FL I/35/S. 27.
24 FL I/42; 43/S. 29.
25 FL II/1/S. 41.
26 FL III/13/S. 98.
27 FL II/19/S. 54.
28 FL III/25/S. 114.
29 FL I/30/S. 25f.
30 Schmidt (1988), S. 79.
31 FL I/27/S. 24.
32 Schmidt (1988), S. 81f.
33 Schmidt (1988), S. 83.
34 FL II/2/S. 41f.
35 FL II/25/S. 67.
36 FL I/21/S. 20.
37 FL IV/5/S. 131.
38 FL I/44/S. 31.
39 Thiele (1989), S. 79.
40 FL III/2/S. 84.
41 FL V/31/S. 201.
42 FL VII/15/S. 283f.

Hildegard von Bingen

Im Jahr 1098, in einer politisch und geistesgeschichtlich spannungsgeladenen Zeit, wurde Hildegard in Alzey geboren, inmitten der Weinberge Rheinhessens, wo Jahr für Jahr aus dem Zusammenwirken von Erde, Sonne, Wind und Regen und wer weiß welcher Kräfte noch ein edler Saft heranreift. Viel später sollte sie sich eines solchen Werdens und Wirkens von Säften und Kräften im Menschen wie im ganzen Kosmos bewusst werden. Aber zunächst war nicht abzusehen, dass sie, das zehnte Kind des Edelfreien Hildebert von Bermersheim und seiner Frau Mechthild, eine bedeutende Naturwissenschaftlerin, Heilerin, Klostergründerin, Äbtissin, Mystikerin und Prophetin werden würde. Schon ihre körperliche Zartheit und Kränklichkeit ließen das nicht erwarten. Bereits im Alter von drei Jahren hatte sie Schauungen, traf aber, als sie, etwas älter geworden, darüber sprechen wollte, auf Unverständnis. Während andere Kinder der Zeit gemäß im Alter von acht Jahren durch ein Heiratsversprechen zur Ehe bestimmt wurden, wurde Hildegard als ‚der Zehnte' Gott geweiht und zusammen mit einem anderen Mädchen der Nonne Jutta von Sponheim anvertraut. Die kleine Gemeinschaft lebte – eingemauert – in einer Klause, die dem Benediktinerkloster auf dem Disibodenberg angegliedert war. Es gab mehrere Räume, einen Garten und Fenster zur Außenwelt und zur Kirche. Jutta von Sponheim war offenbar eine inspirierte und inspirierende Frau. Sie unterrichtete die begabte Hildegard in Psalmengesang, der Heiligen Schrift und der Regel Benedikts – und damit zugleich in der lateinischen Sprache. Die Teilnahme an der Liturgie und die Lesungen bei den Mahlzeiten vermittelten eine gewisse theologische Bildung. Was immer noch zum Unterricht gehört haben mag, er vermittelte allerdings nicht die umfassende Bildung, wie Mönche gerade an den benediktinischen Klosterschulen jener Zeit sie erhielten. Nach eigener Aussage blieb Hildegard in dieser Hinsicht ungelehrt, viel wichtiger war die Belehrung durch den nichtleiblichen Lehrmeister, der sie durch die Bilder ihrer Visionen und die Erklärungen, die sie dazu empfing, lehrte. Etwa im sechzehnten Lebensjahr entschied sie sich für den Eintritt in den Benediktinerorden. Danach folgten zwei Jahrzehnte, in denen sich in der Stille, im regelmäßigen Ablauf des Chorgebets, des klösterlichen Lebens und der Jahreszeiten und unter dem Eindruck der Not der Menschen, die an ihr Sprechfenster kamen, Hildegards menschliche Bildung und Reifung vollzogen haben muss. Als Jutta 1136 starb, war sie es, die zu ihrer Nachfolgerin gewählt wurde.

Im Alter von 42 Jahren erhielt Hildegard in einer Vision den Auftrag, ihre Geschichte mitzuteilen. In einem feurigen Licht, das Hirn und Herz durchfährt, eröffnet sich ihr zudem der Sinn der Heiligen Schrift. Da gewöhnlich nur autorisierte Personen als zu deren Auslegung berechtigt galten und schon gar nicht Frauen, ist es nachvollziehbar, dass Hildegard, auch selbst in tiefstem Zweifel darüber, ob ihre Erkenntnisse und Erleuchtungen wirklich von Gott her kämen, vor diesem Auftrag zurückschrak. Zunächst – und ähnliches sollte sich später wiederholen – wurde sie krank. Erst als sie sich trotz allen ängstlichen Widerstrebens dazu entschloss, ihre Schauungen niederzuschreiben, trat Heilung ein. Sie schrieb sie auf eine Wachstafel. Der Mönch Volmar, der zugleich ihr Seelsorger war, übertrug sie auf Pergament. Später übernahm Richardis, eine von Hildegard besonders geliebte Nonne, dieses Amt. Andere Nonnen malten unter ihrer Aufsicht Bilder ihrer Visionen.

Nach und nach entstand nun Hildegards riesiges Werk. Zunächst SCIVIAS (‚Wisse die Wege des Herrn'). In 26 Visionen erscheint Welt- und Heilsgeschehen, Menschen- und Gottesbild aufs engste verknüpft. Zu dieser Zeit erhielt Hildegard durch eine päpstliche Kommission die Bescheinigung, dass ihre Seherinnengabe echt sei. Allmählich drang ihr Ruhm weit hinaus. Dass sie, das einst so empfindsame Kind, inzwischen eine Frau geworden war, die aus ihrem göttlichen Auftrag Kraft und Durchsetzungsvermögen zog, zeigt sich darin, dass sie gegen großen Widerstand auf dem Rupertsberg bei Bingen ein neues Frauenkloster gründete, das Platz für fünfzig Nonnen und zwei Priester bot und den Komfort fließenden Wassers in allen Räumen – durch eine hindurchgeleitete Quelle – hatte. Da sich der Abt vom Disibodenberg weigerte, die eingebrachten Güter der Nonnen herauszugeben, war die neue Klostergemeinschaft in der Anfangszeit sehr arm. Später erreichte Hildegard, dass ihr Kloster unter den Schutz des Erzbischofs von Mainz gestellt wurde, und es gelangte zu großer Blüte.

In den Jahren 1150–1160 schrieb Hildegard weitere Bücher: ihr zweites Visionswerk LIBER VITAE MERITORUM („Das Buch der Lebensverdienste") und die natur- und heilkundlichen Schriften PHYSICA und CAUSAE ET CURAE (‚Von den Ursachen und der Heilung der Krankheiten'), in denen sie vermutlich niederlegte, was sie in Jahrzehnten heilender Tätigkeit an Erfahrung und Einsicht gewonnen hatte. Manches mag ihr zugeflossen sein aus dem Heilwissen ihrer Zeit, vielleicht auch aus altem Wissen aus vorchristlicher Zeit, das noch von diesem oder jenem ‚Kräuterweiblein' bewahrt wurde. Die entscheidende Grundlage ihres Werks ist, dass sie Gott und Mensch stets aufeinander bezogen sieht, Makro- und Mikrokosmos als sich entsprechend und von einer einheitlichen Kraft durchwirkt und die Schöpfung als Spiegel des göttlichen Antlitzes.

Die Frau, die sich zunächst gescheut hatte, ihre Offenbarungen aufzuschreiben, hat als über Sechzigjährige den Mut, eine erste Predigtreise zu unternehmen, der noch drei weitere folgten – mit dem Schiff, zu Pferd und zu Fuß. Stets verstand sie sich als Sprachrohr Gottes: wenn sie Gewalt im Namen des Kreuzes verurteilte, das falsche Spiel von Klerus und weltlichen Machthabern anprangerte und dabei mit schonungsloser Kritik nicht hinterm Berg hielt. Die Menschen strömten ihr in hellen Scharen zu. Im gleichen Sinne führte sie eine umfangreiche Korrespondenz mit Päpsten, Kaisern, Kirchenpolitikern und anderen herausragenden Persönlichkeiten.

Hildegard befasste sich auch mit der Entwicklung einer Art Geheimsprache, zu der sie ein ‚Wörterbuch der unbekannten Sprache' (LINGUA IGNOTA) verfasste. Sie, die nie systematischen Musikunterricht erhalten, ihre Musikalität nur am jahrzehntelangen Chorgesang geschult hatte, komponierte Lieder und das Mysterienspiel ORDO VIRTUTUM. In ihrem dritten Visionswerk DE OPERATIONE DEI (‚Über das Wirken Gottes') stellt sie in zehn Visionen das Heilsgeschehen kosmologisch dar. 1165 gründete Hildegard ein weiteres Kloster, Eibingen bei Rüdesheim, das im Gegensatz zum Rupertsberg auch nichtadelige Nonnen aufnahm. Zweimal wöchentlich stattete die nun fast Siebzigjährige dem Kloster einen Besuch ab.

Gegen Ende ihres Lebens erlebte Hildegard noch eine große Herausforderung, als über den Rupertsberg das Interdikt, das Verbot von Liturgie und Eucharistie, damit der Seelennahrung der Frauen, verhängt wurde, weil sie einen exkommunizierten Edelmann auf dem Klosterfriedhof hatte beisetzen lassen. Auf Weisung Gottes kämpfte sie noch einmal um ihr Recht, statt sich der kirchlichen Hierarchie zu beugen, bis schließlich festgestellt wurde, dass dieser Edelmann doch noch vor seinem Tod die Sakramente der Kirche empfangen hatte und das Interdikt aufgehoben wurde. Am 17.9.1179 starb Hildegard. Es wird berichtet, man habe an diesem Tag ein Lichtzeichen über dem Kloster stehen sehen. Der Prozess ihrer Heiligsprechung wurde verschleppt, bis er in Vergessenheit geriet, im sechzehnten Jahrhundert wurde sie dann aber doch ins Heiligenverzeichnis aufgenommen. Ihr Werk hatte zunächst wenig Wirkung. Im zwanzigsten Jahrhundert wurde es neu entdeckt und wissenschaftlich bearbeitet.

„... umarmt von der Herzkraft himmlischer Geheimnisse“[1]

Nach dem Ende einer turbulenten Liebesaffäre sitzt eine Frau allein in einem Straßencafé. Sie nimmt die Menschen wahr, die vorübergehen, den Duft des Kaffees, die üppige Pracht der Blumenkübel, den strahlend blauen Himmel. Es ist wie ein Erwachen. Sie wundert sich, wie es sein kann, dass sie das alles so lange nicht wirklich gesehen, gehört, gespürt hat. Alles, was sie dafür hielt, was sich so ungemein lebendig anfühlte, war gar nicht das eigentliche, das wirkliche Leben. So ‚sinnlich‘ war das Miteinander gewesen, aber eigentlich waren ihr Sinn und ihre Sinne nur auf diesen einen Menschen gerichtet gewesen, und je schwieriger die Beziehung wurde, desto mehr hatte sie sich auf ihn fixiert und auf ihre Gefühle, ihre Euphorie, ihren Schmerz.

Daran muss ich denken, wenn ich auf die Wege der Liebesmystikerinnen schaue. Das Wunder erlebten sie, das uns in der Liebe überwältigt, uns aus unserer Egoverhärtung herausreißt, uns für die höhere Wirklichkeit öffnet. Und weil sie die Liebe sehr ernst nahmen und weil ihr Geliebter, Gott, die Liebe selbst ist, war das alles natürlich viel mehr als nur eine ‚Affäre', in der es vor allem um die Befriedigung der eigenen Bedürfnisse geht. Und doch geschah es auch ihnen, dass sie in der Fixierung auf den Geliebten den Blick für Gottes gute Schöpfung verloren, ihre Sinne, ihr Herz nicht offen waren, sie wahrzunehmen. Wie Margot Schmidt es im Hinblick auf Mechthild von Magdeburg ausdrückt: „die ganze Schöpfung tritt bei ihr zurück und verblasst zu einer Kulisse, vor der die Glut ihres Herzens ‚mit der Begierde des Adlers' aufsteigt."[2]

Frauen hatten traditionell und haben noch häufig die Neigung, die Welt vor allem unter dem Aspekt menschlicher Beziehungen zu sehen. Virginia Woolf beschwor deshalb in ‚Ein Zimmer für sich allein' für die Dichterin der Zukunft das Bild von Frauen, die „menschliche Wesen nicht immer nur in ihrer Beziehung zueinander sehen, sondern in Beziehung zur Wirklichkeit; und auch den Himmel und die Bäume oder was immer es sein mag, als das sehen, was sie sind".[3]

Ich glaube, dass es eine gute Gabe ist, ein Gespür zu haben für das, was zwischen Menschen vorgeht, dass es Beziehungsfähigkeit konstituiert. Aber sie kann auch so einseitig werden, dass sie jeden anderen Zugang zur Wirklichkeit überlagert. Das ist wohl mitzubedenken, wenn, wie in der Liebesmystik, das Beziehungsgeschehen zwischen Gott und Mensch so zentral wird. Es hat geschichtlich gesehen sicherlich sein Gutes gehabt, dass auf diesem Weg das Gotteserleben individualisiert und persönlicher wurde. Doch stellt sich heute in einer Zeit der Überindividualisierung und zugleich Globalisierung für viele Menschen neu die Frage nach dem Verbindenden zwischen unserer Gottes- und Welterfahrung. Und vielleicht kann uns da ein weiterer Schritt zurück in der Zeit, ins zwölfte Jahrhundert zu Hildegard von Bingen helfen.

Als Benediktinerin hat Hildegard sich praktisch Zeit ihres Lebens im Rhythmus der Gebetszeiten immer wieder zurückgebunden an Gott, die innere Quelle. Aus dieser Wurzel entsprangen ihre Schaffenskraft und ihr Mut. So verband sich in ihr die Erfahrung des Bösen, Dunklen in ihr selbst und in der Welt mit dem Erleben lichtvoller Klarheit.

Ich sehe das Bild eines Klosters vor mir: Ein Torbogen, dahinter Stufen. Ich gehe die Stufen hinauf, tauche ein in Stille und Klarheit, in Luft, in der ich atmen kann. Das Herz wird weit, so dass es Ja sagen kann zu dem Weg, den Gott mit mir geht. Ich öffne die Tür, tauche noch tiefer ein in diese von der hier gelebten Spiritualität imprägnierte Welt. Es ist mir, nachdem ich so lange der Hitze der Liebesmystik nachgespürt habe, als käme ich aus der Sonnenglut des August in einen kühlen, frischen Raum, in dem mein Leib und meine Sinne zu neuem Leben erwachen und das Denken wieder klar wird. Alles in mir schweigt. Alle aufgewühlten Gefühle und unruhigen Gedanken, Affekte und Leidenschaften sind draußen, ‚in der Welt' geblieben. Zugleich aber auch spüre ich Fremdes, ein Lebensgefühl, eine Bewusstseinslage, die mir denn doch nicht so recht zugänglich sind. Die Unmöglichkeit, mich wirklich einzufühlen in diese acht Jahrhunderte zurückliegende Wirklichkeit, lässt sie zu einer leeren Fläche werden, auf die ich nur allzu leicht meine eigene Lebensauffassung, Befindlichkeit, meine Gefühle und meine Sehnsüchte projizieren könnte.

Es ist noch nicht die Zeit, in der in der Mystik der Weg der einzelnen Seele mit Gott im Mittelpunkt steht, nicht die Zeit einer enthusiastischen Leidensnachfolge. Der schwache, leidende, sterbliche Gott ist noch nicht im Blickfeld. Es ist nicht die Zeit göttlicher Ekstasen mit dem himmlischen Geliebten. Visionen sprechen nicht die Gefühle an, sondern sind nüchterne Schauungen jener Welt, die jenseits der uns gewöhnlich wahrnehmbaren liegt. Hildegard betont denn auch, dass sie ihre Visionen „wachend" erlebt, „mit offenen leiblichen Augen" sieht, niemals in der „Bewusstlosigkeit der Ekstase". So ist auch für sie etwa das ‚Feuer', das sie schaut, nicht unbedingt Ausdruck von Leidenschaft, sondern zunächst im Sinne mittelalterlicher Alchimie eines der vier Elemente. Neben der Erde, die alles Leibliche, dem Wasser, das alles Strömende, Fließende und der Luft, die alles repräsentiert, was in der Lage ist, sich von der Schwerkraft zu befreien, ist Feuer das Element der Wandlung in Geistiges, in Transzendentes. So bedeutet zum Beispiel der Satz „Die Seele des Menschen ist feurig" bei Hildegard zum einen, dass die Seele den Leib tatsächlich belebt und erwärmt, aber auch, dass sie die Verbindung zum göttlichen Geist ist. Sie ist insofern ‚feurig', als sie dem „feurigen Leben göttlicher Wesenheit" zugewandt ist. Oder wenn sie von Christus sagt, er sei „Leben in feuriger Liebe", bedeutet das nicht, dass sie ihn wie etwa Mechthild von Magdeburg als stürmischen Liebhaber ihrer Seele erlebte. Gott ist nicht ein ‚heißer Brand', der im eigenen Inneren gespürt wird. In einer ihrer Visionen sieht Hildegard eine gewaltige kosmische Gestalt, die zugleich das ganze Firmament durchragt und durchdringt; diese Gestalt hört sie sprechen: ‚Ich, die höchste und feurige Kraft, habe jedweden Funken von Leben entzündet, und nichts Tödliches sprühe ich aus. Ich entscheide über alle Wirklichkeit. Mit meinen höheren Flügeln umfliege ich den Erdkreis: mit Weisheit habe ich das All recht geordnet. Ich, das feurige Leben göttlicher Wesenheit, zünde hin über die Schönheiten der Fluren, ich leuchte in den Gewässern und brenne in Sonne, Mond und Sternen. Mit jedem Lufthauch, wie mit unsichtbarem Leben, das alles erhält, erwecke ich alles zum Leben ... So ruhe ich in aller Wirklichkeit verborgen als feurige Kraft. Alles brennt so durch mich, wie der Atem den Menschen unablässig bewegt; gleich der windbewegten Flamme im Feuer. Dies alles lebt in seiner Wesenheit, und kein Tod ist darin. Denn ich bin das Leben. Ich bin auch die Vernunft, die den Hauch des tönenden Wortes in sich trägt, durch das die ganze Schöpfung gemacht. Allem hauche ich Leben ein, so dass nichts davon in seiner Art sterblich ist. Denn ich bin das Leben."[4]

In Hildegards Kosmosvisionen ist es die Gestalt der göttlichen Weisheit, Sophia, die in glühender Liebe entflammt das All, das Weltenrad, umfängt, es in ihren Händen trägt. Insofern sie die Liebe ist, ist sie Christus gleich – so erscheint sie denn auch mit einem Nagelmal am linken Fuß. Das hellichte Feuer göttlicher Liebe umfasst auch einen Kreis schwarzen Feuers, „nach Hildegards Farbsymbolik das Dunkle, das Böse, die verneinende Macht, auch Gottes auf sie reagierender ‚Zorn'".[5] Ja, die Kreise verbinden sich geradezu miteinander, wobei der helle Kreis doppelt so dick ist wie der dunkle. Goldene Lichtlinien ziehen sich vom äußeren Kreis ins Innere, zum Menschen in seiner Mitte. Das lässt an die östliche Vorstellung eines vernetzten Kraftfeldes denken, in dem die Lebenskraft fließt, die bis in die subtilen Energiebahnen unseres Leibes hineinströmt. Es lässt an die Schwingung denken, die, wie wir heute sicher wissen, alles durchwirkt:

Pflanzen, Tiere und Menschen, Kristalle, Bauwerke, Planeten … Dabei ist die Welt, wie Joachim Ernst Berendt so eindrücklich dargelegt hat, Klang: „Die Welt ist Klang. Wir sagen nicht einfach: Die Welt ist Schwingung. Physikalisch gesehen nämlich gibt es Milliarden von Schwingungsmöglichkeiten. Aber der Kosmos, das Universum wählt aus diesen Milliarden von Möglichkeiten mit überwältigender Präferenz die wenigen tausend aus, die harmonikalen – was letztlich immer auch heißt: musikalischen – Sinn ergeben."[6]

Die Welt ist durchdrungen von harmonischem Klang. Oder wie Hildegard es schaut: Die Welt ist von Liebe umarmt und durchwirkt. Das ist ihr jedoch kein billiger Trost, keine Ausrede, um sich aus den Leiden der Welt heraushalten zu können. Im Gegenteil: Sich der Liebe teilhaftig zu erfahren macht es unmöglich, sich zugleich als von der Welt und ihren Nöten getrennt zu erleben. Für Hildegard leitet sich daraus eine große Aufgabe ab, die sie bis zur Konfrontation mit den Mächtigsten der Welt führt. (Hier sei nur erwähnt, dass sie selbst Kaiser Barbarossa ins Gewissen redete.) Sie wurde zum Sprachrohr jener Liebe, die in die Welt hineinwirken will, nun aber nicht der Liebe als einer alles durchfließenden ‚Energie', sondern als des lebendigen, geschichtlich handelnden Gottes, der fordert, ermutigt, zum konkreten Handeln herausfordert, in Dienst nimmt. „Der lebendige Gott trägt in sich alles Leben, und aus ihm allein fließt alles Leben. In seinem Wort aber drückt sich der Vater aus; und sein Wort spricht in Jesus Christus zu uns. In ihm und durch ihn erhält kraft der schöpferischen Liebe Gottes der Kosmos Wirklichkeit. Gottes Liebe trägt alles Geschaffene. Das fleischgewordene Wort aber ist Sinn und Ziel der Schöpfung. Und weil das Wort Mensch geworden ist, ist der Mensch die Mitte des Kosmos."[7]

Hildegard wurde krank, wenn sie ihren Auftrag nicht ausführte, ihrer Angst, ihrem Zaudern folgte. Es geht dabei um nichts mehr und nichts weniger als zu sagen und zu tun, wozu sie da ist. Gott lässt nicht zu, dass sie sich auf ihre Schwäche zurückzieht, unerbittlich fordert er ihr ab, zu ihrer wahren Stärke zu finden.

Drücken wir uns nicht manchmal ganz gern davor, überhaupt zu fragen, zu erkennen, wozu wir hier sind, um nicht womöglich selbst so steinige Wege gehen zu müssen? Und andererseits: Lässt sich das, was Hildegard sagt, überhaupt noch anwenden auf die Verhältnisse in unserer Welt heute?

Wie finde ich mich vor? Mit Angst und Ratlosigkeit und manchmal am Rande der Resignation. Bisweilen orientierungslos in dem seit Hildegards Zeit viel unüberschaubarer gewordenen Lebens-, Wissens- und Verantwortungsgefüge. Mich einfach flüchten in ihr harmonisches, ganzheitliches Weltbild, in dem endlich einmal alles seinen Platz hat? Bei näherem Hinsehen stelle ich rasch fest, dass es gerade ihr ‚harmonisches' Weltbild war, das sie die Konflikte und Disharmonien ihrer Zeit und Welt so klar wahrnehmen ließ, dass sie den Mut fand, sich ihnen zu stellen und entschieden, auch politisch, zu handeln, wenn auch nicht gerade in unserem heutigen Sinne. Ich würde mir wünschen, dass sie nicht nur den Armen Einzelfallhilfe gibt, sondern versucht, Lösungen für das Armutsproblem ihrer Zeit zu finden; dass sie nicht nur freundlichen Umgang mit Juden pflegt, sondern sich entschieden gegen Judenprogrome wendet. Dass für sie die Ständeordnung selbstverständlich auch im spirituellen Leben gilt, weshalb sie in ihren Klöstern auch nicht adelige und nichtadelige Nonnen zusammen aufnehmen kann, ist mir nun schon gar nicht mehr nachvollziehbar. Und dass Gott ihr ihre Haltung ihrem Selbstverständnis nach offenbar noch bestätigte, lässt mich das Problematische sehen, das es hat, wenn jemandes Rede so selbstverständlich als die Gottes genommen wird. Von daher ist für mich keine gemeinsame Ebene zu finden. Wohl aber, wenn ich mich unmittelbar auf ihre Bilder einlasse. Dann sehe ich schnell, dass die Harmonie ihres Weltbildes keiner billigen Harmonisierung entspringt, sondern herausfordert, mich mit ihr auf jene Ebene zu begeben, von der her Harmonie zu sehen und zu entwickeln ist. Harmonie entsteht daraus, dass ihr Weltbild eine Mitte hat. Ihr ganzes Leben war ja auf Gott als Mitte und Quelle ausgerichtet. Andererseits kann wiederum alles zur Mitte werden, insofern uns daraus das lebendige Licht Gottes anspricht. Die Mitte liegt letztlich in uns selbst, darin, uns ganz Gottes Liebeswillen zu öffnen, alles loszulassen, was dem Fluss göttlicher Liebe durch unser körperliches, seelisches und geistiges Sein behindert. Hildegards Bilder sind, wie Ingrid Riedel sagt, „Ganzheitsbilder ..., die das Sein selbst als ein Ganzes, ein Umgreifendes darstellen, das auch die scheinbar widersprüchlichen Kräfte und Erscheinungen zusammenbindet."[8] Oder, um es in anderer Weise unserer Vorstellungswelt gemäß auszudrücken: Das Ganze in seiner vieldimensionalen Bezogenheit können wir nicht überschauen, und auch Hildegards Visionen – und das, was sich darüber sagen lässt, erst recht – sind nur jeweils Teilaspekte. Sie haben Leben, Wirklichkeit. Lasse ich mich auf sie ein, bewirken sie etwas in mir, nehmen mich hinein in einen Entwicklungs- und Erkenntnisprozess. Und das immer neu, denn je nachdem, wie – mit welchen Fragen, Vorstellungen, in welcher Situation – ich an sie herantrete, sagen sie mir anderes, berühren sie mich neu, eröffnen sie mir wahrhaft himmlische Dimensionen. Denn Bilder sind nicht den Grenzen des monokausalen Denkens unterworfen, sind mehrdeutig, schwer auszuschöpfen. Was wir verstehen können, sind Fäden, die wir aus einem komplexen Gewebe herauslösen – und doch eigentlich nur in Bezug zum Ganzen wirklich.

Ich spüre die Herausforderung, die davon ausgeht, meine allzu eingeengten Vorstellungen und bequemen Vereinfachungen aufzugeben. Ich spüre die Angst, mich zu verlieren im Ungesicherten oder überwältigt zu werden. Ist es die Furcht vor dem eigenen tiefen Wissen in mir? Fürchte ich, dass da etwas zu Tage kommt, das die gängige Weltsicht zutiefst erschüttert? Fürchte ich, davongetragen zu werden von Kräften in mir, die ich noch gar nicht kenne?

Ich will mich wieder dem bereits herausgelösten Faden zuwenden: Die göttliche Liebe umfängt alles und verströmt sich in Goldadern in alles. Alle Geschöpfe sind untereinander verbunden. „Die Kräuter bieten einander den Duft ihrer Blüten an, ein Stein strahlt seinen Glanz auf die anderen, und alles, was lebt, hat einen Urtrieb nach liebender Umarmung.“[9] Wenn ich mich der göttlichen Liebe öffne, bin ich mit allem verbunden. Wir Menschen sind in der Welt, im All, aber das All ist auch in uns. Das lässt an eine indische Meditationsaufgabe denken: die Perle des Gottes Indra, die alle Perlen der Welt widerspiegelt und zugleich in jeder anderen Perle der Welt enthalten ist. Die moderne Physik bestätigt dieses Weltbild vollkommen. In gewisser Hinsicht steckt in jedem Elementar‚teilchen‘ das ganze Universum.

Weiter: Alles was ich tue, denke, wie ich lebe, hat Auswirkung auf das Ganze. Hildegard ist überzeugt, „dass es keine Dürrezonen auf der Erde gäbe, wenn der Mensch mit Gott verbunden geblieben wäre, … dass es nicht einmal der Pflege der Gärten und Felder bedürfte, wenn der Mensch in der ursprünglichen Schöpfungsordnung lebte; dann vermöchte die Grünkraft alles zu durchpulsen. Vom Konkreten bis hin zum Spirituellen ist alles Lebendige von dieser Kraft durchströmt, einer Keim- und Schöpfungskraft, die zugleich Ruhe und Gleichgewicht mit sich bringt."[10] Die Grünkraft die alles durchwirkt, was lebt, keimt, sich entwickelt: Pflanze, Tier, Mensch, jede Art von körperlicher, seelischer und geistiger Fruchtbarkeit.

Dass die äußere Wirklichkeit durch geistige und spirituelle Aktivität beeinflusst wird, mag eine sehr fremde Vorstellung sein, denn wir sind gewöhnlich aufgewachsen mit der Überzeugung, dass das, was in uns vorgeht, nur im Reden und Handeln nach außen wirken kann. Deshalb erscheint es uns auch eigentlich unerklärlich, wenn uns zum Beispiel abends gerade jene weit entfernt lebende Person anruft, an die wir – ohne zu wissen warum – schon den ganzen Tag denken ‚mussten'. Oder dass eine Pflanze unter liebevoller Aufmerksamkeit besser gedeiht. Es konnte jedoch bereits experimentell nachgewiesen werden, dass Pflanzen die Gedanken ihnen vertrauter Menschen empfangen können. Es hilft nichts, wir werden unserer Vorstellungskraft einen Stoß geben und anerkennen müssen, dass die Wirklichkeit anders ist, als wir es uns bisher vorgestellt haben, und dass manches, was wir bisher für unsere nur persönliche Angelegenheit hielten, Auswirkung auf den ganzen Kosmos haben könnte. Und: dass Hildegard mit ihrer Auffassung der Realität, die uns das moderne physikalische Weltbild zeigt, erstaunlich nahe kommt.

Durch die menschliche Sünde wurde der ursprüngliche paradiesische Zustand der Welt zerstört. Durch Hildegards Mund klagen die Elemente den Menschen an als den einzigen Rebellen der Schöpfung, der sie aus der vorbestimmten Bahn warf. „Gott prüft den Menschen durch die Elemente, und wie Hildegard in ihrem ‚Buch der Lebensverdienste' schreibt, treten die Elemente am Ende der Zeiten mit einem wilden Schrei vor ihren Schöpfer und verlangen Gerechtigkeit. So rein oder unrein wie die Menschen sind, so rein oder unrein sind auch die Elemente der Erde, des Wassers und der Luft: ‚Wir können nicht mehr laufen', sagen die Planeten, ‚und unsere Bahn nach unseres Meisters Bestimmung vollenden. Denn die Menschen kehren uns mit ihren schlechten Taten wie eine Mühle von unterst zu oberst. Wir stinken schon wie die Pest und vergehen vor Hunger nach der vollen Gerechtigkeit."[11]

Oft wird das allzu kurzschlüssig so interpretiert, als sei damit vor allem ökologisches Handeln gefordert, zumal Texte wie die folgenden unsere heutigen Umweltprobleme vorherzusehen scheinen: „‚Und ich sah, dass das obere Feuer des Firmaments ganze Regenschauer voll Schmutz und Unrat auf die Erde schüttete, die beim Menschen, aber auch bei Pflanze und Tier, schleichende Schwären und schwerste Geschwülste hervorrufen. Weiter sah ich, wie aus dem schwarzen Feuerkreis eine Art Dunst auf die Erde fiel, welcher das Grün auf der Erde ausdörrte und der Äcker Früchte austrocknete.'"[12]

Doch ist es nicht damit getan, Einsicht in das eigene zerstörerische Verhalten zu erlangen und es zu ändern, indem wir etwa weniger Treibgase produzieren oder Autos mit Katalysatoren versehen. So wichtig das alles auch ist, Hildegard sieht, dass die Zusammenhänge tiefer liegen. Insofern alles aus der göttlichen Liebe und Weisheit geschaffen ist und von ihnen erhalten wird, wirkt sich auch all das schädlich aus, das diese göttlichen Kräfte blockiert. Und das ist vieles, was zunächst nichts mit dem äußeren Zustand unserer Welt zu tun zu haben scheint, unsere ungezügelten Leidenschaften etwa, die wie räuberisch-wilde Tiere das Wirken der Liebe stören. Sie schaffen nicht nur Leid in menschlichen Beziehungen, sondern wirken bis in die kosmischen Zusammenhänge hinein, deren harmonisches Zusammenklingen sie stören – und damit unter anderem auch die Grundlage für die Gesundheit unserer Umwelt. Hildegards Spiritualität ist im wirklichen Sinne Allumfassend. Gottes heilende Energie fließt überall hin, wenn wir es nicht durch unsere Verstocktheit, unser hartnäckiges Festhalten an unserer Egohaftigkeit verhindern. Somit tragen wir als Menschen Verantwortung für den ganzen Kosmos. Als Heilerin – ebenfalls auf allen Ebenen des Seins – sucht Hildegard, den Einklang wieder herzustellen: als Prophetin, die dazu aufruft, der Sehnsucht nach dem Bösen, nämlich Gottesfeindlichen, Liebesfeindlichen, im individuellen Leben eine Absage zu erteilen, als eine, die Leib und Seele wieder in ein harmonisches Miteinander zu bringen weiß durch Heilkräuter und Musik, das Mit-Erleben des Jahreslaufs und vieles andere.

Andererseits – und das ist ein hoffnungsvoller Aspekt an Hildegards Prophezeiung – ist unserer destruktiven Kraft auch eine Grenze gesetzt; vollkommen zerstören werden wir die Erde nicht, denn auch unsere dunklen Kräfte sind vom hellichten Feuer göttlicher Liebe und Weisheit umfangen.

Das könnte zu einem bequemen Ruhekissen werden. So will es Hildegard aber mit Sicherheit nicht verstanden wissen. Die Gewissheit, dass Gott letztlich alles, wirklich alles liebevoll trägt und uns an der völligen Zerstörung hindert, kann uns von Angst befreien. Aus Angst geborene Ideen, Entscheidungen, Handlungen werden nichts bessern. Angst ist das große Problem unserer Zeit. Sie befällt Menschen in heftigen Attacken, aber sie wirkt auch unbemerkt im Hintergrund all unserer Lebensvollzüge: die Angst nicht zu genügen, nicht mithalten zu können, nicht wiedergewählt zu werden, den Arbeitsplatz zu verlieren, verlassen zu werden … Angst ist längst selbst zu einer destruktiven Kraft geworden, die zum Potential der Zerstörung beiträgt, indem sie die besseren, lebensfördernden Kräfte, aus denen neue zukunftweisende Ideen und Techniken erwachsen können, lähmt. Aber die Liebe kann uns dazu befreien, in zunehmendem Maße schöpferisch statt zerstörend mit uns und unserer Umwelt umzugehen.

Und das andere: Der Mensch als Mittelpunkt des Kosmos, als dessen Sinn. Ich hatte in dieser Auffassung immer eine narzisstische Selbstüberhöhung gesehen. Aber mehr und mehr lassen mich die um sich greifenden menschenverachtenden Praktiken in der heutigen Wirtschaft und Technologie Ausschau halten nach einem Weltbild, das Wert und Würde des Menschen wieder in den Blick nimmt, nicht zuletzt auch die Tatsache, dass der Gentechnologie der Mensch zum manipulierbaren Objekt wird.

Während ich an diesem Text arbeite, gehen die Schreckensnachrichten aus aller Welt nicht an mir vorbei. Ist es nicht angesichts dieser Bilder zynisch, die Welt als von Liebe umfangen zu denken? Ein Wirbelsturm zerstört einen ganzen Landstrich, ein kleines Mädchen wird sexuell missbraucht, religiöse Fanatiker verbreiten Angst und Schrecken, wieder verlieren einige Tausende ihren Arbeitsplatz, eine alte Frau wird um ihre Ersparnisse gebracht – und da fehlen noch die Meldungen aus den ärmeren Teilen der Welt, deren drückende Probleme so alltäglich sind, dass sie oft schon gar keine Meldung mehr wert sind. Man kennt das ja.

Wo ist da Gottes Liebe? Offensichtlich strömt sie nicht einfach von allein in all diese Verhältnisse hinein und heilt sie – sie muss durch uns Menschen kommen. Und kommt auch: Hier wäre an all diejenigen zu denken, die täglich – im Großen wie im Kleinen – helfen, unterstützen, die Initiative ergreifen, etwas wagen für andere, spenden, beten, bewusst machen, aufdecken ... Es könnten mehr werden, das Geflecht der Goldadern dichter werden. Ich kann im Kleinen anfangen: statt zu verzweifeln und zu resignieren, Liebe schenken, auch wenn das nicht gleich sichtbar etwas bewirkt. Irgendwann einmal wird es sich aber vielleicht als erster Schritt zu neuen kreativen Ideen des Helfens erweisen. Oder es wird einem anderen Menschen Mut machen, die Initiative zu ergreifen. Ich kann dafür sorgen, dass zumindest in dem Ausschnitt des Liebesnetzes, der mein persönliches Leben durchwirkt, Blockaden beseitigt werden. Ich kann mir zum Beispiel einmal ansehen, was ich alles in mein Unterbewusstsein einfließen und sich dort niedersetzen lasse an destruktiven Gedanken und Bildern, vermittelt vielleicht durch Filme, die ich mir gedankenlos anschaue in der Absicht, mich zu entspannen. Wo hege ich alte Ressentiments? Ich könnte mich um Vergebung bemühen... Was ich nicht kann, nicht wirklich und dauerhaft, ist, mich von der Gewalt in der Welt abtrennen – unabdingbar bin ich Teil des Ganzen. Ich muss nicht ständig alles Leid an mich heranlassen, bis es mich überwältigt, aber wenn ich es verdränge, in dem Wahn lebe, es ginge mich nichts an, wird das Folgen haben. Ob hier ein tieferer Grund dafür liegt, dass die Menschen der reichen westlichen Welt, die so wunderbar glücklich sein könnten, so oft in der Finsternis von Ängsten, Depressionen und Süchten gefangen sind? Ich weiß nicht, ob das so ist, jedenfalls lädt Hildegards Vision eines weltumspannenden Liebesnetzes dazu ein, solche Zusammenhänge zu erforschen.

Nun bin ich schon so lange auf dem Weg der mittelalterlichen Mystikerinnen, immer in der Spannung, in der das steht zu den Erfordernissen des alltäglichen Lebens heute. Ich sehe auf Hildegards Klosterzeit – Jahrzehnte der Stille, der Meditation. Keine größere Kluft denkbar zu all den aufreibenden Erfahrungen und Erlebnissen, die mein Leben prägten und prägen! Und wie schwer es oft ist, dem Getriebe zu entfliehen, sich zu sammeln und wenigstens für eine begrenzte Zeit wirklich still zu werden. Doch ich lebe nun einmal in dieser Welt, habe etwas in ihr zu tun, trage Verantwortung.

Auf einmal eine leise und eindringliche Stimme in mir – es ist, als würde Hildegard über die Jahrhunderte hinweg zu mir sprechen: Aber niemand zwingt dich, deine ganze Energie in all das zu stecken, was du zu tun, zu entscheiden, zu verantworten, zu erledigen hast. Es reicht, dass du tust, was zu tun ist, dass du es dann tust, wenn es nötig ist. Nichts, wenn nicht du selbst, hindert dich daran, die übrige Zeit in der Stille zu sein und dann mit dem, was dir in der Stille zugewachsen ist, hinauszugehen und zu wirken. Einzig deine Gewohnheit, zu grübeln, in der Vergangenheit zu wühlen, sorgenvoll in die Zukunft zu blicken, nutzlosen Gedanken nachzuhängen, hindert dich daran. Du klammerst dich an sie, als schaffe dir das Sicherheit, und behauptest, in deinem Leben sei nicht Zeit und Raum zum Eintauchen in die Stille, aus der dir Kraft und Einsicht zuströmt, die Lösung deiner Probleme, Weisheit und Zuversicht. Denn woher sonst als aus dem Vertrauen, dass Gott größer ist als all die Turbulenzen unserer Welt und unseres Lebensalltags, sollen uns Kraft und Sicherheit kommen?

In einer Vision sieht Hildegard Frau Weisheit-Liebe inmitten einer runden Scheibe. Plötzlich erstrahlt ein blendendweißes Licht, und der Kreis beginnt sich zu drehen, während eine Stimme ihr erklärt, was sie sieht. „In einer gewaltigen

Drehung entsteht die Welt, entstehen alle Geschöpfe. Auch die Engel werden erschaffen. Der Mensch erhält sein gebrechliches Wesen. Es besteht aus dem Feuer der Seele und der Fackel der Vernunft.

Wie ein heftiges Gewitter bricht auch das Böse herein. Dann erscheinen in der Drehung des Rades die Epochen der Weltgeschichte, von der Sintflut über die Propheten bis hin zum römischen Reich und dem Antichristen, das sind die Kräfte, die das Heilswerk Gottes zerstören wollen.

Und mitten in das kreisende Treiben hinein spricht Christus: ‚Ich kenne diese Zeit des Niedergangs. Aber die goldene Zahl ist noch nicht voll, doch in meinem Leibe halte ich die Schöpfung aus.'

In diesen gewaltigen Stürmen ruht die Gestalt in der Mitte, die Weisheit und Liebe ist, treu und verlässlich."[13]

Hanna Strack beschließt ihre Betrachtung dieser Vision mit den Worten: „Dieses letzte der Visionsbilder Hildegards hat eine integrierende Kraft in unserer Welt, in der alles auseinanderzufliegen droht.

Unser Glaube ist also ein Dennnoch. Dennoch vertrauen wir auf das Evangelium. Es verkündet uns, dass uns nichts von der Liebe der göttlichen Frau und von ihrer Weisheit zu trennen vermag."[14]

Originaltexte von Hildegard von Bingen

„Der da ist spricht: Ein König erblickte eine Leiter, die durch vielfachen Witterungswechsel umdunkelt war. Da ging die Sonne auf und zerriss die Finsternis. Das gefiel dem König, und er sprach: Diese Leiter, auf der man (allem) entfliehen könnte, lässt einem keine Ruhe. Bald führt sie geradewegs in

die Höhe, bald hüllt sie sich in Dunkel. So ist auch dein Herz, o Mensch. Am Tage, da dein Geist (Heilung) sucht, steigst du in heller Freude zu Mir hinauf; bei schadenbringender Witterung nährst du die schleichende Krankheit – als ob man nicht nach einem Heilmittel suchen dürfte. Unmöglich ist es der Asche (dem Menschen), unveränderlich zu sein. Schau zu Mir auf und suche stets, bei Tageslicht und im Sturmesdunkel, die Salbe der Heilkunst, und du wirst leben in Ewigkeit. Halte dich an das klare Gesetz und flieh den Zweifel. Dann wird Gott dich retten."[15]

„O edelstes Grün,
das wurzelt in der Sonne
und leuchtet in klarer Heiterkeit,
im Rund des kreisenden Rades,
das die Herrlichkeit des Irdischen nicht fasst:
umarmt von der Herzkraft himmlischer Geheimnisse
rötest du wie das Morgenlicht
und flammst wie der Sonne Glut.
Du Grün
bist umschlossen von Liebe."[16]

Über den Heiligen Geist

„Feuer du und Tröster Geist,
Leben des Lebens aller Geschöpfe!
Heilig bist du, du belebst die Gebilde.
Heilig bist du, du salbst die gefährlich Verletzten,
heilig bist du, du reinigst die schwärenden Wunden.
Hauch aller Heiligkeit, Feuer der Liebe,
süßes Verkosten unserer Brust!

Wohlduft der Tugenden
senkest du ein in die Herzen.
Lauterer Quell, in dem wir erschauen,
wie Gott die Irrenden sammelt
und die Verlorenen sucht.
O Schutzwehr des Lebens,
du Hoffnung der Glieder auf Einheit,
du Gürtel der sittlichen Würde, die Heiligen heile!
Beschirm, die der Feind hat gefangen,
mach frei, die da liegen in Fesseln,
die göttliche Kraft will sie retten.
Du mächtiger Weg, der alles durchzieht
in Höhen, auf Erden, in Abgründen all,
du fügest und schließest ja alle in eins.
Durch dich
wogen die Wolken und fliegen die Lüfte,
träufeln die Steine,
bringen die Quellen die Bäche hervor,
lässt sprossen die Erde das Grün.
Du bringst auch immer Menschen voll Einsicht hervor,
beglückt durch den Odem der Weisheit.
Und darum sei Lob dir, du Klang allen Lobes
und Freude des Lebens, du Hoffnung und machtvolle Ehre,
da du die Gaben des Lichtes verleihst.“[17]

Anmerkungen

1 Hildegard: „39. Lied" zitiert nach: FABER, Stephanie: Hildegard von Bingen. Metaphysik der Seele. München 1989. S. 186.

2 Schmidt (1988), S. 75f.

3 WOOLF, Virginia: Ein Zimmer für sich allein. Frankfurt/M. 1986. S. 130.

4 Hildegard, *Welt und Mensch,* zitiert nach: Riedel, Ingrid: *„O edelste Grüne". Hildegard von Bingens Schau der Schöpfungskraft.* In: Schlangenbrut (62/1998), S. 22.

5 Riedel, Ingrid: Hildegard von Bingen. Prophetin der kosmischen Weisheit. Stuttgart 1994. S. 122.

6 Berendt, Joachim-Ernst: Nada Brahma. Die Welt ist Klang. Reinbek 1989. S. 115f.

7 Führkötter, Adelgundis/Sudbrack, Josef: *Hildegard von Bingen.* In: Gerhard Ruhbach/Josef Sudbrack (Hg.): Große Mystiker. Leben und Wirken. München 1984. S. 128.

8 Riedel (1994), S. 138.

9 Hildegard: „Buch der Lebensverdienste" zitiert nach: Gerl-Falkovitz, Hanna-Barbara: Freundinnen. Christliche Frauen aus zwei Jahrtausenden. München 1995. S. 39.

10 Riedel, Ingrid: Hildegard von Bingen. In: Thiele (1988), S. 37.

11 Faber (1989), S. 48.

12 Hildegard: „Buch der Lebensverdienste" zitiert nach: Riedel (1994), S. 133.

13 Strack, Hanna: Frauen in den Visionen Hildegards von Bingen. Düsseldorf 1998. S. 62f.

14 Strack (1998), S. 64.

15 Hildegard an Prior Friedrich von Kloster Albon zitiert nach: Hildegardis Bingensis. „Nun höre und lerne, damit du errötest…": Briefwechsel. Nach den ältesten Hs. Übersetzt und nach den Quellen erläutert von Adelgundis Führkötter OSB. Freiburg/Basel/Wien 1997. S. 149.

16 Siehe Anm. 1.

17 Hildegard: 19. Sequenz „De spiritu Sanctu" zitiert nach: Riedel (1994), S. 165f.

Literatur

ANGELA VON FOLIGNO: Zwischen den Abgründen. Ausgewählt, übertragen und eingeleitet von Berthe Widmer. Einsiedeln 1955.

BACHMANN, INGEBORG: Der gute gott von manhattan. München 1958.

BAUER, DIETER R./SCHMIDT, MARGOT (Hg.): „Eine Höhe, über die nichts geht". Spezielle Glaubenserfahrung in der Frauenmystik? Stuttgart/Bad Cannstatt 1986.

BEAUVOIR, SIMONE DE: Das andere Geschlecht. Sitte und Sexus der Frau. Reinbek [8]1975.

BERENDT, JOACHIM-ERNST: Nada Brahma. Die Welt ist Klang. Reinbek 1989.

BERG, LIOBA: Caterina von Siena. Über den Alltag einer Heiligen. Freiburg 1993.

BEYER, ROLF: Die andere Offenbarung. Mystikerinnen des Mittelalters. Bergisch Gladbach 1989.

BLANKERS, HARRIETTE: *„Es ist ein so herrliches Liebkosen". Mystik und Körperlichkeit bei Teresa von Avila.* In: Schlangenbrut (45/1994).

DAVIDSON, ROBYN: Spuren. Eine Reise durch Australien. Reinbek 1993.

Die Briefe der heiligen Catarina von Siena. Herausgegeben und eingeleitet von Annette Kolb. Berlin 1919.

Die Werke der Hadewych. Herausgegeben und übersetzt von J.O. Plassmann. Hannover 1923.

DIETERICH, VEIT-JAKOBUS: Franz von Assisi. (= Rowohlts Monographien) Reinbek 1995.

DINZELBACHER, PETER/BAUER, DIETER R. (Hg.): Frauenmystik im Mittelalter. Ostfildern 1985.

DINZELBACHER, PETER/BAUER, DIETER R. (Hg.): Religiöse Frauenbewegung und mystische Frömmigkeit im Mittelalter. Köln/Wien 1988.

ETTY HILLESUM: Das denkende Herz. Die Tagebücher von Etty Hillesum 1941–1943. Herausgegeben und eingeleitet von J.G. Gaarlandt, aus dem Niederländischen von M. Csollány. Reinbek 1985.

FABER, STEFANIE: Hildegard von Bingen. Metaphysik der Seele. München 1989.

GERL-FALKOVITZ, HANNA-BARBARA: Freundinnen. Christliche Frauen aus zwei Jahrtausenden. München 1995.

HARVEY, ANDREW: Der Pfad ins Herz. Eine spirituelle Reise. Reinbek 1994.

HILDEGARDIS BINGENSIS. „Nun höre und lerne, damit du errötest…": Briefwechsel. Nach den ältesten Hs. übersetzt und nach den Quellen erläutert von Adelgundis Führkötter OSB. Freiburg/Basel/Wien 1997.

KATHARINA VON SIENA: Politische Briefe. Übertragen und eingeführt von Ferdinand Strobel. Einsiedeln/Köln 1944.

KRAHE, SUSANNE: Ermordete Kinder und andere Geschichten von Gottes Unmoral. Würzburg 1999.

LANGER, OTTO: Mystische Erfahrung und spirituelle Theologie. Zu Meister Eckharts Auseinandersetzung mit der Frauenfrömmigkeit seiner Zeit. München/Zürich 1987.

LESSING, INGRID: Göttin statt Gott-Vater? Die neuen Gottesbilder des 12.–14. Jahrhunderts und die religiöse Frauenbewegung im Mittelalter. Dortmund 1993.

MARGARETA PORÈTE: Der Spiegel der einfachen Seelen: Wege der Frauenmystik. Aus dem Altfranzösischen übertragen und mit einem Nachwort und Anmerkungen von Louise Gnädinger. (= Unbekanntes Christentum) Zürich/München 1987.

MECHTHILD VON MAGDEBURG: Das fließende Licht der Gottheit. Zweite, neubearbeitete Übersetzung mit Einführung und Kommentar von Margot Schmidt. Stuttgart/Bad Cannstatt 1995.

MOELLER, BERND: Geschichte des Christentums. Göttingen 1965.

MOLTMANN-WENDEL, ELISABETH: Wenn Gott und Körper sich begegnen. Feministische Perspektiven zur Leiblichkeit. Gütersloh 1989.

MOSER, ACHILL: Sahara – Paradies und Hölle. 14000 Kilometer durch Stein und Sand. Stuttgart 1992.

NIGG, WALTER: Vom beispielhaften Leben. Neun Leitbilder und Wegweisungen. Olten 1974.

NIGG, WALTER: Katharina von Siena: die Lehrerin der Kirche. Freiburg im Breisgau/Basel/Wien 1980.

RIEDEL, INGRID: Hildegard von Bingen. Prophetin der kosmischen Weisheit. Stuttgart 1994.

RIEDEL, INGRID: *„O edelste Grüne". Hildegard von Bingens Schau der Schöpfungskraft.* In: Schlangenbrut (62/1998).

RINSER, LUISE: Unterentwickeltes Land Frau. Frankfurt/M. 1992.

ROHRBACH, CARMEN: Botschaften im Sand. Reise zu den rätselhaften Nasza-Linien. München 1992.

RUHBACH, GERHARD/SUDBRACH, JOSEF: Große Mystiker. Leben und Wirken, München 1984.

SACKVILLE-WEST, VITA: Adler und Taube – Eine Studie in Gegensätzen. Die heilige Teresa von Avila – Die heilige Therese von Lisieux. Frankfurt/Berlin/Wien 1982.

SCHMIDT, MARGOT/BAUER, DIETER R. (Hg.): „Eine Höhe, über die nichts geht." Spezielle Glaubenserfahrung in der Frauenmystik? Stuttgart-Bad Cannstatt 1986.

SCHOTTROFF, LUISE/THIELE, JOHANNES (Hg.): Gotteslehrerinnen. Stuttgart 1989.

SCHUBART, WALTER: Religion und Eros. München 1966.

SCHWEIZER-VÜLLERS, REGINE: Die Heilige am Kreuz. Studien zum weiblichen Gottesbild im späten Mittelalter und in der Barockzeit. Bern/Berlin/Frankfurt/New York/Paris/Wien 1997.

SÖLLE, DOROTHEE: Mystik und Widerstand: „du stilles Geschrei". München 1999.

STRACK, HANNA: Frauen in den Visionen Hildegards von Bingen. Düsseldorf 1998.

STRAUCH, PHILIPP (Hg.): Die Offenbarungen der Adelheid Langmann, Klosterfrau zu Engelthal. Straßburg/London 1887.

TERESA VON AVILA: Die innere Burg. Herausgegeben und übersetzt von Fritz Vogelgsang. Zürich 1979.

TERESA VON AVILA: Worte der Freundschaft (WdF). Herausgegeben und eingeleitet von Maria Otto. Freiburg ^{4}1979.

TERESA VON AVILA: „Ich bin ein Weib – und obendrein kein gutes". Ein Porträt der Heiligen in ihren Texten. Ausgewählt, übersetzt und eingeleitet von Erika Lorenz. Freiburg/Basel/ Wien ^{4}1985.

TERSTEEGEN, GERHARD: Auserlesene Lebensbeschreibungen heiliger Seelen. Ungekürzter Neudruck nach einer Ausgabe von 1786. Band 3. Uitikon-Waldegg 1984.

THIELE, JOHANNES (Hg.): Mein Herz schmilzt wie Eis am Feuer. Die religiöse Frauenbewegung des Mittelalters in Porträts. Stuttgart 1988.

UNRUH, FRITZ VON: Die Heilige. Braunschweig 1952.

WOOLF, VIRGINIA: Ein Zimmer für sich allein. Frankfurt/M. 1986.